教育学学科新进展丛书
崔景贵 曹雨平/主编

本书受到教育部人文社会科学规划项目"高等职业教育非货币收益实证研究（16YJA880018）"和江苏省高校哲学社会科学优秀创新团队"江苏职业教育现代化研究（2017ZSTD020）"项目资助

高等职业教育发展新论

李德方 王明伦 等/著

GAODENG ZHIYE JIAOYU
FAZHAN XINLUN

知识产权出版社
全国百佳图书出版单位

图书在版编目（CIP）数据

高等职业教育发展新论/李德方等著. —北京：知识产权出版社，2017.12
（教育学学科新进展丛书）
ISBN 978-7-5130-5370-9

Ⅰ. ①高… Ⅱ. ①李… Ⅲ. ①高等职业教育—发展—研究—中国 Ⅳ. ①G718.5

中国版本图书馆 CIP 数据核字（2017）第 314951 号

内容提要

中国特色社会主义进入了新时代，高等职业教育未来如何发展？这是时代迫切需要我们解答的新课题。本书主要研究高等职业教育发展研究领域的新理论和新动向，也探讨近年我国高等职业教育实践领域的新发展和新举措。按照"发展新环境—发展新动力—发展新要素—发展新实践—发展新结果—发展新趋势—高职研究新领域"的逻辑线路，重点围绕现代职教体系建设给高职发展提出的新要求和新任务，供给侧改革给高职发展带来的新视角和新变化，高职信息化的内涵、特征和方式，高职院校"双场合一"新实践，高职院校校长、高职院校分类和高职院校毕业生，高职本科的内涵属性、发展定位和发展路径，以及对"高等职业教育非货币收益"这一新领域的内涵、特征及形态等问题进行了详细的探索。

本书是研究我国高等职业教育发展的一本全新力作。

责任编辑：冯 彤	责任校对：谷 洋
装帧设计：张 冀	责任出版：孙婷婷

高等职业教育发展新论

李德方　王明伦　等著

出版发行：	知识产权出版社有限责任公司	网　　址：	http://www.ipph.cn
社　　址：	北京市海淀区气象路 50 号院	邮　　编：	100081
责编电话：	010-82000860 转 8386	责编邮箱：	fengtong@cnipr.com
发行电话：	010-82000860 转 8101/8102	发行传真：	010-82000893/82005070/82000270
印　　刷：	北京中献拓方科技发展有限公司	经　　销：	各大网上书店、新华书店及相关专业书店
开　　本：	787mm×1092mm　1/16	印　　张：	13.75
版　　次：	2017 年 12 月第 1 版	印　　次：	2017 年 12 月第 1 次印刷
字　　数：	210 千字	定　　价：	58.00 元

ISBN 978-7-5130-5370-9

出版权专有　侵权必究
如有印装质量问题，本社负责调换。

序 言

拥抱高等职业教育发展新时代

党的十九大报告指出"经过长期努力,中国特色社会主义进入了新时代,这是我国发展新的历史方位",提出了"优先发展教育事业""建设教育强国是中华民族伟大复兴的基础工程"。这为新时代中国高等职业教育发展赋予了新特征、新使命与新要求。

一、新时代高等职业教育发展的新特征

十九大报告明确提出:"中国特色社会主义进入新时代,我国社会主要矛盾已经转化为人民日益增长的美好生活需要和不平衡不充分的发展之间的矛盾。"新时代社会主要矛盾的转化,对我国高等职业教育发展提出了新要求。就高等职业教育领域来说,面临的主要矛盾概括为"求学者日益增长的美好生活需要与高等职业教育发展不平衡、供给不充分之间的矛盾"[1]。这个新的主要矛盾,是判断高等职业教育进入新时代的科学依据,也是新时代高等职业教育的重要特征。全面、准确领会这个新的判断,是深刻认识高等职业教育进入新时代的逻辑前提。

从人民日益增长的需要看新时代特征,接受优质高等职业教育是美好

---

[1] 覃川. 破解不平衡不充分,高职院校怎么做 [N]. 光明日报,2017-11-02.

生活的关键要素。我国高等职业教育经过30多年的建设和发展，从小到大，取得了历史性进步，人才培养质量稳步提升。但是，我们应该清醒地看到，高等职业教育在满足学生全面发展、个性发展方面，满足学生对美好生活的向往方面仍有一定的差距，存在发展不平衡、发展不充分的问题。进入新时代，高等职业教育必须拧紧内涵式发展这根弦，不断提高人才培养供给质量，实现由高等职业教育大国向高等职业教育强国转变，建设中国特色、中国质量、中国品牌的高等职业教育，满足广大人民对高等职业教育发展的新期待。

从经济社会发展的维度看新时代特征，"中国制造2025""互联网+""供给侧结构性改革""大众创业万众创新""产业结构转型升级"等，都需要发展方式、生产过程、产业结构、驱动要素等方面的深刻变革。但我国高等职业教育在适应新兴产业要求、服务地方产业发展、人才供给质量等方面既不平衡，也不充分。要改变当前的发展格局，实现上述要素的创新，最根本、最核心的要素是人才，人才培养体系改革是新时代最前端、最关键的供给侧改革。直面要素变革，高等职业教育必须转变育人观念，突破以专业知识体系为基础进行人才培养的模式，按照十九大提出的要求，"完善职业教育和培训体系，深化产教融合、校企合作"。强化跨界培养能力，构建产教深度融合的高等职业教育人才培养体系。

从职业教育的类型维度看新时代特征，我国高等职业教育的发展规模世界第一，但发展质量与人民的期待仍然有很大的差距，专业发展、课程建设、教学改革等方面发展不平衡、不充分的矛盾仍很突出。因此，高等职业教育必须全面把握"人民需求"和"以学生为中心"的精神要义和科学内涵，不断深化人才培养的供给侧结构性改革，优化存量资源配置，扩大优质增量供给，提高专业、课程、教学等育人资源的供给质量，实现供给与需求的动态平衡。

二、新时代高等职业教育发展的新使命

（一）立德树人是高等职业教育必须坚持的根本宗旨

学生中心是高等职业教育发展的价值追求，立德树人是高等职业教育

办学的根本宗旨。政治信仰、道德取向、责任担当是立德树人的三大核心要素，是涵养学生世界观、人生观、价值观之根基，也是高等职业教育培养技术型、技能型人才修身养德、立身立业之必需。立德树人其本质是价值观培养，旨在进一步凝聚学生成人成才的价值共识，点燃学生至诚报国的政治责任感。

政治信仰是指一个人在意识形态领域的一种政治主张和价值判断，是人生成长、修身之魂，决定一个人一生走什么路的大问题。当下，在我国高校学生中，有知识、缺信仰或"缺魂"的现象比较普遍。作为一种新型的高等学校类型，必须创新技术型、技能型人才培养的内容与方法，有效防止学生有知识、缺信仰现象的发生，把政治信仰作为高等职业教育立德树人的重要内容，引导学生坚定马克思主义信仰、坚定中国特色社会主义信仰，按照习近平总书记"革命理想高于天"的要求，用信仰武装学生的头脑，引领学生的成长，不断增强学生的精神动能和信仰自信。

从高职院校学生价值观的实然层面看，我国大学生的道德取向总体上是向上的、向善的，但也存在一些是非概念不清、善恶界限混淆、道德观念冷漠等不良现象。直面存在的问题，创新高等职业教育道德取向教育的方法和路径就显得特别重要。如何创新？可以以课程＋社会调查的组合，也可以以系列专题报告＋身边典型案例的组合，系统传递中华民族的传统美德和德性文化，增强高职院校学生看问题的眼力，提高学生真、善、美及假、恶、丑的判断力，使学生"知善知恶""为善去恶"，让德性文化成为技术型、技能型人才成长的正能量，让向上、向善、行善的道德取向成为学生的价值追求。

从中国历史发展的轨迹看，责任担当本质上就是一种文化，是中华民族优秀文化之根。高职院校如何培养学生的责任担当？一是开设中华民族优秀文化系列学堂，从理论层面，用适合学生接受的方法，传递责任担当价值观，在潜移默化中让学生理解、接受责任担当的本质和内涵，自觉践行责任担当；二是通过现实生活中典型案例教育，培养技术型、技能型人才的责任担当认同感，养成敢于对自己负责，敢于对父母负责，敢于对身边的人负责的责任心，引导学生树立国家至上、民族至上、人民至上的担当道义观。

（二）质量第一是高等职业教育必须秉持的办学目标

十九大报告中明确指出："必须坚持质量第一、效益优先。"这里所说的质量，包括经济发展质量、社会发展质量、教育发展质量等，是一个大质量概念。就高等职业教育而言，以人才培养供给质量为突破口，从过去追求发展规模转向追求发展质量，优化高等职业教育存量资源，创新高等职业教育增量资源，不断扩大接受优质高等职业教育的机会，实现高等职业教育公平发展、高质量发展。

高等职业教育要更加注重面向人人，加快东西部高等职业教育深度合作，缩小东西部高等职业教育发展差距，扩大民族地区和边远贫困地区招生规模和智力支教力量，创新智力支教的相关政策，大力促进高等职业教育公平，实现基本公共教育服务均等化，推动高等职业教育优质均衡发展。

高等职业教育要树立以学生、教师成长为中心的发展观，把学生对美好生活的向往作为办学目标，遵循学生的成长规律，尊重学生的个性发展，因材施教，以"学"为核心重建高等职业教育的育人新模式。教师发展是高等职业教育发展的第一要务。教育大计，教师为本。要制定教师发展的相关政策措施，识才、爱才、用才、容才、聚才，吸引优秀人才到高等职业教育从教，培养更优秀的学生，实现教有良师、学生德智体美全面发展的办学目标。

三、新时代高等职业教育发展的新要求

新时代高等职业教育发展的新要求，概括而言就是要做好、写实三篇大文章：一是做强高等职业教育师资，二是做精高等职业教育品牌，三是做深高等职业教育跨界文化。

（一）做强高等职业教育师资

十九届中央全面深化改革领导小组第一次会议审议通过了《全面深化新时代教师队伍建设改革的意见》，要求"全面贯彻党的教育方针，坚持

社会主义办学方向，遵循教育规律和教师成长发展规律，全面提升教师素质能力，深入推进教师管理体制机制改革，形成好教师不断涌现的良好局面"，充分体现国家对教师队伍的高度重视。

进入新时代，教师主体出现了一些新的趋势，需要我们高度关注。第一，信息技术会更加快速地发展，未来教师的外延将远远超出今天"教师"的范畴；第二，慕课、微课教学的发展已成为不同人群接受教育的重要路径，甚至有人借助信息技术成为"独立教师"；第三，人工智能的扑面而来，势必对教育、教学、教师带来积极的变革。同时，也给教师提出了新的挑战，未来有可能出现"机器人教师"。在这种信息技术语境下，如何育人、怎样育人都将成为高等职业教育的重大课题。面对育人这一重大问题，必须全面提升教师的综合素质，把培养教师高尚的师德、高超的师能、高深的学问（包括理论和实践）作为高等职业教育发展的战略任务，长期坚持下去，不断增强教师的师德修养和育人责任。教师要把父母关爱、教育自己孩子的耐心融入育人之中，用亲情和信念关爱学生，帮助学生扣好人生第一粒扣子；教师要重视与学生心与心的沟通和交流，倾听学生的呼声，善于向学生学习。只有教师的育人能力提高了，学生的全面发展就有了坚实的基础。

教师发展的成败涉及学校发展的根本利益。教师资源的品质、质量、结构，教师资源所植根的制度、机制、文化等生存和发展环境是学校核心发展力提升的关键。其他一切物质的、社会的条件和因素都是为学生和老师的全面发展服务的，要为教师的成长提供宽阔的发展空间和良好的制度环境，确保教师队伍的稳定和可持续发展。

技术大师（工匠）是高等职业教育发展的宝贵财富。高职院校之大不在大楼，而在技术大师；不在大楼林立，而是技术大师云集，这是高等职业教育核心发展力的根基所在。就高等职业教育教师群体而言，技术大师是教师群体中的少数，是高等职业教育发展的精英，是领跑者。因此，必须挖掘培养要素，创新培养内容。

技术大师之名，在人格魅力上。人格是高职院校技术大师的核心要素。育高尚人格之人，需高尚人格之师。人格是技术大师发展的高度，是成长之魂。高职院校是"熔炉",知识和技能训练可"成器",而人格培养则"成人"。要培养高职院校学生健康的人格、高尚的人品、容事的气度,作为技术大师必须具备高尚的人格。同时,还要有开阔的眼界、独立的见识、宽广的胸怀、积极的心态。

技术大师之名在教做合一上。高职院校的培养目标决定了技术大师必须是"能教会干",能在课堂和车间之间自如地转换角色,既要有扎实的专业理论功底,又要有熟练操作高精机器的技能,同时,还应不断跟踪技术发展前沿,做到教做合一,走上讲台是优秀的专业教师,进入车间(基地)是娴熟的技术大师。

技术大师之名在引领教学团队发展上。现代社会是一个非常重视合作的社会,高职院校的专业教学、科研、技术开发工作已不是一个人的力量所能完成的,发挥团队的智慧和作用极为重要。作为技术大师,除了具有过硬的教学、技术维修、技术开发能力外,还应具有高超的协调能力和出色的组织管理能力,真正成为引领教学团队发展的中流砥柱。

(二)做精高等职业教育品牌

高职院校品牌指学校在长期的发展过程中,师生用智慧共同培植和传承的无形资本和精神财富,是一种具有特定质量、特定文化、特定价值的核心发展力。品牌的核心价值不仅成为高职院校人的精神追求,而且赋予了品牌核心价值的育人质量和文化内涵;品牌核心价值不仅可以扩大高职院校的社会认可度和影响力,而且实现了品牌的"价值增值"效应,充分彰显出学校办学的实力及其不可替代性。

高职院校品牌主要从三大要素中生成,即基础性要素、制度性要素、发展性要素。这三大要素相互依存、相辅相成。高职院校品牌不是虚拟生成的,也不是拼凑生成的,更不是潮流的追随,而是以一定的优质要素为依托,在长期的发展实践中,高职院校人用智慧一步一步地浇灌出来的。

人才资本是生成高职院校品牌的关键,也是基础性要素。人才资本主要指高职院校的院长、教师和管理人员。高职院校品牌生成主要存在于院长治理学校的智慧和教师育人品质之中，院长是学校文化的领跑者，院长的人品、领导理念、教育思想及实践，教师的学问学识、成果影响力等都是品牌生成的核心要素。作为学院决策者，要善于寻根问根，认真研究自己学校的发展史，深入挖掘学校的人脉，找到自己学校的根，即自己学校的品牌。

制度创新是生成高职院校品牌的基础，也是制度性要素。制度性要素包括显性制度和隐性制度。显性制度指高职院校组织运行的政策、规章、具体要求等；隐性制度不是高职院校组织所制定的若干政策、规章，而是在高职院校组织运行过程所体现的教育力量和价值，比如，理想信念、传统文化、行为习惯等。高职院校制度创新是高职院校组织发展的关键，而制度创新的核心问题是教育理念的创新，也就是隐性制度的创新。高职院校制度创新的过程就是对已有制度的不断优化和不断否定的过程，也是对品牌内涵的不断丰富、不断提升的过程，更是让师生享受幸福的过程。制度创新的成果让师生感到幸福、享受幸福，提升师生的价值追求和人生幸福指数，使品牌不断升值。

就业质量是生成高职院校品牌的核心，也是发展性要素。高职院校的主要任务是培养人才，就业质量的高低是衡量学校人才培养质量的重要评价标准，也是提升学校品牌的核心要素。就业质量主要反映在两个方面：一是学生的培养质量，主要包括学生职业道德、专业水平、社会适应能力等；二是需求量与供给量，高职院校为经济社会发展所提供的人才，是否符合用人单位的要求，毕业生就业率是否高，就业质量是否好，需求与供给是否吻合，这是考量学校适应经济社会发展的又一重要指标。要实现人才培养供需之间的动态平衡，就必须集中精力抓内涵，提质量，一心一意做优品牌。

（三）做深高等职业教育跨界文化

跨界文化须从"跨界"说起。姜大源研究员把"跨界"概括为两个"融合"：一是跨越了企业和学校的疆域，表现为现代企业和现代高等职业教育发展理念的融合；二是跨越了工作和学习的界限，表现为"做中学"

与"学中做"的学习路径的融合。❶ 由此看来,"跨界"是高等职业教育的本质特征,它的实现路径就是十九大报告所说的"产教融合、校企合作"。跨界的教育需要有"跨界文化",它源自高等职业教育产教融合、校企合作的办学实践,把企业文化的核心元素和高职院校文化的核心元素进行有效融合,形成一种跨界的文化生态共同体。这种文化生态共同体的核心是培养人、发展人。高职院校跨界文化的核心价值体系体现在跨于"融"、基于"爱"、赢于"合"、兴于"和"。"融"是跨界文化的基础,"爱"是跨界文化的目的,"合"是跨界文化的根本,"和"是跨界文化的境界。❷

跨界文化培育需要正能量。正能量的释放需要"情"的引领,企业人与高职院校人之间需要"情"的交流,高职院校与企业之间也需要育人为本的"情"来规范。

"情"的交流产生文化和力。高职院校和企业是两个完全不同的文化主体,高职院校文化的主要使命是培养人,而企业文化的主要任务是把资源变成财富。在完全不同的文化主体中实现跨界,培育跨界文化,必须把"情"的交流放到首要地位,让高职院校文化资源和企业文化资源实现开放共享,这是物质形态层面之情。但是,高等职业教育发展已进入新时代,面临的战略任务是转型,转型的核心是提升育人质量。要实现战略转型,学校和企业必须形成文化和力,着力培育新的文化形态,用跨界文化引领质量提升,这是文化形态层面之情。只有这样,才能充分挖掘各自的物质资源、文化资源、人脉资源的优势,使"情"产生永续的力量,为高等职业教育人才培养质量服务,为企业的发展提供高质量的人才支撑,真正实现赢于"合"的价值回归。

"情"的合作丰富跨界教学文化的内涵。高职院校的培养目标决定了它的课堂教学必须是开放的,在"做中学",在"学中做"。要构建这种开放的课堂教学模式,必须突破传统教学边界,寻求"情"的合作,在合作

---

❶ 张健. 职业教育的追问与视界 [M]. 芜湖:安徽师范大学出版社,2010:4.
❷ 王明伦. 高职院校跨界文化的培育路径 [N]. 光明日报,2014-06-03.

中集聚跨界教学资源，创新跨界教学文化；必须注重工作规律与学习规律的融合，大胆探索职业成长规律与教学认知规律形成的方法和路径。跨界教学文化应以跨界文化作为学校与企业合作教学的共同文化基础，客观认识学生与员工、学校与企业的文化差异[1]，把育人作为学校与企业进行"情"的合作的战略使命，通过"情"的合作，平衡双方文化差异，进而有针对性地开展跨界教学。在跨界教学中，把教、学、做融为一体，让学生悟出做人的道理，学会做事的本领，使学生学的知识有用，练的技能管用，不断丰富和创新跨界教学文化的内涵。"教、学、做合一"是高职院校跨界教学文化培育的方法论。

跨界文化是学校个性的体现，是学校发展之灵魂，它代表一所学校发展的形象。跨界文化是在传承校企优良文化传统的办学实践中生成的，具有鲜明的历史积淀性特征。作为高职院校决策者，要发扬"跑接力"的精神，一棒接一棒、一届接一届、一代接一代地传承下去，不断丰富和创新跨界文化的内涵和外延，持之以恒地把高等职业教育跨界文化进行到底，让其产生核心发展力和民众认同感。

站在新时代，把握新特征，担当新使命。我们要弘扬敢为人先的精神，拿出爬坡过坎的智慧，书写好新时代高等职业教育发展的三篇大文章。

---

[1] 余祖光. 职业教育校企合作中工业文化对接的新动向[J]. 职业技术教育，2011 (25): 7.

目 录

第一章 现代职教体系建设：高等职业教育发展的新坐标 …………（1）
    一、现代职教体系建设是职教发展新阶段的必然要求 …………（1）
    二、新阶段现代职教体系建设的内涵特征、主要任务与改革实践……（4）
    三、现代职教体系建设为高等职业教育发展提供了新的坐标 …（11）

第二章 供给侧改革：高等职业教育发展的新着力点 …………（19）
    一、供给侧改革思想的提出 …………………………………（19）
    二、高等职业教育也需要供给侧改革 ………………………（21）
    三、以供给侧改革思路提高高等职业教育吸引力 …………（29）

第三章 高职信息化：助力高等职业教育发展的新利器 ………（38）
    一、信息化是高职发展的客观要求和必然趋势 ……………（38）
    二、高职信息化的内涵分析与实现路径 ……………………（41）
    三、高职信息化健康发展的长效机制 ………………………（48）

第四章 双场合一：高等职业教育发展的新实践 ………………（55）
    一、职业教育"双场合一"教学的基本内涵 ………………（55）
    二、职业教育"双场合一"教学的操作要义 ………………（63）
    三、高职院校实施"双场合一"教学的实践探索 …………（66）

第五章 高职院校校长：影响方式及选任新探索 ………………（76）
    一、一个特殊群体的一般描述 ………………………………（76）

二、高职院校校长是如何领导学校的 …………………………… (78)
三、基于胜任力的高职院校校长选任 …………………………… (91)

第六章 高职院校分类：高等职业教育发展的新结果 ……………… (112)
一、高校分类是高等教育发展的必然结果 ……………………… (112)
二、高职院校与普通高校分类的可行性分析 …………………… (117)
三、基于产业面向的高职院校分类 ……………………………… (125)

第七章 高职院校毕业生：高等职业教育发展的"试金石" ……… (136)
一、高等职业教育发展质量指标的分析 ………………………… (136)
二、高职院校毕业生的岗位胜任力 ……………………………… (140)
三、高职院校毕业生技能与薪酬相关性研究 …………………… (144)

第八章 高职本科：高等职业教育发展的新趋势 ………………… (155)
一、高职本科的内涵及属性 ……………………………………… (155)
二、高职本科的发展定位 ………………………………………… (158)
三、高职本科的发展路径 ………………………………………… (164)

第九章 高等职业教育非货币收益：需要关注的新领域 ………… (175)
一、关于教育的经济收益与非货币收益 ………………………… (175)
二、高等职业教育非货币收益内涵、特点及其转化 …………… (179)
三、高等职业教育非货币收益实证研究 ………………………… (184)

参考文献 ……………………………………………………………… (196)

后 记 ………………………………………………………………… (202)

第一章

现代职教体系建设：高等职业教育发展的新坐标

一、现代职教体系建设是职教发展新阶段的必然要求

（一）改革开放以来职业教育体系的建设历程

自 20 世纪下半叶以来，在经济全球化、信息技术革命等因素的推动下，不同国家或地区的产业结构和就业结构调整步伐加快，结构急剧变化所推动的高速经济增长，也推动了劳动力市场的动态变化，对劳动者的技能和素质提出了更新要求。发达国家和地区无一例外地把发展职业教育作为满足劳动力市场需求变化和提升国际竞争力的重要手段。因此完备、有效的职业教育体系建设成为几十年来国际教育改革发展的重要内容。

我国自 20 世纪 70 年代末重新认识到职业教育在推动高质量就业与经济进步方面的重要作用，逐步建立起适应经济社会发展的职业教育体系。1985 年，《关于教育体制改革的决定》明确提出，逐步建立起一个从初级到高级、行业配套、结构合理又能与普通教育相互沟通的职业技术教育体系，造就数以亿计的有文化、懂技术、业务熟练的劳动者。1991 年，《关于大力发展职业技术教育的决定》要求各级政府高度重视职业技术教育的战略地位和作用，积极贯彻大力发展职业技术教育的方针，提出了"初步建立起有中国特色的，从初级到高级、行业配套、结构合理、形式多样，

又能与其他教育相互沟通、协调发展的职业技术教育体系的基本框架"的建设目标。1996年,《中华人民共和国职业教育法》颁布,对职业教育在国民经济和社会发展以及国民教育体系中的地位与作用、职业教育的体系结构、办学职责、管理体制等都做出了规定,确立了职业教育的法律地位。这部法律在职业教育体系的表述上有两点更新,一是从法律上把"职业技术教育"简化为"职业教育",从而使"职业技术教育体系"的表述变更为"职业教育体系",二是不再强调初等职业教育,而把职业教育主要看作初中后的职业教育与培训,据此形成了关于职业教育体系的最新表述:"国家根据不同地区的经济发展水平和教育普及程度,实施以初中后为重点的不同阶段的教育分流,建立、健全职业学校教育与职业培训并举,并与其他教育相互沟通、协调发展的职业教育体系"。1999年,《关于深化教育改革全面推进素质教育的决定》提出,积极发展包括普通教育和职业教育在内的高中阶段教育和大力发展高等职业教育。2002年,国务院做出《关于推进职业教育改革与发展的决定》,把职业教育看作是中国教育体系的重要组成部分,是推动国民经济和社会发展的重要基础。特别是把职业教育与实施科教兴国战略、促进经济社会可持续发展、促进就业和再就业、解决"三农"问题等方面联系起来,要求高度重视并加快职业教育的改革与发展。2005年,国务院做出了《关于大力发展职业教育的决定》,首次提出了"现代职业教育体系"的概念:进一步建立和完善适应社会主义市场经济体制要求,满足人民群众终身学习需要,与市场需求和劳动就业紧密结合,校企合作、工学结合、产学研结合,结构合理、形式多样、灵活开放、自主发展的现代职业教育体系。

经过三十余年持续不懈的努力,我国职业教育体系建设取得了令人瞩目的成绩。教育部2016年《教育发展统计公报》显示,全国中等职业教育共有学校1.09万所,其中,普通中等专业学校3398所,职业高中3726所,技工学校2526所,成人中等专业学校1243所。中等职业教育招生593.34万人,占高中阶段教育招生总数的42.49%。中等职业教育在校生1599.01万人,占高中阶段教育在校生总数的40.28%。在高等教育阶段,全国共有普通本科院校1237所,高职(专科)院校1359所,高等职业教育院校数量超过了普通本科院校，中高等职业教育占据了同等阶段教育的"半壁江山"，成为高素质技术技能人才的重要来源，为构建合理教育结构、推动经济发展方式转变、缓解就业结构性矛盾提供了有力支撑。

（二）经济社会发展新阶段对职教体系建设提出了新要求

在中国经济的发展史上，2010年是一个重要的节点，该年日本的名义GDP为54742亿美元，比中国少4044亿美元，三十年的经济高速增长使中国一跃成为仅次于美国的全球第二大经济体，职业教育体系对此做出了重要贡献。但人们也清醒地认识到，许多产业仍处于"大而不强"的尴尬境地。究其原因固然很多，但技能型人才供给不足、劳动力队伍技能水平较低应该是有较大关系。因此如何增加技能型人才培养的水平与效益就成为现代职业教育体系建设的重要内容。特别是解决我国职业教育体系存在的下列明显不足，成为主要的课题。

1. 独立的与普通教育并行的职业教育体系初步建立，但条块分割造成衔接仍不顺畅。学历形态高等职业教育应包含专科、本科、硕士研究生和博士研究生四大层次。但是，在管理体制上本科以上层次教育与专科层次教育管理目标、管理方式存在明显差异，从专科层次职业教育向本科以上层次职业教育的通道仍不够通畅。许多通过"3+2"或"专转本"项目进入本科高校的职业院校毕业生被广泛认为基础知识不牢、发展潜力不足。这种认识在很大程度上与本科教育单一的评价方式有关，这说明职业教育与本科层次以上高等教育尽管有了衔接通道，但仍存在许多机制障碍。

2. 职业教育服务经济社会的能力有待加强。近年来，我国经济换档提速的频率不断加快，许多新兴产业、新兴业态不断涌现，同时许多传统产业、传统业态迅速消亡，这对全国的工作体系产生了深远的影响，工作世界的变化速度已远超职业教育的反应速度。职业教育往往难以跟上新经济形态的发展。

3. 职业教育与普通教育有效沟通的渠道仍不畅通。职业教育与普通教育的沟通是单向的，接受普通教育的学生很容易选择接受职业教育，而接受职业教育的毕业生要重新选择普通教育几乎不可能。此外，当前所有的考试选拔制度对职业教育学生都极为不利。单向的沟通不利于职业教育的健康发展。

4. 产教融合仍然是职业教育体系的一个难点。校企合作办学缺乏严格的法律基础。职业教育的特性决定了企业参与职业教育的必要性,但校企合作总体上还处于探索阶段,还在低水平上运行,还缺乏法律的支撑与保障。而产业与职业教育之间的融合更存在体制机制、文化等方面的障碍,这是因为产业与职业教育之间的合作尚未形成内生、互惠、长久的机制。

5. 职前职后难以一体化且开放程度不够。在我国,职前教育主要依托职业学校的正规教育,而职后教育虽然也大规模开展,如企业培训、社会培训、成人教育中的职业教育等,但目前,我国的职前和职后教育基本上处于相互不协调、不沟通的情况。也就是说,职业培训和职业资格体系与正规职业教育之间还没有形成和谐统一、机制完整的有机整体。职业教育系统的开放性不仅指对人人开放,还指对人终身开放。虽然在我国现行的职业教育体系中,所有人都有权利、有机会获得这样或那样的职业教育或职业培训。但体系的开放程度仍然不够,主要体现为正规职业教育基本只面向适龄青少年,青少年一旦离开正规教育系统,将难以重新回到正规教育系统,只能选择非正规的职业教育与培训。

总而言之,构建现代职业教育体系,是转变经济发展方式的需要,是实现从中国制造到中国创造的转变发展现代产业体系的需要,是建立学习型社会服务构建终身教育体系的需要,是完善中国教育体系的需要,同时也是我国高等职业教育保持可持续发展的需要。

二、新阶段现代职教体系建设的内涵特征、主要任务与改革实践

(一)现代职业教育的内涵与特征

《国家中长期教育改革和发展规划纲要(2010—2020年)》明确提出了新阶段现代职业教育体系建设的新表述:到2020年,形成适应经济发展方式转变和产业结构调整要求、体现终身教育理念、中等和高等职业教育协调发展的现代职业教育体系,满足人民群众接受职业教育的需求,满足

第一章　现代职教体系建设：高等职业教育发展的新坐标

经济社会对高素质劳动者和技能型人才的需要。

"适应经济发展方式转变和产业结构调整要求""体现终身教育理念"和"中等和高等职业教育协调发展"成为新阶段现代职业教育体系建设的核心内涵，其中"适应经济发展方式转变和产业结构调整要求"体现了社会对现代职教体系建设的基本要求，"体现终身教育理念"体现了教育体系和受教育者对现代职教体系的要求，"中等和高等职业教育协调发展"体现了职业教育体系内部的建设目标。三者的内在统一决定了现代职教体系的基本定位、主要功能和发展方向。这样的现代职业教育体系具有鲜明的时代特征。

1. 独立完整性。现代职业教育体系是与普通教育体系并行的、地位平等的独立体系。传统职业教育是一种"断头教育"，难以形成一个完善的职业教育体系。现代职业教育要有效服务社会发展，要体现终身教育理念，就必须具有一个独立完善的体系。我们不仅需要中等、高等专科层次的职业教育，还要有能够拓展和延伸现代职业教育发展空间的本科层次、研究生层次（专业硕士、专业博士）的职业教育。只有建立层次丰富、结构合理的职业教育体系，才能促进职业教育的自主成长和发展。

2. 动态开放性。职业教育体系不是封闭的，也不是静止的，要根据社会经济发展的需要，不断进行动态调整；职业教育体系内的各类型、各层次教育之间以及职业教育与普通教育之间都要相互开放；职业教育是一种"全民教育"，要向全体学习对象开放。

3. 协调贯通性。现代职业教育体系应是职业教育体系内部不同层次、不同类别教育之间，尤其是中、高职教育以及职业学校教育和职业培训之间相互衔接、相互沟通。这种衔接和沟通可以体现在管理体制、专业设置、课程体系、教学计划、质量评价、证书制度、招生考试等多个方面。此外，职业教育与普通教育之间也应搭建起相互转换的"立交桥"，保证学习者能根据自己的学习意愿和发展规划，自由地在不同类型教育之间转换。

4. 功能多样性。现代职业教育体系既包括完整的职业学校教育体系，也包括完整的职业培训体系。党的十九大报告明确提出要"完善职业教育和培训体系",为职业教育体系建设指明了方向。要实现这一目标,我们需要创新思维、大胆改革,突破既有的体制机制阻碍发展职业教育。政府、企业及各种社会力量都可以是职业教育和培训的实施主体。职业教育面向全体学习者,可以是学历教育,也可以是技能培训。学习方式灵活多样,可以是全日制、半日制,也可以是各种形式的在岗学习和社区教育。职业教育的目的不只局限于提供学历或职业资格证书,还要"以人为本"创造多种机会,通过各种形式满足个体终身学习的需要。

(二) 现代职教体系建设的主要任务

基于以上对现代职教体系基本特征的认识,我们认为现代职教体系建设的主要任务应包括以下几点:

1. 与产业结构升级和技术进步相适应的技术技能人才培养系统化

高等职业教育是培养应用先进技术、装备和工艺的高技术应用人才、高技能人才和复合型、创新型的技术技能人才的专门教育形式,包括专科层次、本科层次和研究生层次职业教育。要逐步形成以应用技术大学(学院)为龙头,高等职业(专科)学校为骨干,普通高等学校参与的高等职业教育院校体系。高等职业教育必须重视招收实际工作表现突出的技术技能人才和具有技术技能特长潜力的高中阶段毕业生,通过工学结合、工学交替的方式进行培养。

2. 服务技术技能人才可持续发展的职业教育终身化

全面开展职业预备教育。基础教育阶段学校要加强劳动教育和社会实践教育,注重发展学生的特长,提高学生的动手能力。初、高中学校要全面开设有利学生职业选择的职业指导和职业体验课程,开展对学生兴趣和能力的评价和测试,并在毕业年级开设或与职业院校联合开设职业教育衔接课程。一般普通高等学校要开展以职业道德、职业发展、就业准备、创业指导等为主要内容的职业预备教育。

大力发展职业继续教育。各级各类学校是继续教育的办学主体,根据学习者的要求,设立多样化的专业、课程,建立灵活的入学制度和学习方式。中高等职业学校要履行发展职业继续教育的重要职责,并将初次职业教育和职业继续教育统筹规划。

贯通职前和职后教育。职业预备教育、初次职业教育和职业继续教育是相互衔接沟通的统一连续系统。国家要整合职前职后教育资源，以服务劳动者成长为主线，以适应产业结构升级和技术进步为导向，系统设计有利于劳动者工学交替、多次选择、灵活开放的课程体系和学习方式，使劳动者既能在职前完成基本的技术技能教育，又能在职后以多种方式接受职业继续教育。

3. 办学类型、学习形式的多样化

应实现政府办学、企业办学和社会办学并举。各级政府要建立与产业体系布局结构结合的职业院校网络，鼓励引导社会力量兴办职业教育，实现公办和民办职业院校共同发展。企业职业教育是职业教育体系的重要组成部分，国家鼓励企业特别是大中型企业通过举办职业学校、企业大学和参与校企合作履行职业教育的法定义务和社会责任。鼓励社会团体和个人举办面向社会的职业教育机构。

学历职业教育与非学历职业教育沟通衔接。推动各级各类职业教育机构举办各种形式的职业培训课程，到2020年职业院校职业培训在校生（折合数）不低于学历职业教育在校生数的50%。以学分制和模块化课程为基础，通过质量认证体系、学分银行和职业资格考试制度对非学历职业教育进行学历、学位认证。

4. 开放立交、内外衔接的体系结构

应促进职业教育与人力资源市场的开放衔接。加快建立国家统一的资格框架，融通职业资格制度和学历学位制度。各级职业院校按照经济社会发展要求和用人单位的需求明确人才培养的规格层次、专业体系、课程内容、培养方式和质量标准，使每一所学校都有明确的办学定位、服务面向、就业网络和企业合作伙伴，使不同层次和类型技术技能人才都能得到有质量的就业。

应促进职业教育与普通教育的开放衔接。鼓励普通学校和职业院校教师互教、课程互换、学分互认。改革学籍管理和招生考试制度，建立学习者在普通学校和职业院校之间转学、升学的通道。鼓励普通教育学校引入职业教育课程，普通高中学校与中等职业学校共享师资和教育资源，一般普通高等学校和高等职业院校联合培养复合型、创新型技术技能人才。

更应促进职业教育体系内部的开放衔接。系统规划设计中高等职业教育和培训的专业设置、课程体系、教学内容等人才培养方案。扩大高等职业院校招收低一级职业学校毕业生的比例。建立多层次、多专业的技能大赛体系，办好全国职业院校技能大赛，积极参与世界技能大赛。职业院校要把技术技能竞技作为学校的基本教学制度和选拔优秀技术技能人才的重要方式，将技能大赛成绩作为高一级免试注册入学的重要依据。

5. 服务区域发展战略的空间布局

应实行区域差别化的职业教育发展战略。省级政府从本区域经济社会发展实际出发，规划本地区的职业教育布局结构，将各地区比较优势转化为发展优势。东部地区和大中城市要全面加强服务当地主导产业的中等职业教育核心能力建设，加快发展服务现代农业、先进制造业和现代服务业的高等职业教育。中西部地区要加强职业教育基础能力建设，以加快中等职业教育发展为重点加强当地基本公共服务技术技能人才和农村实用人才的培养，提高服务当地特色优势产业升级的高等职业教育质量。民族地区要重视发展民族工艺、民族文化职业教育，培养民族文化人才，将文化传承、产业开发和职业教育有机结合。完善区域职业教育协作机制，推动东部地区加大对中西部地区职业教育支持力度。加大对革命老区、民族地区、边疆地区、贫困地区职业教育的扶持力度。

（三）部分省市构建现代职教体系的改革实践

为全面推动现代职教体系建设，国家启动了《现代职业教育体系国家规划》的编制工作并于 2014 年公开发布《现代职业教育体系建设规划 (2014—2020)》。部分省市在国家总体规划的指导下积极开展了多种形式的改革实践。

1. 浙江省

浙江省教育厅印发的《浙江省推进中高职一体化人才培养模式改革工作方案》规定，到 2015 年中职毕业生升入高一级学校的比例达到 30% 左右，高职专升本比例达到10%左右。改革的总体思路是：适度增加五年制"3 + 2"职业教育，稳定高职单考单招规模，重点探索发展"五年一贯制"职业教育，加强中高职课程与教学衔接。

浙江省还统一规划了考试招生制度改革，从2009年起就开展了高职招生综合改革，形成了统考统招、单考单招、高职自主招生、定向招生、高职院校三位一体综合评价招生等多种形式并举的多元化考试招生模式。从2012年开始，浙江省对高职类招生考试的内容与方式进行改革，率先在汽车专业试行专业技能水平证书考试，实行"一考多用"。汽车专业技能水平证书考试包括专业基础理论笔试和操作技能考试。基础理论考试和操作技能考试达到标准者，颁给汽车专业技能水平证书。对报考高职单考单招汽车专业的考生，技能证书考试成绩计入高职单考单招总分；取得汽车专业技能证书后可申请高职单考单招技能成绩。

2. 江苏省

江苏省的现代职教体系建设起步较早。一是从20世纪90年代起采取多种形式实现了中高职一体化人才培养。江苏省改进了普通高校对口招收中职毕业生制度，完善了"文化基础＋专业理论＋专业技能"统一考试、统一评分、统一录取的中职毕业生对口升学考试制度。二是稳步发展五年制高等职业教育。重点强化五年制课程体系建设，全面修订人才培养方案，发挥五年一贯学制的优势。全面展开五年制专业建设水平评估。五年制高职毕业生就业率保持在95%以上，不少学校毕业生初次就业率和协议就业率达到85%以上。三是启动中职毕业生注册进入高职院校学习制度。2011年从民办高职院校和少数公办高职院校开始试点，安排招生计划3800人。四是规范中职生接受高等学校继续教育制度。将238个继续教育点设在中等职业学校，拓展中职学生继续学习的机会，一些高水平大学还为中职学校提供优质教育资源。

江苏省树立终身教育理念，拓展高职学生学习发展空间。一是改革高职学生"专转本"招生考试制度。将专转本招生考试时间调整到3年级，保证高职人才培养目标的实现和人才培养过程的完整。对技能优异的学生实行加分政策，对全国技能大赛获奖的优异选手实行免试政策。二是组织高职学生"专接本"参加自学考试。在普通高校中开展在籍专科学生接读自学考试本科（指全日制在籍专科学生在完成专科阶段教育的基础上，接受全日制自学考试本科教育，简称"专接本"）。三是拓宽高职学生"专升本"继续教育渠道。高职院校均设立高水平本科院校远程、函授、业余教育校外学习中心、函授站、教学点，为高职学生继续学习提供多种选择机会，目前设在高职高专院校的学习中心有近80个。四是为高职学生提供出国学习交流的机会。鼓励和支持高职院校与国外优质职业院校合作，引进国外先进课程、教材、教学方法和国际职业资格证书认证体系，培养适应江苏外向经济发展的国际化高素质技能型专门人才，全省高等职业教育的国际合作机构和项目达到了220多项。

3. 上海市

上海市从2010年开始逐步推行中高职贯通培养的改革，要求贯通培养方案要一体化设计，不分中高职阶段。选择符合条件的同一职业教育集团内的中高职院校或中高职一体化办学院校进行贯通培养试点、自主招生。在专业与学习年限方面，贯通培养的试点专业，必须是行业岗位技术含量较高，专业技能训练周期较长，熟练程度要求较高，社会需求量较大且需求较为稳定，适合中高职培养目标相互衔接贯通的专业；同时，必须是申报试点院校的核心专业或重点专业。招收对象为本市户籍的初中毕业生，学习年限一般为5年。

上海市在建设现代职教体系中特别注重职业教育与劳动就业、行业企业间的外部横向融通，通过开展校企合作培养高技能人才项目等措施，推动职业院校与企业需求有效对接；通过开展职教学历证书与职业资格证书"双证融通"改革，推动职教专业内容与职业标准有效衔接。这项改革的目的，是探索专业教学要求与产业、企业和岗位需求，教学过程与生产、工作过程的紧密衔接，全面加强院校职业教育与职业资格证书体系和劳动力市场的横向融通。

上海市把职业教育集团作为现代职教体系建设的重要载体，制定了《大力推进职业教育集团建设的指导意见》，通过以品牌职业院校和示范性职业院校为龙头，联合社会办学单位、实训基地、企业或行业组织，组建职业教育集团，促进各类职业教育资源的共享和互补，促进职业教育"产学结合"办学模式的探索与实践，实现职业教育与社会经济的联动。

上述改革尝试一定程度上解决了职业问题"断头"的问题，激发了青年学生的学习热情，职业院校大张旗鼓地抓教育质量，推动专业规范化、品牌化和特色化建设，加强专业基础教学和技术技能教学，职业教育集约发展程度更高，也有效提升了我国职业教育的国际化水平，使职业院校具有了更加平等、更加多元的国际话语能力，推动了中国职业教育的发展。

三、现代职教体系建设为高等职业教育发展提供了新的坐标

（一）现代职教体系为高等职业教育功能定位提供新坐标：就业导向与教育导向

未来的现代职教体系必然会实现更为顺畅的中等职业教育、专科层次职业教育、本科层次职业教育和专业硕士及博士学位之间的衔接与沟通。这必然带来高职教育功能的转型。

说到职业教育功能，许多人把德国模式当作理想的形态。韦伯在《新教伦理与资本主义精神》一书里观察到了普鲁士手工行业的瓦解和手工业者变身产业工人的过程，但即使是韦伯的时代，普鲁士的行会的势力仍然是相当强大，以至于19世纪末，德国政府通过立法把强制性手工业协会纳入半国营范围，在技能形成领域赋予他们准公共权力。这一传统一直延续至今，一百多年来手工业部门一直是学徒制培训过程中一个重要的法人行动者。对于这一机制，西伦在《制度是如何演化的》一书中引用曼诺的观点认为政府"通过与社会利益组织分享'公共空间'，试图把功能性组织作为维护秩序的指定代理者，从而搭建了一个调和利益的现代模式"。因此许多中国人认为现代学徒制无非是校企合作的升级版的观点应该是一种误读，德国模式中的学徒制并非校、企两个主体，而是存在一个"调和利益"的中间组织。这个"功能性组织"并不是一个如政府一样的中立组织，它在本质上代表了企业界的利益。正因为如此，德国双元制以企业的

用工需求为最终依归，职业教育要通过与生产过程高度统一的教学达到让学生一毕业就能在现实的岗位上成为熟练工人的目的。直到今天，高等职业教育阶段的职业学院和专科高等学校仍然以"就业为导向"，主要功能在于促进学生就业。

而美国却不一样。同样在19世纪末，卡尔文·伍德沃德教授开始在中小学里推广手工教育，即在公立学校里引入一些技能劳动的课程。尽管很多人把"手工教育运动"看作美国学校形式职业教育的先声，但伍德沃德等人的出发点却不是为了让学生掌握一项未来的求生技能，而是希望通过引入手工课程改造僵化、低效、处于崩溃边缘的公立义务教育。伍德沃德认为"手工训练对正常的智育和德育非常重要"，因此手工训练是智育和德育的手段与补充。美国现代职业教育的这一起源深刻影响了后来的职业教育发展。到了20世纪末和21世纪初，美国职业教育主要不以学制形式而是以课程形式出现在综合高中里，通过学习职业教育课程直接进入就业市场的学生比例仍然不高，在本质上仍未摆脱伍德沃德等人提出的以贴近社会实际的课程改造普通教育的思路。在这样的职业教育环境中，人们对技能训练的功能设定与数学在普通教育系统中的地位相仿：学生所掌握的技能会否在未来被使用并不重要，重要的是通过技能训练改善智育、德育或体育的成效。与德国式"就业导向的职业教育"相对应，我们可以把美国式职教称为"教育导向的职业教育"。这种职业教育理念也影响到了高职教育的发展。我们经常把社区学院类比为中国的高职院校，实际上社区学院有着很强的升学功能，约40%的社区学院毕业生会寻求升入本科高校继续学习。[1] 美国前总统奥巴马就曾在两年制社区学院学习然后考入哥伦比亚大学。

通过德国和美国的高职教育理念的比较，可以看到对于高职教育至少存在两种功能观：一种是以促进就业为目的的实质训练，另一种是以改善普通教育为目的的形式训练。也许，从教育导向到就业导向是一个连续的谱系，不同的国家的职业功能因为不同的政治经济背景而在这个谱系里处

---

[1] 数据来源：美国教育部，国家教育统计中心，高等教育数据系统。

于不同的位置。那么，中国处于什么位置？

许多人把福建船政学堂作为中国职业学校的开端，这显然是一个与德国或美国不同的职教故事。我们一开始就进入了专门学校形式的职业教育状态，但在职教萌发后五六十年后的1917年，黄元培感慨道：职业学校的毕业生不想着做工做农，却一心想去做官。这是因为当时的中国学校教育仍然是稀缺资源，能够接受学校教育——即使是被认为略为低端的职业教育——的青年往往都被认为是社会精英，所以高职院校发挥的功能与普通的本科高校并无根本上的区别。到了中华人民共和国成立后很长一段时间，本科毕业生和专科毕业生同样都可获得干部身份，从就业角度看并不存在根本性差异，可以说在中国高职教育中的普通教育基因并未明显失去，因此，我们可以说中国职业教育在传统上就是教育导向型职教，这就可以解释为什么在一片挞伐声中高职院校仍然保持相当大的文化基础课比例，仍然采用传统的课堂授课方式而非像德国那样的工作场所学习。

这一传统在现代职教体系建设的大背景下显得再次重要起来。随着现代职教体系的推进，高职院校中升学的比例将有可能继续加大，高职教育就不能再是完全的就业导向，而应在一定程度上引入"教育导向"。为应对这一变化，高职院校应在重视就业教育的同时同等重要地开展通识教育、生涯探索体验和专业基础教育，为学生选择升学通道提供帮助。

（二）现代职教体系建设为高职教育人才培养提供新坐标：宽口径与窄口径

1952年新中国开始了高等教育的院系调整，调整后全国高校都开始按照专业培养人才。在确立了专业教育制度之后，高等教育的专业数长期处于上升状态，1954年的发布的《高等学校专业分类设置》中共有257种专业，1963年增加到432种。此后，对高等学校专业设置的监管松懈，到20世纪80年代初，全国实际设置的专业数已达到1300多种，其中仅实际设置的工科专业数就达到686种，比1954年增长了3.75倍。[1] 而我国在1998年编制的《中华人民共和国职业分类大典》中的职业数也不过1838

---

[1] 毛永祺，张迪梅.试论高校本科工科专业目录的调整[J].中国电力教育，1989（10）.

个。可以认为，到80年代，高等教育专业已与职业或岗位形成了某种程度的对应关系，专业教育制度设立之初所设想的使专业与国民经济社会建设需求高度吻合的目标在一定程度上确实实现了。但也是在80年代，六届人大一次会议上政府报告中就提出：目前高等教育专业设置过细，影响了学生的进一步发展。从那以后，高等教育的专业数开始逐渐减少。但是很明显，如果要真地做到就业导向，专业数应该尽量多而不是减少。所以在高等教育领域实际上出现了人才培养定位宽口径与窄口径之争。

要在根本上解决宽、窄口径之争，重点在于更新专业建设的"对接"哲学：职业教育应该与产业进步、企业发展对接。这是造成专业越设越多、越设越细的底层原因。在信息化、智能化发展的今天，产业进步、工作世界的变化正在以超出我们想象的速度进行，如果在几十年前对接还是合理，今天再用对接思路发展高等职业教育显然是不合时宜的。在此，我们提出高职教育专业建设的"融合"理念。

第一，专业设置应该体现产业融合。在制造业中，由设计、制造、销售、升级服务等组成的微笑曲线中，中国主要还在曲线的最低端——制造，高端的设计和销售、升级服务还不是我们的强项。前段时间，有国内企业吐槽，为跨国公司贴牌生产产品在国外可以销售很好，但内销却困难重重，我猜想就是因为设计能力不强，无法针对国内情况开展设计，销售能力不足，打不出自己的品牌，反过来又会影响到制造环节。提到产业升级，许多人以为是技术升级，但真的仅是技术升级的话，高职教育所能发挥的作用就被限制了；而实际上的产业升级是产业的所有环节的升级，对制造业来说，就是把微笑曲线拉平，就是要实现制造业的服务业化，在这方面高职教育是能够发挥巨大作用的。

除了以上的融合外，不同产业链之间的交叉也越来越多。生产制造、物流配送、公共交通都大规模使用物联网技术；LED技术使灯具产业的产业链大为缩短，产生在许多新型的灯具企业、艺术设计公司；通过移动支付，互联网公司甚至可以运作跨行业、跨地区的联合营销。这些融合都催生了一些新职业和新岗位。

在这种情况下，学校不应该继续"对接"产业开设专业，而应该"设计"新专业，根据学校对产业发展的理解，自行设计几个能够体现学校教育思想的专业出来，既体现对传统专业的尊重，也增加新兴产业的元素。这样设计出来的新专业并不一定是真实产业界正在如火如荼发展的领域，但一定是体现了产业发展方向、体现了教育理念的教育教学领域。在过去，教师配备、资源调整、学生管理等都在制约新专业的出现，但在今天泛在的互联网和移动网条件下，教师的重新组合、学生的重新组合甚至资源的重新组合的流畅程度更高，完全可以组建虚拟的具有特定目标的学生项目组，让不同专业的学生、不同学科背景的教师组成团队共同完成特定的学习任务。如果能够做到，高职院校的人才培养就具有了全新特点：前瞻、融合、选择性、普适性、信息化。

第二，学校的课程设置可以体现职业或岗位融合。从郭台铭到许多企业家都说过中等教育质量不行，那他们是不是要求学生一毕业就能像成熟员工一样独当一面呢？从许多规模以上企业开展大量企业内训来说，企业家们并没有把专门技能培训的职责推给学校。他们所谓的教育质量不行大概是说目前的毕业生没有责任心、碰到问题不知所措、所学专长无法发挥，而学生工作技能的缺失并非主要不足。因此，学校不能盯着企业的某些岗位去开展教学，而应该跳出企业看岗位，让学生不仅能掌握专业知识和技能，更能在具体的情中运用知识与技能，在具体情境中锻炼通用的才干。

据此，我们提出专业课程应该实现大融合的主张。课程改革更应坚持情境功能化理念，即一门课存在的价值不在于它在整个知识体系中的作用与地位或在整个工作流程中的作用，而在于学完这门课后学生能够在模拟或真实情境下解决哪些问题。按照这一要求，专业课应实现以下变化：（1）专业基础课尽量压缩，且实现功能化。压缩是指把理论推演、知识性介绍等内容大量减少，学生能看懂的交给他们自己看，经过努力也学不会的就去掉；功能化是指即使是专业基础课，也应该让学生通过学习运用知识与技能，而不是死记硬背，学生通过完成一个个活的学习任务或创新项目来学习知识。（2）专业核心课与专业方向课应尽量项目化，学生要以产品实物或实际的服务项目完成课程学习。由于要形成产品实物，目前的课程划分就会显得不合适，会推动课程之间的融合。(3) 应形成"课堂项目+课程项目+学年项目+毕业项目"的学习项目体系，学年项目应是课程项目的综合，推动更大范围的课程融合，毕业项目则可以有较高灵活性，让学生完成与就业相关的实物或真实的服务，以利其以可视化的成绩寻找工作。

第三，教学模式应体现过程性融合。不对接企业的生产过程，学校只是远远地看着企业如何生产，只是努力去寻找生产过程背后的教育意涵，然后在学校环境里再造一个更加抽象的教育过程。简单地说，这个抽象的教育过程不是模仿企业的生产过程，而是模仿企业的问题解决过程，让学生体验、了解、掌握如何发现问题、解决问题、形成新模式，可能才是学校应该做的。这就要求学校努力去按照企业的生产情境设置学习问题，而不是按照生产过程设置学习任务。

（三）现代职教体系建设为高等教育融合提供新坐标：层次与类型

对于普职关系，职业教育界已经全盘接受了普职二分法，甚至发展出了"职业教育是一种教育类型"的说法。但如果我们承认职业教育也是教育导向的，那么职业教育与普通教育的终极目标并不存在根本的差异，职业教育就不是教育中的"另类"，而只是教育终极目标的一种实现形式而已，就像普教系统中的足球特色学校通过足球运动培养学生的团队精神，你能把这些学校看作另一类学校吗？普职之间既非对立关系，也不是层次高低关系，而应是功能互补的关系。目前许多职业学校为普通中小学开设的职业体验课程就是在补足普通教育的短板或缺项，在未来普职之间可以在差异化、非竞争的基础上通过课程交换、资源互补等多形式实现相互联通，而目前在个别地区实施的普职学分融通、学生流动的做法实际上是竞争性的资源重新配置，并不可持续。

对此，笔者建议：不必执着于高职院校与本科院校之间的差异，也不必执着于强化中国式的平行的教育双轨制，更没有必要去推动普通本科高校向职业教育的转型，我们真正需要做的是推动课程的分类管理，即开展课程认证，对那些职业倾向强的课程开展职业教育化管理，对那些学术倾向强的课程开展普通教育化管理，同时积极探索中国特色学分制和能力学分替换的机制，开展多元化的学业能力评价，鼓励有兴趣的学生多选修职业教育课程。

（四）现代职教体系建设为高职教育产教融合提供新坐标：合作与融合

在产教融合概念提出以前，职业教育界习惯于讨论校企合作问题。很多人都认为德国式 3~4 天在企业工作、1~2 天在学校学习是非常好的职业教育模式。但正如前面所说，德国职业教育并不是简单的校企合作模式，而是由行会、企业、学校组成的多主体合作模式。这个模式对于中国人而言的价值在于告诉我们单纯的学校与企业之间的合作可能是结构不良的，这是因为我们常常默认校企合作关系中的"企"是一个生产单位，而生产部门与教育部门之间需要调和。另外，如果仅是学校与企业两个主体之间的合作，学校对在企业发生的学习过程很难控制，由此一个推论就是当学校失去足够的控制力后学校就是一个多余的主体，让学生直接和企业合作可能更好，许多国家的实习生制度实际上就把学校从合作结构中剔除出去了。根据以上的描述，具有真正教育意义的校企合作的成功因素除了双方的合作意愿外，学校对培养过程的控制以及双方目标的一致性也非常重要。德国人的强制性行会确保了三方目标的一致性，同时行会取代了学校进行培养过程的监控，为上述问题的解决提供了一个范例。但中国的问题是没有这样一种强势的行会组织，所以学校不可能把对培养过程的监控权让渡给第三方，学校也无法确保与生产部门形成目标上的一致。但好在已经有学校给出了解决范例，即不直接与企业的生产部门合作，而是与企业的培训部或企业间的联合培训机构合作，从而在很大程度上解决了教育目标一致性和教学过程可控性的问题。据此，我们的建议是学校应该学会与有培训部的大中型企业合作或有教育服务职能的企业合作，而放弃与生产型企业的直接合作。

当现代职教体系建设中引入产教融合的概念后，高职院校不再只是被动地接受企业的合作，而应深度融入产业的发展、推动产业的进步。如全国各地正在兴建一大批特色小镇，这些小镇建设往往缺乏高端知识型和技术技能型人才的指导,影响了建设质量。高职院校可以充分发挥自己的人才优势、智力优势,全面介入小镇的规划、建设、评估、保障等工作。显然,产教融合概念的引入极大拓展了高职院校的功能定位,要求高职院校从单纯的就业教育机构转型发展成为地方和产业建设的引导者、推动者和实施者,这对高职院校来说也是一个全新的挑战。

第二章

供给侧改革：高等职业教育发展的新着力点

一、供给侧改革思想的提出

供给侧改革，更准确的说法是"供给侧结构性改革"。习近平主席于2015年11月10日在中央财经领导小组会议上首提这一概念，随后中央在多个场合一再提出和强调"供给侧结构性改革"。近两年来，"供给侧结构性改革"更是成为经济领域讨论最多的热门词汇，在刚刚闭幕的十九大报告中再次强调要深化"供给侧结构性改革"。

何谓"供给侧改革"？所谓的"供给侧"是针对"需求侧"而言的，它们分属于经济活动的两端。生产产品、提供产品的一端即为"供给侧"，它包含了土地、资本、劳动力、技术等要素；购买产品、消费产品的一端即为"需求侧"，过去常常提到的拉动经济增长的"三驾马车"（消费、出口、投资）就属于需求侧。"供给侧改革"就是针对供给侧，即产品生产、供应一端的改革。而中央这次提出的针对供给侧的改革则不能少了"结构性"三个字，它的核心思想就是：以改革的方式和创新的思维推进供给侧结构的调整，优化资源配置，提高供给质量和供给效率，以获得经济的可持续健康发展。

为什么提出"供给侧改革"？这里的一个大背景是全球和中国的经济

增速变缓。西方是从2008年金融危机以后，我国则是从2010年以后，即进入了一个所谓的"新常态"。面对这种情况，西方各主要经济体都相继推出了宽松的货币政策，中国也推出了庞大的经济刺激计划。但是无论是西方还是中国，经济疲软的态势都未得到有效缓解。过去一直奉为法宝的"三驾马车"也不那么灵验了，无论怎么刺激，国内和国外的市场需求均持续低迷，投资回报率越来越低。由此可见，单一的需求侧的管理虽然在抵御短期危机上起到了一定的作用，但是却不能从根本上解决经济持续低迷的问题。与此相对照的一个情况是虽然国内产能过剩，但是国人却竞相出国"爆买"，以前还只是买奢侈品，后来则扩大到普通的日常用品如电饭锅、马桶盖、奶粉，甚至连一个小小的指甲钳、钥匙扣都要从国外购买。工业消费领域，国内生产的粗钢几乎是"白菜价"，但精钢、特钢却需大量进口；从一个小小的圆珠笔的笔芯到手机的芯片，到现在我们都还是要靠进口。面对这种情况，有经济学家指出，当前中国经济放缓，看似是有效需求不足，实则有效供给不足，结构失衡、供需错配才是深层症结。"供给侧结构性改革"正是在此种背景下产生的。

  可以看到，中央这次提出的供给侧结构性改革，主要是针对当前我国经济发展存在的主要问题，是基于中国经济持续健康发展的需要，而不是源于某一种现成的经济学理论，它是在充分借鉴了国内外理论成果和实践经验基础上形成的具有中国特色的供给管理思想，要求结合中国实际，创新具有中国特色的社会主义供给理论，在此基础上设计一套针对当前经济发展问题症结的结构性改革方案和政策组合。❶ 概括地说，当前供给侧结构性改革的核心是改革，目的是提高供给能力和质量，重点在于推进供给侧的结构性调整，实现这种调整的关键则在于创新。因此，正如龚刚（2016）所言，供给侧改革思想体现的是一种与时俱进的实践智慧，❷ 它代表的是一种方法论，提供了一种解决当前我国经济发展问题的新视角和新思路。

---

❶ 方福前. 寻找供给侧结构性改革的理论源头 [J]. 中国社会科学，2017 (7)：49-69.
❷ 龚刚. 论新常态下的供给侧改革 [J]. 南开学报，2016 (2)：13-20.

二、高等职业教育也需要供给侧改革

我国的高等职业教育是上个世纪末伴随着高等教育的扩招潮而得以发展壮大的。据最新数据显示,截至 2017 年 5 月 31 日,全国高等学校共计 2914 所,其中高职院校 1388 所,在整个高等教育教育中占比 47.6%。近 20 年的发展,高等职业教育满足了人们接受高等教育的需求,为企业培养了大量急需的高素质应用型人才,为地方经济发展做出了不可磨灭的贡献。近年来,虽然国家对职业教育的发展是越来越重视的,做出了许多积极的努力,例如不断增加对职业教育经费的投入,制定了各项政策支持职业教育的发展;职业院校本身也非常努力,一直尝试着多方面的改革,但是高职教育发展所显示出来的问题却越来越多,例如越来越突出的生源危机、毕业生数量的相对过剩、校企合作流于形式等。高职教育未来要怎么走,高职改革要怎么改是值得每个职业教育人思考的问题。

(一) 高等职业教育的问题症结在供给侧

诺贝尔经济学奖获得者西奥多·舒尔茨曾指出:"学校可以视为专门生产学历的厂家,教育机构可以视为一种工业部门。"[1] 高等职业教育除了它的教育属性外,也有经济属性,它也存在供给侧和需求侧。高职院校属于供给侧一端,作为供给主体,它具有双重供给属性:一个是作为提供"高等教育"这种"商品"的机构,其对应的需求侧为高等教育的服务对象,即受教育者;另一个是作为劳动力输出机构,其对应的需求侧为劳动力市场和用人单位。虽然当前国家直接提出供给侧结构改革主要是针对经济领域的,但其中所包含的理念和精神内涵对破解当前高职教育的发展难题、深化高职教育改革具有重要的指导意义和借鉴作用。这不仅仅是因为高职教育作为现代经济社会的重要组成部分,对高职教育进行供给侧结构性改革本来就是此次改革中的应有之义,更是因为高职教育发展到现阶段诸多问题的症结确实更多在供给侧,具体表现为:

---

[1] T. W. Schultz. The Economic Value of Education [M]. New York: Columbia University, 1964: 15.

1. 高职教育供给侧不能适应企业人才需求结构的变化

随着中国经济迈入"新常态",产业结构调整的深入和产业价值链的提升正引发人才需求结构的深刻变化,服务业和知识密集型制造业的职位迅猛增长,企业对于高技能人才的需求迅速增长,尤其迫切需要与国家当前正在推进的"一带一路""中国制造2025"等发展战略相适应的创新型、应用型、高素质专业人才。据麦肯锡的相关报告,到2020年,中国将需要1.42亿受过高等教育的高技能人才。[1] 而我国的高职教育显然未能紧紧跟随这种变化,在人才供给上与需求侧存在明显脱节、错位,专业设置和人才培养难以适应快速变化的市场需求,难以满足市场对高素质劳动者和技术技能型人才的需求。当前同时存在的大学生"就业难"现象和企业"用工荒"现象就是最好的例证。

2. 高职教育供给侧未能适应服务对象的变化

随着高等教育的大众化和人口结构的变化,高等教育的服务对象也正在发生变化。一方面,相比于以前,现在的学生有更多选择,不是只有上大学一条路,可以去创业,也可以去国外读大学;就算选择在国内上学的高中毕业生对高等教育的需求也已经从"有大学上"变成了"上一个好大学",国内高校之间在生源上的竞争非常激烈。而高等职业教育在与普通高等教育的竞争中又处于明显劣势,高职院校的生源危机越来越凸显。另一方面,伴随着农村劳动力的迁移、人口政策调整以及"终身学习"理念的建立,大量的农村富余劳动力、下岗在岗转岗职工等社会人员迫切需要专门的职业教育和培训。而我国的高职院校却不能适应这种服务对象结构的变化,一味地追求学历教育,各个院校之间花费大量人力、物力、财力争抢高中生源,对继续教育、成人教育存在的巨大的市场需求不够重视。

3. 高职教育的供给质量不高,供给效率较低

高职教育的供给"产品"既包括其所培养的人才,也包括其提供的社会服务,还包括其对地方产业发展和升级所起的服务作用,而当前我国的高等职业教育在这三个方面都呈现出了供给质量不高、供给效率较低的情

---

[1] Li-Kai Chen. 中国需要把握高技能人才需求[J]. 企业改革与管理,2013(8):39.

第二章　供给侧改革：高等职业教育发展的新着力点

况，具体表现为：一是高职教育的人才培养质量不佳，人才培养模式僵化、单一，培养出来的学生千篇一律，缺乏特色，更不具备在职场上的竞争力。这跟高职院校长期以来重视外在的规模数量的扩张、轻视内涵发展有关。虽然每年的高职院校毕业生供给数量不少，但有效供给却不足。此外，高职院校的同类化、人才培养的同质化现象严重，从而造成有限的职教资源浪费、供给效率低下。二是高职教育的社会服务能力不足。由于高职师资队伍良莠不齐，教师自身的科研与开发应用能力不够，在技术支持、中高端继续教育培训以及职工再教育方面无法给企业提供优质的服务。三是服务地方产业发展的力度不够。服务地方经济与产业发展本是高等职业教育的重要职能，但目前高职院校并不能紧紧对接地方产业和经济转型发展需求，未能真正地依据地方经济转型、产业结构布局、技术升级需求进行总体的专业设置和结构优化。

4. 高职教育缺乏强有力的法律、制度供给，办学活力不足

高职院校在办学自主权、经费投入、校企合作、双师队伍建设等关键要素上缺乏强有力的法律、制度供给，僵化的体制机制使得高职教育在体制变革、制度创新等方面难以灵活应变和展开，高职教育发展活力和供给潜力难以释放。例如由于学校的办学自主权还不够，现行的人事制度和政策使得社会上的能工巧匠与企业中的技能大师很难进入高校，从而影响到人才培养的质量。又如高职教育与其他各级各类教育的沟通机制未建立，体系不完整，高职院校学生继续学习的途径还不够畅通，毕业生缺少发展的空间。再如尽管国家明确提出支持和发展混合所有制的高职教育，但在实际操作过程中，由于种种制度和法律的不完善或不完整，公办高职院校对此大多持观望态度，真正从校级层面进行混合所有制改革的很少见，已有的改革大多只是在二级学院层面进行。

5. 高职教育供给侧内部结构失衡

从高等职业教育供给侧自身情况看，其内部存在层次结构不完整、地域性供需结构失调、高职院校间发展不均衡、专业结构不合理等结构性矛盾。首先，高等职业教育体系内部本身层次不完整，缺少真正意义上的本科层次的高等职业教育，中高职衔接不紧密，通往普通高等教育的道路不

畅通；其次，高等职业院校大多分布在省会城市和东部发达城市，地区与地区之间、城市与城市之间、高职院校与高职院校之间无论是在数量、规模上还是在保障条件都还有较大差距；再次，由于资金、资源有限，高职院校的专业结构普遍集中于办学成本较低、市场比较热门的专业，对于需要大量投入的专业、民族特色需求专业和技术技能传承类专业关注不够。

综上所述，当前我国的高职教育的问题根本还是出在供给侧，高等职业教育迫切需要从供给侧入手，推进高等职业教育领域的供给侧结构性改革。

（二）高职教育供给侧改革的内涵

经济领域和教育领域的供需概念虽然在具体内容和要素上有所差异，但基本原理和思路是一致的。❶ 高职教育供给侧改革本质上是在要素领域全面深化高职教育的改革，其核心内涵就是：在把握高等职业教育本质属性和高素质技术技能型人才规律的基础上，以供给侧为突破口，通过调整、优化资源和要素配置，从供给侧各个层面全面推动高职教育的改革与创新，着力解决当前我国高等职业教育领域存在的结构失衡、质量欠佳、适应性差、效率较低、动力不足等现实问题，最终建立起满足社会需求、引领时代进步的现代职教体系。高等职业教育供给侧改革的关键就在于推进供给侧的结构性调整，重视内涵发展与质量提升，优化与变革体制机制，以及坚持创新发展的道路。

1. 高职教育供给侧改革的首要任务是推进供给侧的结构性调整

无论是高职教育不能适应企业人才需求结构的变化，还是其不能适应教育服务对象的变化，都反映出了高职教育的结构性问题。与当前经济领域的供给侧改革的理念一致，高职教育供给侧改革的首要任务也是要推进供给侧的结构性调整，解决供给侧结构不合理的问题。几乎与中央提出供给侧结构改革同时，教育部就印发了《高等职业教育创新发展行动计划（2015—2018）》，其中同时提出了结构优化改革的理念，两者的精神是一

---

❶ 朱玉成. 政府职能转变视角下的高等教育供给侧改革［J］. 高等教育研究，2016（8）：16－21.

第二章 供给侧改革：高等职业教育发展的新着力点

致的。具体来说，就是要加强高等职业院校乃至整个高等教育体系内部结构的调整、调整专业设置、优化专业结构，以匹配经济转型发展和产业结构调整升级的需求、适应"新常态"的战略诉求，最终使得高职教育供给结构能及时随着产业调整升级而升级、随着服务对象的不断变化而灵活调整，实现更高水平的供需平衡，这样才能实现高职教育的可持续健康发展。

2. 高职教育供给侧改革必然重视内涵发展与质量提升

在经济领域里，质量是企业的生命线。同样，对于高职教育来说，质量也是学校的生命线。目前我国高职教育已完成已占据我国高等教育"半壁江山"，过去以规模、数量和投入为主的"粗放式"发展道路显然已不适应经济转型发展需要，必须要走提高教育投入要素质量和效率的"内涵式"发展道路。供给侧改革，必然重视内涵发展与质量提升，高职教育供给侧改革的核心任务就是深化内涵、提升质量、提高有限职教资源综合使用效率。[1] 一系列重要文件如《国家中长期教育改革和发展规划纲要（2010—2020年）》《现代职业教育体系建设规划（2014—2020年）》以及党的十八届五中全会中均提出要坚持以提高质量为核心，推进职业教育内涵式发展，把提高质量作为教育改革发展的核心任务。2016年的全国教育工作会议更是将"全面提高教育质量，加快推进教育现代化"确定为会议主题。由此可见，党和政府把提高教育质量提升到前所未有的战略高度，这既是基于我国教育现状的准确判断，也为各类教育教学改革指明了方向。

3. 高职教育供给侧改革凸显的是体制机制的调整与变革

无论是结构性问题还是质量问题归根结底都离不开体制机制的问题。好的机制体制能够建立公平公正的环境，能够激发参与主体的积极性，能够带来长远意义上的利益最大化，最大限度地提高资源利用效率。供给侧改革就是要建立一个有效率的机制体制，改善供给侧因素的效能，提高资

---

[1] 张旭刚. 高职教育供给侧结构性改革四维透视：逻辑、内涵、路径及保障[J]. 职业技术教育，2016，37（19）：8－13.

源配置效率和全要素生产效率。❶ 长久以来，正是因为高职教育自身体制机制的僵化，才导致供给侧和需求侧的不适应、资源利用效率的低下。体制机制不加以变革，结构失衡、质量问题都无法得到根本解决。因此，高职教育供给侧改革必然要对体制机制进行调整与变革，建立起有利于提高主体积极性、提升资源利用效率、增强高职教育发展活力的体制机制，尤其是在制度供给方面，应该有更多更好的实举。

4. 高职教育供给侧改革的要义是坚持创新发展

创新是一个民族进步的灵魂，也是一个国家兴旺发达的不竭动力。中国经济的增长不能走原来的老路，必须要转型，通过创新而驱动。创新发展是供给侧改革中最为重要的改革要素之一，也是打破现有诸多发展瓶颈的最有效途径。科学技术的迅猛发展、知识经济和互联网时代的来临尤其需要适应时代发展的创新型人才。改革的本质就是创新，只有通过创新改革才能走得顺、走得远。习近平主席在党的十八届五中全会上全方位、多角度阐述了创新的作用、意义，提出要凸显创新的核心地位，推动技术、制度、理念等多个层面的创新，要构建以创新主要驱动力的经济发展模式，让创新的基因渗透到经济社会的各个方面。❷ 供给侧改革的要义就是坚持创新发展，也只有通过创新发展高职教育才能进入一个更加广阔的天地。高职教育供给侧的创新可以体现在各个不同的层面，包括制度的创新、人才培养模式的创新、技术的创新、办学理念的创新、学生工作的创新等。

（三）高职教育供给侧改革的意义

当前，在高等职业教育领域推进供给侧结构改革具有深远的指导意义和广泛的实践意义，它为我国高等职业教育的发展提供了新思路，为推进高职教育体制机制的改革提供了新的着力点，为解决高职教育难题提供了新视角。

1. 供给侧改革为高职教育的发展提供了新思路

同样是为了促进高职教育的发展，是侧重于需求侧的管理还是侧重于

---

❶ 方福前. 寻找供给侧结构性改革的理论源头 [J]. 中国社会科学, 2017 (7): 49–69.
❷ 蓝庆新, 姜峰. 新常态下供给侧结构性改革理论解析 [J]. 上海经济研究, 2017 (2): 17–23.

第二章 供给侧改革：高等职业教育发展的新着力点

供给侧的改革反映了高职教育政策制定的两种思路。这两种思路的差别套用常常用来说中西医疗效差别的说法就是：一个治标不治本；一个先治本后治标，标本兼治。需求侧管理的思路是有什么问题就解决什么问题，不能深入到问题实质，也不能从全局上系统上寻找原因，因此往往带有短期性和局部性。在这种思路下，对于高等职业教育发展大多采取短期的刺激方式，例如通过扩大规模来解决高等教育的需求问题，又通过财政补贴来解决生源不足的问题，还通过政府购买的方式来解决毕业生就业的问题。毋庸置疑这些措施在一定程度上促进了高职教育的发展，然后同时也不可避免地产生了一些问题。在需求侧管理思路的主导下，高职院校片面追求规模扩张与升格，办学思路功利化；治理结构不完善，管理方式行政化；职业教育发展与经济方式转换、产业结构转型的实践脱节；人才培养趋同，导致劳动力市场中大学生的"结构性失业"。而供给侧改革则为高职教育的发展提供了一种新的思路，它不仅要解决问题，而且要找出产生这个问题的根源，着重关注的是供给侧内部结构是否合理、供给质量是否优异、资源利用是否高效、是否可以可持续发展，因此更具有长远性和全局性。供给侧改革思路下的高职教育发展就是要调整供给结构、提升供给质量、提高资源利用效率。

2. 供给侧改革为高职教育体制机制改革提供了新的着力点

在当前的机制体制下，高等职业教育的潜在供给能力被大大降低，办学活力被严重束缚，高等职业教育的体制机制迫切需要改革。但是，高等职业教育体制改革是一项复杂且具有高度权变性的活动。与经济改革相似，高职教育改革同样存在需求侧入手和供给侧入手两种不同的逻辑。长期以来，我国高等职业教育的发展都是由政府主导的，政府是政绩导向的，它往往关注的是高等职业教育的外在效用，其改革措施大多是以需求侧为导向的，由此导致高等职业教育各项改革行政性大于自主性，实用性大于长远性，深层次的改革难以持续推进。供给侧改革为高职教育体制机制的改革提供了新的着力点。一方面，要着力于从政策和制度供给的主体——政府一侧进行改革。政府应转变职能，理顺"组织权与管理权、结果导向与过程控制、绩效管理与目标引导"等基本关系,❶ 使教育的归教育,政府的归政府。政府应该将更多办学自主权下放给高职院校,使高等职业教育回归其本身的职能;而其自身主要要做的就是加强制度与政策供给,做好顶层设计,做好系统性的政策调整以及资源的调配优化,如对高等院校进行分类管理,实现不同高校的错位发展、特色发展;引入第三方评价机制,监控高等教育质量;促进高等职业教育的"市场化"转型,使其体制机制能灵活地适应社会与企业发展需求的变化。另一方面,高职院校自身也应加强自主性,不能总是寄希望于政府,应积极主动地推进自身内部机制体制的改革,以创新的思维革除僵化的机制体制顽疾,释放办学活力。

3. 供给侧改革为解决高职教育难题提供了新视角

供给侧改革不仅为高职教育发展提供了一种新的思路,为高职教育体制机制改革提供了新的着力点,而且可为理解并破解高职教育一直面临的诸多难题提供一种新的视角。与需求侧管理理念相比,供给侧改革解决问题的视角更具有优势,因为它关注的是问题的本质,追求的是长远框架内的高职教育的可持续健康发展,例如对毕业生相对过剩问题的破解,以往从需求侧管理的视角主要就是关注企业需求的一方,而企业的需求总是动态变化的,但高职教育的人才培养计划一旦制定,至少在一定的周期内,是不可以随便更改的,因此造成了高职院校和学生的无所适从。同样,也是受需求侧管理思维的影响,很多高职院校只注重培养的学生在数量和专业上与地方经济发展表面上的匹配,或者过于注重某一个单一企业的需求,例如以"订单班"的形式培养学生,导致毕业生的综合素质欠缺,上升空间狭窄,一旦脱离了订单企业和岗位,就无法适应新的工作岗位需求。而供给侧改革的视角就是跳离以上这种思维,专注于教育本身,以人为本,实现人的全面发展。只有用心培养人才,只要培养出真正高素质的技术技能过硬的优质人才,自然会得到社会的认可,这样就既不愁就业也

---

❶ 朱玉成. 政府职能转变视角下的高等教育供给侧改革 [J]. 高等教育研究, 2016 (8): 16-21.

不愁生源问题了。又如关于高职教育投入不足的问题,以往高职院校大多以需求侧的思维,寄希望于从政府争取更多的投入,热衷于申报各种项目、基金来获取经费,热衷于打造硬件环境和设施,而忽略了软实力的建设。而从供给侧改革的视角来看,高职院校不能只盯着政府。投入不足一方面是因为财政来源单一,另一方面则是在于高职教育本身资源配置的失衡。因此,高职院校应当主动寻求与企业、行业合作,建立起多元化的、立体型的融资渠道;同时要更加注重提高资源的利用效率,对各项资源进行科学合理的规划与使用,优化资源使用结构等。

三、以供给侧改革思路提高高等职业教育吸引力[1]

吸引力是一个心理学术语,指能引导人们沿着一定方向前进的力量。职业教育的吸引力有多个方面的含义,其中最主要的有两点:一个是其作为提供"教育培训"这种"产品"的机构对潜在的受教育者的吸引力,另一个是其作为劳动力输出机构对劳动力市场和用人单位的吸引力。两者是相互影响、相互促进的。前者吸引力高才能有更好的生源质量,最终输出的"产品"质量自然也会更高,从而对劳动力市场形成更好的吸引力。而反过来后者的吸引力高又可以传导给潜在的受教育者,提高他们到职业院校接受教育的意愿。这里我们主要探讨高等职业院校对潜在受教育者的吸引力。

职业教育对潜在的受教育者的吸引力低是不争的事实。这主要表现为学生及其背后的家庭对职业教育的认可程度低和选择的意愿程度低。在全国高考报名人数连续多年下降的严峻态势下,高职院校招生更是成为重灾区,有很多地区有超过半数的高职院校招不满,有些专业甚至出现了一个报名的都没有的现象。而有的即便是完成了招生计划,但是实际报到率却比较低,弃档、弃学的现象较为普遍。对大多数学生和家长来说,如果可以选择,他们大多会选择普通高等教育,职业教育似乎在他们眼中是低等

---

[1] 本部分参考:许红菊,韩冰. 以供给侧改革思路提高高职教育吸引力[J]. 职教论坛,2016(16):16-20.

教育，是没有前途的教育，只是无奈时的选择。从实际来看，鲜有领导干部和社会名流的孩子上职业院校，就连反复强调职业教育重要的人的孩子也未必愿意去。为了提高职业教育的吸引力，近些年来政府部门和高职院校也一直尝试着多方面的改革，例如：不断投入各种人力、物力和财力，做大学校规模，招收更多学生，聘任更多教师；扩大学科门类，迎合学生偏好设置热门专业；降低招生门槛，实行注册入学制；建立职业教育学生资助体系，降低学生的消费成本。这些措施在一定程度上缓解了高职教育的生源危机，但是却导致了一些新的问题。例如在招生工作上的大量投入侵占了本就不足的高职教育资源，这边多，那边就少，从而使得核心的人才培养和科研应用以及教师发展的资源投入受到影响；不加选择招收学生反而使学生更瞧不上职业教育；而招收进来的学生来源多元化，学业水平良莠不齐，普遍学习能力差这又对人才培养质量的提高形成负面影响。❶ 究其根本，以往的这些政策措施都是出于需求侧管理的思路，其实质就是依靠增加"生产要素"量的投入来扩大"生产"规模，这种发展方式的基本特征是消耗较高，成本较高，教育质量难以提高，效益较低。因此同经济领域的需求刺激后继乏力一样，这些措施虽然在短时期内促进了高职教育的发展，但不可持续，不能从根本上解决当前高职教育吸引力偏低的问题。因此，不妨从供给侧入手，探讨提高高职教育吸引力的实践路径，即加强高等职业院校乃至整个高等教育体系内部结构的调整、注重机制体制的构建，着力于教育质量的提升，有效调节各项资源的配置，加强创新要素的作用。

（一）优化体制机制，保障高职教育的机会公平

目前社会上存在的对高职教育的歧视很大程度上是由现有的机制体制设计不合理造成的。虽然国家和教育系统内部一直在强调高等职业教育与普通高等教育不是两种层次的教育，而是两种不同类型的教育，但在具体实施时却是按照两种层次的教育操作的。要提高高职教育的吸引力，首要的是将其与普通高等教育放在一个公平的位置上，因此必须对现有的机制

---

❶ 梁家峰，张洁. 供给侧改革背景下高职教育新视角［J］. 中国高等教育，2016（10）：19-23.

体制进行改革，以保障高等职业教育与普通高等教育之间的机会公平。如果将整个高等职业教育体系视作一个教育产品供给系统，那么我们可以从入口、接口和出口三个方面进行体制机制方面的改革。

1. 在入口方面，要改革选拔方式和录取方式

要提高高职教育的吸引力，首先从入口方面，就要建立公平的选拔方式和录取方式。

对于高等职业院校而言，其要选拔的是具有较强动手能力的创新型、操作性人才。而现行的高等院校选拔方式，即我们通常所称的高考，主要是为选拔学术型人才设计的。其弊端非常明显，它忽视了学生个体的差异性，阻碍了学生的特色化发展和全面性发展。选拔标准的单一性也造成了社会对人才评判标准的单一化，在高考中考得高分的就被认为是人才，没考得高分的就是失败者，而高等职业教育则成为人才筛选的"失败者集中营"。因此，当前的高考方式迫切需要改革，高等职业教育需要有自己的选拔考试。实行分类高考是当前高考改革的方向，即将技能型人才的高考和学术型人才的高考分开，前者考试内容为技能加文化知识，后者则以文化知识为主，从而实现两类人才、两种模式高考，由考生自由选择。这样做的好处一是尊重了考生个体差异，让学生在最适合的领域发展个性潜能；二是有利于高校的分类发展和长远发展，使高校在各自的领域办出特色，办出水平；三是有利于高等教育资源的有效配置，减少由于高校之间的同质化竞争造成的资源浪费；四是有利于社会经济的发展，为社会各行各业培养差异化的人才。近些年多个省市对高职院校的分类考试已有相应的实践探索，例如面向中等职业学校毕业生的单考单招测试、高职院校的自主招生采用的"笔试＋面试＋实践操作"考试、北京的"高考＋会考"招生、有条件注册入学等，都是基于职业分类和高职院校专业分类的分类考试形式。但这些都是小面积的，尚未形成主流。可喜的是，国家高层现已注意到这一问题，2014年出台的《关于深化考试招生制度改革的实施意见》指出，要"加快推进高职院校分类考试"，并明确规定通过分类考试录取的学生到2015年要占到高职院校招生总数的一半左右，到2017年则要成为主要的渠道。

在入口方面，只是建立公平的选拔机制还不够，还要建立公平的录取方式。现行的录取方式将高等院校分出不同的批次，而高职院校排在最后批次。一本录完了再录二本，二本录完了录三本，三本录完了以后才是高职院校。不合理的批次划分，催生了社会的名校情结和高校身份歧视。在这种制度下，高职院校与本科院校之间是不平等竞争关系。本科院校无论办学质量怎样，都不愁招不到学生，而高职院校办学质量再好，也无法招到优质生源。因此，必须取消高职院校和普通本科之间这种录取批次的划分，给高等职业院校与普通本科院校公平竞争的机会，增加高校和学生的双向选择自主权。在平等的竞争环境之下，相信那些投入精力认真办学的高职院校终会获得学生和家长的认可。目前一些省市已经宣布取消本科院校的录取批次，如四川省2015年就宣布融合二本、三本，变为本一、本二两个本科批次，而上海和浙江也分别决定从2016年和2017年合并一本、二本招生批次。什么时候本科和高职院校录取批次的划分取消还要拭目以待。

2. 在接口方面，要搭建普职融合的立交桥

高职教育吸引力偏低还有一个重要原因就是当前的高职教育体系内部各层次之间以及与其他教育系统之间都存在接口不通畅的问题，彼此之间没有得到有效的衔接和沟通，由此导致受教育者的转换与上升通道不通畅，这必然会影响到潜在受教育者选择职业教育的积极性。

要提高高职教育的吸引力，一方面要完善职业教育的办学层次。相比于普通高等教育体系，高等职业教育是一个断头的体系，只有专科层次。学生想要进一步学习只能转入普通高等教育系列，"专升本"这种说法本身就将高等职业教育与普通高等教育之间层次化了，既然是不同性质的教育类型，如何从一种领域"升"另外一个领域。因此，要设置本科层次的高等职业教育，下和专科层次高等职业教育衔接，上跟专业硕士乃至专业博士教育贯通。具体途径可以让地方性本科院校转型发展，也可以让具备条件的高职院校举办。另一方面还要加强职业教育与普通教育的衔接与贯通，职业教育和普通教育、继续教育之间要协调发展，彼此之间能够自由进出，让受教育者有多次自由选择的机会。

3. 在出口方面，要建立公平的就业准入机制和劳动保障体系

在出口方面，职业院校毕业的学生，虽然不愁就业，但总体而言，还处于就业链的低端。要提高高职教育的吸引力，不能只是简单地追求就业率，而是要提高就业质量。但目前一方面很多优质岗位人为地设置了文凭限制，本科成了基本门槛，高职毕业生连进去的资格都没有；另一方面，普通本科生却可以畅通进入技能人才市场，而且与高职毕业生处于同一岗位时，还能凭借社会的"学历偏好"获得比高职毕业生更高的报酬。国家虽早已推出职业资格认定和就业准入制度，要求"先培训，后就业""持证上岗"，但在许多地方和部门却没有得到有效的落实，持证与没有证的人同样能上岗，这样普通教育就对职业教育形成"挤兑"效应。这种情况极大地挫伤了职业教育受教育者的积极性，影响了职业教育的发展和劳动者素质的提高。

要改变目前这种状况，一方面要扩宽优质的就业渠道，消除给高职毕业生人为设置的就业门槛，给职业院校学生和普通高等教育学生同样公平的进出机会；另一方面要强化管理，加强监督，严格执行劳动预备和就业准入制度。同时，还要改变当前社会保障体系的二元体系。工资待遇由市场说了算，但社会保障体系的建立则由政府主导，如果技能型人才的社会保障机制一直不健全，技能型工作的吸引力将无法提升上来，这样必然导致职业教育的吸引力也无法得到提高。

只要建立了合理的机制体制，相信市场最终会给高职受教育者一个公平的回报，这种回报传导给潜在的受教者，自然会大大促进高职教育吸引力的提高。

（二）提高人才培养质量，打造高职人才培养特色

供给侧改革，必然重视内涵发展与质量提升。当前高职教育吸引力偏低与其自身人才培养特色不鲜明，缺乏竞争力直接相关，因此必须要提高人才培养质量，打造高职人才培养特色。具体来说，包括以下几个方面：

1. 强化实践技能的培养，凸显高职人才培养特色

当前普通本科生最为社会诟病的就是实践能力差，而这点正是高职教

育的特色所在。高职院校应强化实践技能能力的培养，深化校企合作，突出高职人才培养特色。目前高职院校在课程设置上一般都分为理论课程和实训。实训主要培养学生的实际操作能力，但由于目前校企间没有建立紧密联系，校企之间的合作流于表面，学生要么在学校中僵化学习，要么成为企业"不给钱的劳动力"，最终到人才市场后相比于普通本科生的优势不明显。而在理论课程的教授上则又大多是遵循普通本科的方法，忽视了高职学生本身理论学习能力弱的特点，由此必然导致学生们对理论课程缺乏热情，教学效果不好。

基于以上问题，首先，要深化校企合作，建立产学合作机制，开展现代学徒制培养。校企共同制定和实施人才培养方案，高职院校主要负责理论课程教学、学生日常管理等工作，合作企业主要负责选派工程技术人员（能工巧匠）承担实践教学任务、组织实习实训；校企共同建立教学运行与质量监控体系，共同进行过程管理；共同实施考核评价，将学徒岗位工作任务完成情况纳入考核范围；联合保障学生权益、保证合理报酬，按照国家有关规定落实学生责任保险和工伤保险。其次，要改革教学方式，改变传统的教师在台上讲，学生在台下听的格局，采用项目式教学法，多利用微课、慕课等互联网资源，真正做到做中学，学中做，理实一体化。与此同时，还要加强高职教材的改革和研究，开发出真正适合高职教育理实一体化教学的专业化和标准化的教材，了解最新的技术发展动态，及时更新教学内容。

2. 加强师资队伍建设，提高教师的职业能力和技能水平

提高人才培养质量的关键在于师资队伍的建设，而当前高职院校师资队伍建设最大的问题就在于教师的专业技能和实践水平不高。相比之下，无论是德国的双元制还是澳大利亚的职业技术教育学院（Technical And Further Education，TAFE）模式，其对教师的职业能力和技能水平都有较严格的要求，规定教师必须始终保持"当前性"的技术水平。而在我国，受相关人事制度的制约，高职院校很难将企业的"能工巧匠"招进来。现在的高职教育师资主要是由学术教育体系培养的，这些教师到企业挂职锻炼一两年就成了"双师型"教师，而实际上其职业能力、专业技能水平都

处于较低的水平，职业经验更是匮乏。教师缺乏技术实践，自然难以教出一流学生。这样的师资队伍教出的学生很难跟企业那些真正的"师傅"教出的"徒弟"相比。

基于此，一方面政府要给学校更多自主权，让高职院校能够从企业引进高技能人才充实教师队伍；另一方面高职院校要加强对现有师资队伍的技能培训，鼓励他们不断提高自己的职业能力和技能水平。要定期到企业进行挂职锻炼，掌握最新的技术发展动态，保证所教技术的前沿性。

3. 加强素质教育和通用技能培养，提高学生可持续发展的能力

与未接受高等教育者相比，高职受教育者除了具有较强的理论知识外，更重要的是要具有可持续发展的能力。这种可持续发展能力的培养不仅包括学生通用技能的培养，如英语应用能力、计算机应用能力、应用文写作能力等，还包括学生综合素质的培养，如人文素养、职业精神、审美情趣、创新意识等。而目前很多高职院校片面地强调专业技能的训练，大幅缩减通用技能课和文化素质课的学时，或者只是沦为形式，这跟高等职业教育的培养目标是背道而驰的。实际上，相比于专业技能，学生的通用技能和综合素养对其职业生涯的发展更具有关键意义，它决定一个人最终所能上升的高度。尤其是在当今这个职业转换越来越频繁的年代，我们不可能让学生在学校学完所有的专业技能，大多都是到岗位上才锻炼起来的，但是像通用技能、人文素养和职业精神这些是无论在哪里都一直需要的，而这些也正是当前企业和用人单位最为看重的。这也是为什么普通本科生虽然一直被外界诟病缺乏实践能力，但是从长期职业生涯来看，他们都发展得很好。

因此，高职院校一定要大力加强素质教育和通用技能培养，提高学生可持续发展的能力，促进文化素质教育体系与专业教育体系相互融合、职业技能培养与职业精神养成相融合，创新意识培养和创新思维养成与教育教学全程融合。通过课程、讲座和社会实践活动等多元化形式，突出学生人文素养、职业精神和创新意识的培育。

（三）积极创新发展，开拓高职教育发展的空间

面对当前生源整体缩减的趋势以及在竞争环境中的劣势地位，高职院

校如果一味地保守办学，必然制约自身的发展。供给侧改革的要义就是坚持创新发展，这也是高职院校发展的必由之路，与其跟普通本科院校去抢一个越来越小的"蛋糕"，不如努力将这块蛋糕做大，积极创新发展，开拓高职教育发展的空间。

1. 探索多种形式的办学模式，充分发挥有限资源的最大效能

当前的高职教育以公办为主。在我国这样一个发展中国家里办大教育，仅仅依靠政府有限的投入是不够的，必须对现有的办学模式大胆革新，充分调动各方面积极性，鼓励企事业单位、群众团体、个人和其他社会力量办学，充分发挥有限资源的最大效能。可探索职教集团化办学模式。高等职业院校与行业龙头企业、行业部门等围绕区域经济发展对人才的需求，组建职业教育集团，形成整体综合实力，共同提高教学水平和教学质量。还应该探索混合所有制，积极引入民间资本和社会力量，通过政府购买服务、委托管理等方式，以资本、知识、技术、管理等要素参与办学。具体形式可以与企业合作举办适用公办学校政策、具有混合所有制特征的二级学院，也可以吸收专业技术人才、高技能人才在高等职业院校建设股份合作制工作室，还可以成立混合所有制高等职业院校联盟。

2. 发展层次多样的办学制度，扩大受教育者的范围

高等职业教育潜在的"消费人群"不应局限于高中毕业生，而是整个社会中想要改善职业现状、提高职业技能的人群。随着现代社会的发展，用人单位对劳动者的要求越来越高。为了更好地适应社会的发展，改善自己的职业生活，很多劳动者都有强烈的进一步通过职业培训来提高自己技能的愿望。高职院校应抓住契机，挖掘潜能，打开职业培训的市场。高职院校应积极抢占职业培训市场，担当起社会职业培训的重任。因此，高职院校在全日制学历教育之外，要多发展短期培训项目，开辟职前培训或者在岗培训等多种灵活多样的教育方式。高职院校可采用单独考试招生的办法从企业员工中招收符合本地高考报名条件的学生，或对企业新职工进行短期的上岗培训以及对在职职工进行转岗培训。高职院校还可以探索为农民工群体服务，培养他们的文化素质，提高他们可持续发展的能力。这样通过层次多样的办学制度的创新，扩大受教育者的范围，既满足了社会上

不同年龄、不同阶段、不同身份的劳动者渴望进一步提升自己的需求，又为高职院校自身的发展开辟了新的发展空间。

3. 加快教育国际化步伐，增强高职教育对海外学生的吸引力

高等教育在很多欧美国家名副其实已经成为一种"产业"，他们通过招收大量的海外留学生，收取高昂的学费然后实现自身的发展。在我国，高职教育离这样的目标虽然还很远，但是增强高职教育对海外学生的吸引力本身也是提升高职教育吸引力的重要方面。尤其是随着"一带一路"战略的提出，高职教育国际化迎来了新的发展机遇。高职院校应借力国家"一带一路"战略，加快教育国际化步伐，利用学校品牌和专业优势吸引境外学生来华学习，并不断扩大规模，实现高职教育生源、办学层次和校园文化的多元化。

要努力扩大中国高职教育的国际影响，加强与职业教育发达国家的政策对话，积极援助发展中国家，扩大中国职业教育的国际话语权、增强国家软实力。要积极与跨国企业、境外教育机构等开展合作，探索国（境）外办学路径与模式，开展接收海外学生实习项目，开展丰富多彩的暑期夏令营、中国文化赏析等短期来华游学和交流项目。申办聘请外国专家（文教类）许可、举办高水平中外合作办学项目和机构；同时还要完善奖学金体系，设置留学基金（奖学金）等。

综上所述，以供给侧改革思路提高高职教育吸引力就是要从完善自身的角度出发，以构建公平的机制体制为前提，以提高人才培养质量为立足点，开拓创新，使有限资源得到更加高效、合理的配置，提高高职教育对当前社会各种层次多样化需求的适应性和灵活性，提高高职教育的影响力，向社会和公众展示出职业教育无可替代的独有价值，用实力赢得地位和尊重，从而最终促进高等职业教育持续健康发展。也唯有如此，制造强国之梦才有实现的可能，创新型国家的目标也才能落到实处。

第三章

高职信息化：助力高等职业教育发展的新利器

一、信息化是高职发展的客观要求和必然趋势

（一）职业教育信息化是职业教育现代化的不二选择

当前，人类社会步入了21世纪，以计算机、多媒体、通信网络等技术为标志的信息技术在世界范围内的迅猛发展，特别是互联网技术的广泛应用，正在有力地推动着全球经济社会的深层变革，改变着人们的生存、生活、学习和发展方式。经济社会的信息化对人才培养提出了全新的挑战，又为实现教育的跨越式发展提供了前所未有的崭新空间，教育信息化正在成为当今世界各个国家和地区经济社会信息化的最重要领域之一。

改革开放以来，我国一直高度重视信息化。从邓小平题词"开发信息资源，服务四化建设"，到江泽民论述"四个现代化，哪一化都离不开信息化"，到胡锦涛提出"五化并举，两化融合"，直到习近平断言"没有信息化就没有现代化"，可以看出，在国家发展战略层面，信息化已经从现代化的重要工具、必要条件升级为现代化的主引擎。此后，在发展职业教育的路径选择上，教育部前副部长鲁昕明确提出："现代信息技术是改造职业教育传统教学模式的不二选择，要以现代信息技术带动职业教育的现

第三章 高职信息化：助力高等职业教育发展的新利器

代化。"《国家中长期教育改革与发展规划纲要（2010—2020 年）》中则明确提出："信息技术对教育发展有革命性影响，必须高度重视。"这体现了在政策层面对教育信息化的高度重视和深刻认识。从教育现代化的进程和内涵看，没有信息化就没有教育的现代化。职业教育信息化是教育信息化的重要组成部分，其目标是通过"职业教育"与"信息技术"的深度融合，提高教育质量和办学效益，促进职业教育的跨越式发展，它是今后我国实现职业教育现代化的必由之路。

（二）职业教育信息化的过程复杂而持久

在高等职业教育的招生规模占据高等教育半壁江山的情况下，我国高等职业教育的发展必然更加注重内涵发展、特色发展和质量提升。而在影响人才培养质量的诸多因素中信息化已经成为核心因素。但我们还必须看到，教育和信息技术都是急剧变化的领域，二者的深度融合没有终点，在此过程中人们对教育信息化的内涵和效益的认识也需要不断深化，信息化因此也就不可能一蹴而就。在此过程中教育信息化的实践会不断出现各种困难和挑战。例如，经济合作与发展组织（Organization for Economic Cooperation and Development，OECD）发布的《创造技术与学习之间的连接》（*Students，Computers and Learning：Making the Connection*）是针对信息技术教学应用成效所进行的一项国际比较研究。该报告指出，总体上，人们对信息技术所预期的能够给教育带来的优势，实际上还远未能实现。2012 年的 PISA 数据显示，在 OECD 国家里，96% 的 15 岁学生家里拥有计算机，但其中只有 72% 的学生会在学校中用到计算机。而如果追问信息技术对这些计算机使用者所产生的影响，即使往最好的方面说，也只能以"颇为复杂"来概括，计算机使用频率过高，反而对学习结果产生负面影响。报告显示，计算机使用频率中等者，其学习表现好于很少使用者；而使用频率高的学生则明显表现更差。OECD 的研究警示我们，教育信息化其实是一个在理念和方法上存在广泛争议的领域。但我们也必须承认，信息技术与教育教学的融合是在一个被技术全面改变了的新时空下发生的。这就意味着对其效用的评价不能拘泥于传统的分数比较。ICT 的使用可以对学习过程与学习结果两个维度产生影响，并且 ICT 使用对学习结果维度的影响更多地通过提升学生的学习动机、学习兴趣、协作能力、问题解决能力等学习过程因素，进而增强学习者的学习投入。以此在未来影响到学生的学习结果。[1] 因此，职业教育的信息化推进不能短视化、功利化、表面化。如果看不到教育信息化与学生学习方式转变的匹配性，从单一的维度看待信息化必然得出偏颇甚至错误的结论。进而在态度和认识上阻碍信息化的进程。说到底，教育信息化是 21 世纪教育的时代要求，任何时候我们都不能因为在教育信息化过程中遇到一些困难和问题就由此否定教育信息化的价值和方向。

（三）信息技术对职业教育教学改革的支撑和引领作用还未充分显现

教育部关于印发《教育信息化"十三五"规划》的通知中明确提出职业教育要着力用现代信息技术改造传统教学，这反映了在决策层面对职业教育信息化的重视。另外，《2017 年中国高等职业教育质量年度报告》却指出高职教育政策的盲区，超过四成的民办高职未能享受生均财政补贴，专业教学资源库是中央财政支持的唯一的高职专项。也就是说，高等职业院校财政投入相对不足的情况下，信息化的投入也受到一定制约。此外，职业教育信息化还面临着各种问题，诸如：各级职业教育信息化建设部门协调能力较弱、职责不明，工作进度还相对缓慢；外部管理体系和院校内部的信息化体制机制还待完善；重点建设工程项目少且推动力度还不足；由于职业教育本身"跨界"的特点，信息技术融入职业院校核心业务，重新改造和优化育人过程和育人环境的过程更加复杂，但相应的研究和实践还未充分开展。因此，信息技术对职业教育教学改革的支撑和引领作用还未充分显现。在当前形势下，高等职业院校要审时度势，坚持把信息化作为教育教学改革的重要杠杆和制高点不动摇，紧紧抓住以信息化促进高职院校快速发展、特色发展、内涵发展的时代要求和历史机遇。

---

[1] 顾小清，王春丽，王飞. 信息技术的作用发生了吗：教育信息化影响力研究 [J]. 电化教育研究，2016，37（10）：5–13.

二、高职信息化的内涵分析与实现路径

(一) 高职信息化的内涵[1]

高等职业教育信息化是教育信息化的重要组成部分，是国家信息化的重要内容。深入认识信息化的内涵，是我们加快推进、科学推进教育信息化的重要前提条件。

1. 国家信息化

1997年4月召开的全国信息化工作会议将"国家信息化"定义为：在国家统一规划和组织下，在农业、工业、科学技术及社会生活各个方面应用现代信息技术，深入开发、广泛利用信息资源，加速实现国家现代化的进程。可见，国家现代化离不开国家信息化，信息化要服务于四个现代化。国家信息化是由国家统一规划、组织与建设，并广泛应用于社会、文化、生活等领域的各个方面的一个不断发展的过程。[2]

2002年，经国务院批准，原国家计委会同有关部门编制的《国家"十五"信息化重点专项规划》提出了国家信息化的内涵体系，指出，"信息化是以信息技术广泛应用为主导，信息资源为核心，信息网络为基础，信息产业为支撑，信息人才为依托，法规、政策、标准为保障的综合体系"。[3] 我国的国家信息化体系包括信息技术应用、信息资源、信息网络、信息产业、信息人才以及信息化政策法规和标准规范六个要素。

正是由于国家对信息化的高度重视，我国在信息化建设方面处于世界先进水平，"数字中国"已现雏形。据统计，2017年，数字经济在中国GDP结构中所占的比重已经超过30%。[4] 这也意味着关系国计民生许多重要领域已经全面进入了"数字化"时代，或者正在迎头赶上。在此形势

---

[1] 汪基德，朱书慧，张琼. 学前教育信息化的内涵解读 [J]. 电化教育研究，2013，34 (07)：27 - 32.

[2] 吕新奎. 中国信息化 [M]. 北京：电子工业出版社，2002：42 - 43.

[3] 国家计委高技术产业发展司. 国民经济和社会发展第十个五年计划信息化重点专项规划汇编 [M]. 北京：中国物价出版社，2003：3.

[4] "数字中国"改变了什么？[N]. 人民日报（海外版），2017 - 12 - 04.

下高职院校培养的应用型人才必须普遍具备数字经济时代所需的"数字技能"。

2. 教育信息化

国家信息化发展的核心,是人的信息化,是人的信息化素养的培育与提升,因此,教育信息化是国家信息化的核心内涵。教育信息化概念是在20世纪90年代伴随着美国"信息高速公路计划"的兴建而提出的。近年来,以信息技术为首的新兴技术的蓬勃发展推动了教育现代化进程,越来越多的教育理论与实践工作者关注于信息技术对教育发展的影响。然而,对教育信息化的定义却是众说纷纭,尚未形成统一概念。据统计,关于教育信息化的概念界定已有17种之多。在这些定义中,主要以"过程说"居多,较具代表性的的有:"教育信息化是指在教育与教学领域的各个方面,在先进的教育思想指导下,积极应用信息技术,深入开发、广泛利用信息资源,培养适应信息社会要求的创新人才,加速实现教育现代化的系统工程";❶ "教育信息化是指在教育领域全面深入地运用现代化信息技术来促进教育改革和教育发展的过程,其结果必然是形成一种全新的教育形态——信息化教育";❷ "所谓教育信息化,是指在教育中普遍运用现代信息技术,开发教育资源,优化教育过程,以培养和提高学生的信息素养,促进教育现代化的过程。"❸

上述定义均认为教育信息化是一个动态发展的过程。既然是动态过程,其驱动力是信息技术在教育教学中的应用,根本目标是突破传统教学困境,培养适应信息社会要求的创新型人才,推动教育现代化进程。在现阶段,不同层次的教育系统因人才培养目标不同和信息化发展水平不同,信息化发展的重点也会有所不同。义务教育阶段的信息化要强调教育均衡发展,缩小数字鸿沟,培养学生自主学习、终身学习的能力,提高信息素养。高等教育肩负着人才培养、科学研究、社会服务和文化传承与创新四

---

❶ 李克东. 教育信息化与基础教育改革 [J]. 广西教育, 2004 (6B): 20 – 22.
❷ 祝智庭. 教育信息化: 教育技术的新高地 [J]. 中国电化教育, 2001 (2): 5 – 8.
❸ 南国农. 教育信息化建设的几个理论和实际问题 (上) [J]. 电化教育研究, 2002 (11): 3 – 6.

第三章　高职信息化：助力高等职业教育发展的新利器

大职能。因而高等教育信息化建设的主要内容则应该包括信息基础设施建设、信息资源建设、信息技术应用、科研与管理信息化、后勤保障体系信息化等方面。即强调院校层面用信息化实现四大功能的提质增效，使高等教育院校在信息时代仍然保持人才竞争力和创新引领作用。

3. 高等职业教育信息化

高等职业教育因其人才培养定位的不同，从而决定了高等职业教育信息化的独特性。职业教育与基础教育、高等教育和成人教育构成我国四大教育类型，是国家教育体系中相对薄弱的环节，但高等职业教育又是与经济民生最具直接关联的教育系统，特别是对于实现"中国制造2025"的宏伟目标意义更加重大。高等职业教育在经济价值和社会价值方面，主要表现为它同社会经济发展有着多方面、多层次的联系，特别是随着生产和现代科学技术的迅速发展，高等职业教育的功能发生了深刻的变化和发展，已渗透到社会的各个方面，越发显示出它对经济、政治和文化的发展所产生的重大作用，已成为现代化建设的支柱和基础。在此价值取向下，高职教育的人才培养目标是：培养具备较扎实而深厚的技术理论知识基础，具有较强的实践能力、应用能力以及一定的创造能力，能够将技术原理转化为物质实体，具有工程技术型和技术应用型特征，并服务于生产、建设、管理等实际生产部门的高级技术应用型人才。[1] 依据高职教育的特点和教育信息化的内涵，我们认为，高职教育信息化是指为实现职业教育现代化、满足时代和社会需求，职业教育的师生恰当运用现代信息技术，开发满足教育教学需求的数字化教育教学资源和学习环境，优化教学和管理过程，培养适应信息社会要求的创新型技能人才，促进学习者学习和发展的过程。其中恰当地应用信息技术是高职教育信息化的本质特征，开发适宜优质数字化教育资源是高职教育信息化的基础，优化高职教育教学过程是核心，实现职业教育现代化、满足时代和社会需求是根本目的。

对于高职教育信息化的内涵，还应特别关注以下几点：

---

[1] 刘柳. 本科层次高等职业教育人才培养目标定位研究 [D]. 湖南师范大学, 2016.

第一，高职教育信息化是一个系统工程，需要较长期的系统规划和顶层设计。从政府层面看，近年来关于职业教育信息化已经发布了一系列文件和规划，并推动了一些重要的改革举措，但整体看来，无论是国家、地方还是院校层面，距离科学系统的规划和完善的顶层设计还有较大差距。院校层面的推进还具有较大的随意性、零散性和片面性。这会加大信息化的试错成本，增加资源浪费的风险。

第二，高职教育信息化是一个渐进的过程，需要扎实的理论研究和创新的实践。职业教育的本质决定了它是学校和企业共同参与的教育，这就增加了信息化的复杂程度。当前职业教育信息化的技术关注点已经逐渐走向虚拟仿真、人工智能等领域，信息化的成本在提高，但信息化理论研究和实践探索还很不充分。特别是国内持续关注职业教育信息化的研究队伍还不成规模，实践经验的总结提升不足，理论研究的深度还不够。在此情形下，职业院校推进信息化并没有可简单复制的模板和立竿见影的效果。因此，职业院校要因地制宜，因校制宜地进行适应自身发展需求的创新实践。不宜过度贪大求全求快，而应坚持深入实践一线、不断总结经验，在实践中形成各院校自身的信息化特色。

第三，高职信息化是院校核心业务的程序优化或流程再造，需要以学生为本的核心理念。信息化的融合与创新阶段必然也是学校的核心业务实现用信息化进行程序优化甚至流程再造的阶段。在此过程中，任何时候都不要偏离以人为本、以学生为本的核心理念。高职院校的信息化本质上也是创设一个更加适应高技能人才培养的信息化、网络化、智能化的新型育人环境。课程与教学、管理与服务、实习与实训都要指向更优质、更高效、更真实地服务于学生这个主体。

（二）高职信息化的路径与方法❶

综上所述，高职教育信息化是一个循序渐进，不断发展的过程。2005年，联合国教科文组织把教育信息化的过程分为起步、应用、融合、创新

---

❶ 广东省教育厅. 关于印发《广东省教育信息化发展"十三五"规划》的通知［EB/OL］.［2017－05－25］. http：//www.edu.cn/xxh/focus/df/201705/t20170525_1519294.shtml.

第三章 高职信息化：助力高等职业教育发展的新利器

四个阶段。不同的发展阶段，信息化建设侧重点也不尽一致。起步阶段的重点是信息化的基础设施建设和师资培训；到了应用阶段，一方面，继续加强、更新基础设备与教师信息技术应用能力，另一方面，步入优质数字化资源的开发与应用，期间主要包括加强网络教学资源体系建设，建设数字化教师、数字图书馆和虚拟实验室；进入深度应用和融合阶段，最显著的标志之一是形成了"课堂用、经常用、普遍用"的信息化教学新常态。信息技术在教育领域的广泛应用，对教育理念、模式和走向都产生了重大影响，创新的教学模式在实践中不断涌现，信息技术与教育教学的融合程度不断深入。"十二五"期间，国家加大了对高职教育的资金投入，使高职教育信息化已形成初步规模，基础设施逐步完善，均已具备网络设备和校园网，数字化教学资源建设朝多样化发展。教师信息技术应用能力培训覆盖率也在逐步扩大，高职教师信息素养与应用能力逐步提升，课堂教学中的信息化手段不断丰富。可见，高等教育信息化发展已走过初级阶段，在"十三五"规划、《教育信息化十年发展规划（2011—2020年）》宏观指导下，逐步踏入由浅层、低水平的应用向深度应用整合、全面融合创新的发展阶段迈进。在此阶段中，高职教育信息化发展侧重点包括以下几个方面的内容：

1. 以信息化教学大赛为抓手，进一步促进信息技术与教学深度融合与教师信息化应用能力提升

高职教育信息化的关键在于人，不仅包括教师，还包括教育系统中的技术人员和管理人员。2014年，国务院六部委联合发布的《现代职业教育体系建设规划（2014—2020年）》（以下简称"规划"）中明确指出：办好全国职业院校信息化教学大赛。以期通过参加信息化教学大赛，召集信息化教学理论与实践工作者组建学习工作共同体，协同发展。促进广大教师、领导的信息化认识的提升和观念的改变，以及一线教师信息技术应用能力的提升。

全国职业院校信息化教学大赛开创了全国信息化教学大赛的先河，引领了信息化教学比赛热潮。信息化教学大赛的目的不是评优，而是通过比赛发现典型与榜样。由技术人员、一线教师、学校领导、教学理论研究员

所组成学习共同体围绕信息化教学，针对某一教学主题进行信息化的设计、开发、应用、管理与评价，以作品的形式，与其他地方、省市高职院校的信息化教学团队进行专业交流，达到知识互通，协同发展的目的。相关研究已证明信息化教学大赛能有效提升教师信息化应用能力。

2. 以"公建众享"模式，构建优质数字化专业教学资源库。以MOOC模式，推动优质教学资源规模化应用

"公建众享"模式是指由政府通过国家财政拨款提供建设资金，主导组织建设信息资源，建设后的信息资源供人们广为享用的模式。"公建众享"模式的最大特点是：在非常大的范围内选择优秀人士建设资源，从而确保建设质量，并供大范围使用，具有较高的建设与应用绩效。教学资源作为高职教育信息化的基础，高职教育信息化在融合阶段与数字化教学资源的需求从量转向质。当前，高职院校的数字化教学资源普遍存在质量不高、重复建设、规范不一、管理不善等多问题，极大影响资源的建设速度，也阻碍了资源的应用与推广。在新的发展阶段中，高职信息化资源建设应借鉴国家公共服务资源库建设模式，探索区域性优质数字化专业教学资源库建设，构建省市级教育公共服务平台，富有针对性地扩大数字化资源共享辐射面。推动数字教育资源政府出资招标、专家或企业建设、多级互联、开放共享，实现国家、省、市、县互联互通，支持第三方市场资源合规接入，形成覆盖全省多级分布、互联互通的数字教育资源云服务体系。

整合优质资源，构建高职专业MOOC，促进优质资源和应用成果的转化推介。MOOC的大规模开放性能促使优质资源大规模应用，并因其课程的互联互通特性，有利于激发学习者有利于激发学习者的高阶思维，解决技术问题的策略思维。能够弥补现有高职教学模式传播技术知识的滞后性、有限性和封闭性问题。探索建立继续教育"学分银行"制度，建设支持终身学习的在线教育评价和质量监管体系，为广大学习者提供个性化学习服务，构建职前和职后教育一体、学历和非学历教育融通的终身学习和培训体系。

3. 创新教与学方式，探索新型学习模式，继续深化教学方式改革

加深对"互联网+"学习的规律和方式的研究，以深化网络学习空间"人人通"应用为抓手，依托网络学习空间推动学习方式、学习路径的优化和创新，支持学生依托网络学习空间自主学习、分享知识、交流经验、展示成果等，推广基于网络的校际合作学习、项目学习、可视化学习、翻转课堂等模式，合理灵活地利用各种课程资源和信息技术进行学习，实现学习方式的多样化，通过多种途径满足学生多样化和个性化发展的需要，实现师生"一人一空间、人人有特色"。有条件的地区探索信息技术在"众创空间"、跨学科学习（STEAM教育）、创客教育等新型教育模式中的应用。

加强信息技术与教学融合研究、应用创新，全面普及信息技术教学应用，大力发展移动互联网+教学，促进移动终端、教学软件和优质教学资源在教学中的广泛应用，构建学科教学、教研、创新一体化新格局，形成"课堂用、经常用、普遍用"的信息化教学新局面。充分发挥"互联网+"优势，支持职业院校深化产教融合、校企合作，按照"纵向贯通、横向融通、外部联通"的思路，探索"虚实一体"的教学方式，建立"工学结合、校企合作、产教融合"的学习模式，构建以信息化促进产教融合的机制和路径，提高人才培养质量，有力支撑高素质技能型人才培养。

4. 推动教育数据整合与应用，构建科学教学评价和管理体系

逐步实现各级各类教育数据的全面汇聚、共享与应用，破除数据壁垒和数据孤岛现象，实现门户整合、数据规范、认证互信、应用协同、流程贯通的学校网络。搭建涵盖省内学生、教师和学校信息的教育基础数据库，推动基于大数据的教育规划与决策支持系统建设与应用，动态掌握办学条件、学生素养、教师专业发展、教育综合发展等业务并汇聚形成数据仓库，为教师和学生的个性化发展提供服务，实现决策支持科学化、管理过程精细化、教学分析即时化，探索教育发展、教师发展和学生成长可监测、可评估的新路径。依托网络学习空间开展基于大数据的学生综合素质评价，逐步推动可穿戴设备支持下的"伴随式评价"和形成性评价，利用

信息技术手段优化和变革考试流程，在有条件的地区和学校逐步推行线上线下相结合的无纸化考试。

三、高职信息化健康发展的长效机制

（一）治理体系的建设和完善

相较普通教育，职业教育具有多样性和复杂性的特征，高等职业教育属于职业教育的一部分，所以高职也具备了职业教育的这种特点。在高职办学的过程中，信息化教学手段作为教育教学的助推器而被广泛使用。然而，高职信息化的过程比传统概念上的教育信息化过程更为琐碎和复杂。究其原因，传统观念、环境因素、个人原因等都可能会造成高职信息化建设的困难。由此，高职信息化更需要进行系统的研究与创新，加强体制机制的构建，注重顶层设计。

首先应明确各部门的职能，厘清内部体制机制，让信息化服务于学校的整体发展目标，加快建设以学生为本的高职信息化体制机制。其次，我国的高职信息化发展还带有地域和资金的差异特点，往往发达地区具有良好的地理优势和充足的资金补给，所以这些地区的高等职业教育发展受到的重视程度高，高职信息化水平比较好。这或许能给我们提供一些借鉴，在全国范围内进行制度上的"东送西进"，欠发达的城市可借取发达城市先进的信息化资源，亦可借鉴高等职业教育信息化的建设经验。例如，此前江苏省出台了《高等职业教育创新发展行动计划（2015—2018年）》，该报告指出的体制机制创新之处在于探索多种形式互补的办学体制以及深化职业院校集团化办学。这份报告的观点虽然是根据江苏省的实际情况制定的，但拓展到其他省市，依然也有科学的指导意义。此外，高职信息化的体制机制不完善，且体制机制之间本身就存在诸多的内部不协调性。构建良好的信息化体制机制应着眼于资源的整合与制度的创新——科学的数字资源应用机制、信息化人才培养机制、教学模式革新机制、校企合作机制。这些机制在信息技术的改革过程中应摸索出鲜明的路子，以高效有力为目标，以"做中学"为导向进行构建。在现阶段，鉴于高职教育信息化

的复杂性和重要性，必须在管理体制上加快推进和完善首席信息官（CIO）制度。教育信息化高投入、强投入、持续投入的特点容易形成投资大而利用率低的局面，在关键项目的建设的时机和建设的内涵上也存在许多选择的误区，在处理好学校整体发展规划与各院系部门局部利益之间也存在不匹配性等。因此，现阶段的高职教育信息化，必须有强有力的治理体系且能进行科学的决策。建立和完善 CIO 制度是当前高职院校信息化的优先工作。

（二）应用驱动的内外部机制形成

院校层面的信息化必须坚持应用驱动，即基于学校核心业务的真实需求来开展。坚持通过信息技术在教学、管理、服务等方面的深入应用提高质量、改善绩效。要坚持以适应师生需求为导向，在应用中不断改进和完善。有条件的高职院校要让相关专业的教学人员参与到数字校园、网络课程、管理平台等的开发过程中。当前的经验表明，信息化系统完全由企业主导往往不能适应师生的需求。因此，合作开发或者自主开发相关系统或平台成本低、适用性高，且能提高高职院校信息化建设队伍的整体能力，是非常好的工作机制。此外，由于教学应用是信息化中相对困难的部分，因此，必须对教师使用新教学方式，如混合学习、在线学习、翻转课堂等形式的教学改革进行积极的政策支持。由于采用新手段和方法教师往往投入较大（时间花费、材料准备、方法研究），且有失败的风险，因此，在缺少激励的情况下教师尝试新教学方法的主动性并不高，通过合理的激励有助于在难点上取得突破，带动学校的信息化整体水平。

（三）科学推进关键项目的实施

高职教育信息化建设是一项长期且复杂的系统工程，涉及多方面的发展任务，其健康、可持续发展是保障我国教育信息化稳固、持续发展的重要依托，也是整个教育信息化发展体系的重要支撑。因此在高职教育信息化发展中，应采用系统学科的方法推进关键项目的实施，转变"纯技术"应用观，以人为本，用科学的理念和方法建设与完善高职院校信息化的基础设施、数字教学资源、师资培训、机制体制。今后一段时期应重点推动以下信息化建设工作：

1. 加快管理服务平台建设与应用

职业院校智慧化、信息化建设已经成为未来职业院校教育发展战略的制高点。目前，应当鼓励职业院校以服务师生为中心，建设集行政、教学、科研、学生和后勤管理于一体的信息服务平台，实现学校管理、教学、科研、后勤的整体性、全局性、经济性协调发展。依据职业院校自身信息管理框架和理念等特点，建立职业院校自己的信息服务平台是学校在信息化时代长远发展的基础，具体从以下方面着手：扩充和完善信息共享机制，加强信息资源管理，建立职业院校信息化交流平台。扩充和完善数据库是管理信息资源的重点，职业院校应当统筹管理原有的信息资源，并储存到学校系统数据库中，依照科学化、合理化、结构化、动态化、多元化的要求进行管理，创建有自身院校特色的信息资源中心。借助网络共享平台，基于信息资源数据库，建立健全资源共享管理制度，保障资源共享的安全性、高效性、便捷性、实用性和合理性，在此基础上完善信息资源共享机制。建立职业院校信息化交流平台不仅是学校信息化发展的重点与核心，也为学校信息化管理建设提供平台，同时也是一个学校对外分享教育科研成果的重要渠道。职业院校可在平台中共享本校的科学管理理念、方法、精品课程、科研成果，为其他类型学校信息化管理改革提供借鉴和参考，为高职师生学习相关领域知识，提升师生信息素养，和实践提供资源，有效促进本校的信息化建设。

推动职业院校加强管理信息化应用，做好信息采集、统计和更新工作，一步步形成学校管理与服务大数据，通过数据整合带动管理业务的协同提高。加强基于数据的分析与预测，支撑职业院校管理的业务智能，从而提高管理效能。统筹完善信息化管理服务平台建设，建立统一集中的基础数据库，提高全国职业教育数据共享水平。充分发挥管理信息系统在学籍管理、人员管理、资产及设备管理、日常教学、实习跟踪、流程监控等重点工作中的作用，例如运用大数据进行分析高职学生的学习行为和生活行为，制定更科学、规范、合理的一系列奖励制度，达到管理真正服务学生的目的。建设面向师生信息服务与应用的统一门户，实现通知、消息、应用、资源、交流、办事一站式服务,积极提升师生的应用体验,有效增强管理信息系统综合服务水平。提高教育行政部门管理、服务与决策水平,推动职业教育治理能力现代化。与此同时,为了建设健全教学信息化管理平台,还应加大信息技术基础设施的资金投入,扩充并加强完善相关网络设备配备。

2. 提升师生和管理者信息素养

必须清醒地认识到,当前加快推进教育信息化仍面临多方面的难题,与深度应用和融合创新的目标相比,仍存在较大差距。如部分教育行政部门和学校始终未能充分认识到信息技术对教育教学的革命性影响,对教育信息化持怀疑、躲避甚至抗拒的态度,而这些看起来隐形的难题则直接阻碍了推进教育信息化的积极性。在实际教学过程中,信息化与教育教学分离的现象依旧没有彻底地得到改善,信息技术与课堂教学整而不合,广大师生和教育管理者为了"信息化"而完成信息化的花架子现象广泛存在。信息化应用水平对促进学生的有效学习、深度学习、智慧学习的作用没有得到体现,教育信息化对教育改革发展的支撑和引领作用尚未凸显。这其中,有动力不足、激励不到位等问题的影响,更有管理者和师生的信息素养不高的原因,因此今后的教育信息化工作应当牢牢坚持促进信息技术与教育教学全面深度融合的核心理念,坚持应用驱动、机制创新的基本方针,加强顶层设计、多方协同推进,采取有效举措,将信息技术应用能力纳入管理者及教师评聘考核内容,不断培养、提升教师以及管理者的信息素养。逐级开展以深度融合信息技术为中心的针对性培训,帮助教师树立起正确的信息化教学理念、改善教学方法、追求更高的教学质量,以提高教师信息技术的综合应用水平。为进一步完善信息化教学,国家与地方应坚持每年举办职业院校信息化教学大赛制度,采取一定的奖励措施来鼓励师生共同参与并广泛共享优秀的大赛成果。积极推动职业院校在基础类课程教学中增加信息技术的实际应用,加强学生在信息技术应用于课程层面的综合实践训练,提高各个专业学生对应的信息化职业能力、数字化学习能力和综合信息素养。开展管理者教育信息化的领导能力培训,增强教育行政部门、专业机构和职业院校中各级管理者的信息化意识和执行信息化的持续行动力。例如，在职业院校推广建立校领导担任首席信息官（CIO）的制度，全面负责本校信息化工作；建立信息化部门和业务部门的分工协作机制，统筹规划、归口管理；各地要将职业教育管理部门和职业院校的信息化建设效果、信息化发展水平纳入管理者绩效考核，大幅度改善学校网络教学环境，力争突破性的进展。优质数字教育资源日益丰富，信息化教学日渐普及，教育相关公共服务平台的大力建设使得资源服务体系初见雏形。奋力打造与国家和部分地区的互联互通，让教师、校长和教育行政管理者共同增强信息化意识与能力。另外还应制定相关激励机制，为教师信息技术的培训和学习提供资源和渠道，搭建信息技术交流平台，大力支持教师参与信息技术相关的活动。

3. 深化教育教学模式创新

开展信息化环境下的职业教育教学模式创新研究与实践，是以社会对专业人才的能力要求作为出发点，顺应"互联网+"的发展趋势，以创新人才培养为目标，以创新促发展，大力推进信息技术与教育教学的深层次融合及应用性创新，全面普及信息技术教学应用，不断更新网络学习空间以优化和掌握新的学习方式和学习途径，支持学生更加充分地利用网络体验学习的自主性、知识的共享性、交流的全面性等。推广信息化环境下的校际合作学习、项目学习、可视化学习、翻转课堂等模式，合理灵活地运用各种课程资源和信息技术手段进行学习，实现学习方式的多样化，通过多种途径满足学生的全面发展，同时追求个性化的需要，真正实现让教师拥有自己的教学特色、让学生了解自己的学习所需。教学发达地区可率先参考国外STEAM教育、创客教育等新型教育模式的优秀先例，汲取其优势并展开相应的应用尝试，进而逐步在我国各地区推广普及，形成教育、技术、模式协同创新、齐头并进的教育新局面。

为建设好适应信息化教学需要的专业课程体系，着力优化人才培养模式，必须坚持用信息技术改造传统教学，以信息化推动教育特色多样化发展。首先，要充分鼓励教师合理地运用数字教育资源作为教学辅助手段，试图解决技能培养中存在的一些重难点问题，并在此基础上，把远程协作、实时互动、移动学习等信息化教学模式作为教学模式改革的重点突破

第三章 高职信息化：助力高等职业教育发展的新利器

对象，最大限度地调动学习者在学习中的积极主动性，使教与学、教与教、学与学全方位互动，进一步提高教学质量与人才培养质量。其次，要善于利用网络学习空间来推动教学、建立良好的家校沟通，不断丰富、拓展并延伸课堂，努力引导教师真正应用互联网开展备课授课、网络研修、指导学生学习、家校互动等一系列教学相关活动，支持和帮助家长应用网络学习空间与学校、教师保持实时沟通与互动，更好地融入学生学习成长过程，利用信息技术实现互动、生成、高效的教学，进而逐步提高教育教学质量。

信息技术与教育教学模式的深度融合，要以拓展、丰富以及深化课程的内涵和外延作为重要基础，将信息技术的全方位应用落于实处，包括课程的设计、实施、评价和管理等，不仅要提升课程的信息化水平和学生的信息素养，重视课内外学习途径的多元化以及有机结合广泛的社会实践，还要加强学校、社会和网络教育资源的同步建设，构建丰富开放的课程体系。要充分利用"互联网+"的优势，支持职业院校深化产教融合、校企合作，构建以信息化促进产教融合的机制和路径，有力支撑高素质技能型人才培养。创新人才培养、科学研究和社会服务模式能够不断推进教育教学创新，培养学生自主学习、自主管理、自主服务的意识与能力，力求高水平的拔尖学生培养模式，促进高等教育的内涵建设和质量提升。深化教育教学模式的创新，即教育领域的全方位的动态改革，是加快从教育大国向教育强国迈进的重大战略抉择，信息化成为实现这一时代创新发展的必要支撑。

4. 加快校本优质资源数字化的进程

在教育信息化的进程中，一个顽疾一直存在，就是开发的大量数字资源没有得到充分应用，造成了人力物力的浪费。当前，国家层面职业教育优质资源共建共享的进程相对缓慢，高职优秀网络课程资源还很不充分。但伴随着信息技术的发展，学生作为"数字原住民"，其学习方式已经发生了很大的变化。学生使用电脑和手机等移动终端的时间已经大大超过了通过纸质媒介获得信息和学习的时间。因此，尽管 MOOC、微课在目前还存在许多待解决的问题，但必须承认，课程资源走向数字化、移动化是不可逆转的趋势。因此，建设高质量的在线课程也是高职院校课程发展的必然走向。只有数字化，才能满足"时时可学、处处可学、人人可学"的时代要求。笔者认为，高职院校建设优质的课程资源建设可以采用诸如院校间联盟、区域联盟等合作的形式共建共享以降低成本、提高质量。同时，由于职业教育本身的特殊性，目前课程开发的形式还不适应在线学习和技能学习的要求，因此，虚拟仿真类资源在职业教育中受到了广泛重视。如果从高职院校自身切入资源建设的实效出发，建议高职院校首先要做好自有优质课程的数字化过程。优先将自身的名师名课转化成网络和移动学习的课程，以点带面，建设与应用紧密结合，以建促用、以用促建，形成良好的互动机制，促进新的教学方式的走向成熟，并最终带动信息化教学在高职院校的深入开展和自主创新。

第四章

双场合一：高等职业教育发展的新实践

课堂是教育教学的中心环节和主阵地，打造有效课堂是孜孜以求的教学目标。长期以来，在高职的课堂上经常出现理论知识与技能训练分离、学校教学方式和企业生产过程对接不紧密、学生被动学习主动参与不足等问题，在一定程度上影响了教学的效果。回顾国内外职业教育发展的历程，分析国内外职业教育教学模式改革的成功案例，如果将学场与职场有机地融合在一起，实现双场合一，在一定程度上能够有利于有效课堂的构建，有利于高职学生综合职业能力的提升，为其终身学习和终身发展奠基。

一、职业教育"双场合一"的基本内涵

（一）对职业教育"双场合一"的基本内涵的理解

关于"场"有多种解释，《新华字典》（1986年版）给出了多达六种的解释，如，其一是"适应某种需要的比较大的地方：会场、操场、市场、剧场、广场"；其二是"舞台：上场、下场"，等等。一般说来，"场"就是场所，活动的处所、地方。这里的"场"并非单纯地指某一特定的地方，而是指场地和在场地上发生所有的行为和心理活动的总和。

"双场"指的是"学场"和"职场"。学场即学习场所，是指学生在

学校如教室、实训室等场地进行学习活动的场所，是学生进行理论知识学习与技能训练的场所。职场即职业场所，这里特指高职学生毕业以后可能从事某项工作的场所。"合一"源于陶行知的"学做合一"。"学做合一"并不是说学和做合二为一，而是学与做的取向、要求、方向一致。"双场合一"里的"合一"是指学场和职场在目标、要求等方面的取向一致。

"双场合一"是指在职业院校，通过一定的方式在职业院校学生目前的学习场所和今后可能涉及的职业场所之间建立一定的关系，使学生在学场所学与今后职场工作有机关联。我们把学生在学场所学与职场的要求相统一的关系称为学场与职场的有机融合，即"双场合一"。因此，学场与职场的合一，既不是用学场来代替职场，也不是用职场来代替学场，更不是学场与职场相互结合产生一个新的场所。它强调的是二者的有机融合，突出的是目标、价值取向一致。需要说明的是，目前我国职业教育在解决学场与职场相融合的问题时，主要思路是学场通过对职场的复制，使学生置于类似于职场的学场中学习技能。这一办法在一定程度上可以调动学生学习的积极性，帮助学生较早地了解职场的要求。但从长远角度，这一办法必然使职业教育的发展始终滞后于经济的发展，不仅不利于产业的创新发展，而且不利于职业教育学生的后续专业发展和个体成长。道理非常简单，因为职场的变化是非常快的，单纯的复制注定不能持久。我国职业教育内涵发展要求的融合是以学场为主体，将职场中与学场相关联的典型元素引入学场中，同时努力将在学场中培养的综合能力有效地迁移到职场之中。

"双场合一"教学是指在职业院校教学过程中，系统提炼职场典型要素，以企业产品作为教学内容的载体，以企业生产监控方式作为教学评价的主要方式，将职业院校学生的学习置于企业生产的情境之中，寓"情"于"境"，以"情"导"思"，以"思"促"行"，使学习过程与企业生产过程有机融合，实现学场与职场的有效关联。同时，在学场中注重学生良好学习习惯、学习方法、学习能力的培养，并有意识地加强这些学习要素迁移的引导，使之能够作用到学生今后的职场工作之中，促进其终身发展。在"双场合一"教学中，从职场系统提炼有效学习要素是前提，创设真实的职业情境是基础,激发学生的职业情感是关键,培养综合职业能力(包括职业素养、职业技能、学习习惯、学习方法和学习能力)是目标。

(二)职业教育"双场合一"理论依据

1. 哲学理论基础

辩证唯物主义哲学的认识论。马克思辩证唯物主义认为,实践决定认识,是认识的基础;实践是认识的目的和归宿,认识从实践中来,最终还要回到实践中去(指导实践)。"双场合一"教学重在为学生获得实用的专业知识与技能提供"土壤"。一方面,将职场典型要素系统地融入学场,学生通过具体的操作活动,通过感性直观认识与感知发现专业知识与技能的特性和相互之间的关系,并把它们加以区分和概括从而获得理性认识;另一方面,将学生在学场中逐步养成的综合职业能力、学习能力等迁移到职场,促进自身终身学习,终身发展。因此,"双场合一"教学是建立在辩证唯物主义认识论基础上的。

人的全面发展学说。马克思主义关于人的全面发展学说包括:人的社会关系的全面发展;每个人在需求方面得到全面发展;人的能力的全面发展;人的素质的全面发展;人的个性的全面发展。分析"双场合一"教学的内涵,不难发现人的全面发展学说为其价值追求提供了哲学基础。"双场合一"教学高度关注到了人的社会关系的全面发展。通过将岗位情境和任务现场融入学场,使学生知识与技能、学习能力、学习习惯、学习兴趣、心理素质等的学习和培养与职业情境相互作用,学生在职业情境中操练、磨合、掌握与未来职业密切相关的真本事、真技能。同时,它关注了人在需求方面的全面发展,从激发职业情感出发,激发学生的需求,从而实现学生的全面发展;关注了学生能力的全面发展,帮助学生个性化发展,努力让学生在多样化的学习方式选择和岗位实践活动中,实现社会关系、需求、素质、能力和潜力、个性的全面发展。

2. 心理学理论基础

建构主义学习理论。建构主义是一种关于知识和学习的理论,其基本内容包括"学习的含义"(即关于"什么是学习")与"学习的方法"(即关于"如何进行学习")。在学习的含义方面，建构主义认为，知识不是通过教师传授得到，而是学习者在一定的情境即社会文化背景下，借助其他人（包括教师和学习伙伴）的帮助，利用必要的学习资料，通过意义建构的方式而获得。建构主义学习理论认为"情境""协作""会话"和"意义建构"是学习环境中的四大要素或四大属性。在学习上，建构主义提倡在教师指导下的、以学习者为中心的学习，也就是说，既强调学习者的认知主体作用，又不忽视教师的指导作用，教师是意义建构的帮助者、促进者，而不是知识的传授者与灌输者。学生是信息加工的主体，是意义的主动建构者，而不是外部刺激的被动接受者和被灌输的对象。建构主义学习理论为"双场合一"教学的实施提供了有力的心理学基础。"双场合一"教学特别关注学生学习主动性的激发，强调要通过一定的途径帮助学生主动地建构知识与技能。在具体的实施上，"双场合一"教学非常重视学生知识与技能学习的职场情境创设，努力在特定的氛围下，通过教师、企业师傅和同学的帮助，借助人与人的协作、交流，构建知识与技能。因此，在"双场合一"教学中，教师从学生实际出发，深入了解学生真实的思维水平，提供适当的问题情境或实例促使学生思考，引起学生认知冲突，从而让学生主动地建构并生成新的知识和技能。显然，这种教学遵循了建构主义学习理论。

情境认知理论。以莱夫等人为代表的情境认知理论，强调了"社会实践与社会生活""合法边缘性参与"与"实践共同体"等要素。"双场合一"教学的特征之一就是系统地将职场要素引入到了学场，把学生的认知放在了"更大的物理和社会的情境脉络中"，在特定的环境之中动态地建构知识和技能。同时，强调职业情境由职场前置到学场，使学场成为"边缘性"职场，但又明显区别于真正的职场，这与莱夫等人强调的"社会实践与社会生活""合法边缘性参与"与"实践共同体"等要素是吻合的。因此，"双场合一"教学是基于情境认知理论的教学改革。

学习迁移理论。当代的迁移理论认为，要实现"为迁移而教"，除了要重视陈述性知识与基本技能的迁移之外，更应重视策略性知识的学习和迁移。学习迁移理论解释了学生知识与技能等迁移的可能性，明确了迁移的实施操作和迁移的具体方法。学习迁移理论明确了"双场合一"教学从职场提炼职业场要素到学场的必要性，也为学生的综合职业能力、学习能力等从"学场"迁移到"职场"提供了理论指导。

3. 教学论基础

李吉林情境教学理论。李吉林情境教学是一种以生动形象的情境激起学生学习情绪为手段的教学方法。"双场合一"教学根据职业教育的实际，提出了以重视情境，强调学场与职场整合的教学环境系统、教学评价和教学内容等教学策略，这是李吉林情境教学在职业教育的应用和拓展。

杜威"从做中学"教学思想。杜威"从做中学"教学思想在中国的影响较为深远，在教学方法改革上得到广泛的应用。"双场合一"教学汲取了杜威"从做中学"教学思想的精髓，将典型产品的生产作为教学活动，使教学活动紧密地与生产联系在一起。所以，"双场合一"教学是杜威"从做中学"在中国职业教育领域里的又一次应用和深化。

"教学做合一"理论。陶行知先生的"教学做合一"理论是杜威"从做中学"教学思想的发展和延伸。"双场合一"教学用任务引领课程体系的重构，使职业教育教学过程与生产过程之间的关系更为契合，也是陶行知"教学做合一"理论进一步应用与发展。

发展性教学理论。发展性教学是以学生为主体，通过学生主动学习促进主体性发展的一种教学思想和教学方式，体现了现代教育特征。发展性教学理论为"双场合一"教学提供了教学论指导。第一，"双场合一"教学认为不能只注重学生知识的习得，更应注重能力的培养，特别是要注重学生的整体发展。赞可夫在发展性教学理论中提出的"一般发展"包括智、情、意、性格、思想品质等所有方面的整体和谐发展，智力是其核心一环，重视发展学生的观察能力、创造性思维能力和实际操作能力。"双场合一"教学就高度关注了这个方面。第二，要尊重学生的主体地位。在传统的职业教育教学中，学生一定程度上缺失主动性与创造性，缺失情感培育与合作交流。赞可夫强调培养学生学习的内部诱因，依靠动机、兴趣等非智力因素，促进学生智力活动的发展，使学生好学乐学，真正成为学习的主体。"双场合一"教学就突出了学生职业情感的培养，以此来增强学生学习的内部诱因，提高学生学习的动力。

探究性学习理论。探究性学习是指学生通过类似于科学家科学探究活动的方式获取科学知识，并在这个过程中学会科学的方法和技能、科学的思维方式，形成科学观点，树立科学精神。它具有更强的问题性、实践性、参与性和开放性，有利于学生的智力开发与发展以及深层次的情感体验，可以使学生有目的地构建知识、掌握解决问题的方法，从而使教育能主动地适应当前科学技术和社会发展的需要。"双场合一"教学以一个个生产任务的完成推进教学，引导学生围绕特定的项目和任务借助资源平台网站去学习、去实践、去探究，从而使学生掌握知识与技能，提高综合职业能力。因此，探究性学习理论是"双场合一"教学的教学论基础之一。

（三）职业教育"双场合一"教学的主要特征

1. 强调职场要素提炼的系统性

联合国教科文组织《学会学习》一书指出：一定类型的学习效果与一定类型的环境、情境中的学习有关，一定的学习内容对应一定的最佳学习场所。为了创设良好的职场情境，提高学生学习的积极性，不少职业院校都千方百计地仿真企业，将企业的生产场景引入学校。不少学校投入大量资金用于学校硬件方面的建设，特别是实训基地的硬件建设方面，得到快速的提高，这无疑是近几年职业教育发展的成果。但仔细研究，笔者发现，虽然不少职业院校的实训基地都是参照企业模式建设的，但很少有职业院校在实训基地管理和使用上与企业管理、企业生产真正接轨，特别是像企业一样运作，让职业院校的学生平时就真正置身于企业生产之中。不少职业院校教学环境的营造只是注重了学场对职场的简单复制，学校和企业外表上相像，特别是实训场所环境较为相似，但内涵相差较大。如实训基地的功能仅仅还是满足职业教育学生的技能实训，其他功能被闲置，如对外服务、生产产品等功能还未开发。可以说，目前实训基地的功能开发不仅使投入与效用严重失调，还不能满足职业院校学生提升综合职业能力的需求。为此，"双场合一"教学强调融入学场的职场要素是系统的。所谓系统是指融入学场的职场要素是全方位的，一般包括仿真的工作场景、

第四章 双场合一：高等职业教育发展的新实践

典型的生产产品、完整的工作流程和真实的质量监控四个方面。这些"源于职场又高于职场"的职场要素使职业院校学生在学场学习时可以全方位地感受到浓厚的职场氛围，从而激发职业潜能，提高学习积极性；增加职业体验，培养职业情感，增强职业岗位适应能力。

2. 强调职业情境的前置性

要实现"双场"的"合一"，必须将职业情境前置到学场中，为此，"双场合一"教学提出职业情境前置到学场中分"三步走"。第一步，寓"情"于"境"。"双场合一"教学充分认识到职业情感对职业院校学生发展的作用，提出在"境"中孕育出"情"的培养路径。即在仿真的工作场所、完整的工作流程、真实的企业管理等职业情境下，职业院校学生身临其境，真切感受职业情境氛围，加深对职业和专业的理解，进而逐渐形成较为浓厚的职业情感，逐步将职业作为自己生存之本和实现人生价值的利器。第二步，以"情"促"思"。职业院校学生职业情感的形成势必促使和推动学生主动地去思考"我为什么要学""我要学些什么"和"我该怎么学习"。可以说，"双场合一"教学通过职业情感促发学生思考，使之学习目标、学习需求变得更为具体和有形，内在学习动力得到有效激发，课堂态度从消极走向积极。第三步，以"思"促"行"。有思考的学习，学生才会有目的地在职业活动中养成良好职业习惯，才有可能获得长足的专业成长。一旦职业院校学生形成了良好的职业态度和习惯，他们就容易获得终身学习和终身发展的能力。这是"双场合一"教学所追求的教学目标。

3. 强调职场与学场的互动性

"双场合一"教学中的职场与学场之间的关系是双向，是有机互动、相互影响的关系。一是职场到学场，指从职场提炼学习要素到学场，使学场中有更多职场的影射。实践证明，不是职场中所有要素都适合于学场，学场之所以不同于职场，是因为学场有其更适于学习的要素和条件，一味地将学场当作职场来建设是武断的、粗暴的行为，不利于职业院校学生的学习，也不适用于具体的实践操作。"双场合一"教学强调从职场到学场的学习要素提炼必须立足于实际职业岗位的技能要求、技术活动的过程要求和职业劳动素养要求等，从职场的工作场景、生产产品、生产流程、生产管理与质量监控中，提炼出仿真的工作场景、典型的生产产品、完整的工作流程和真实的企业监控等学习要素，并按照教育规律，有机融入学场，形成特定的学习环境、学习内容、学习过程、学习评价。

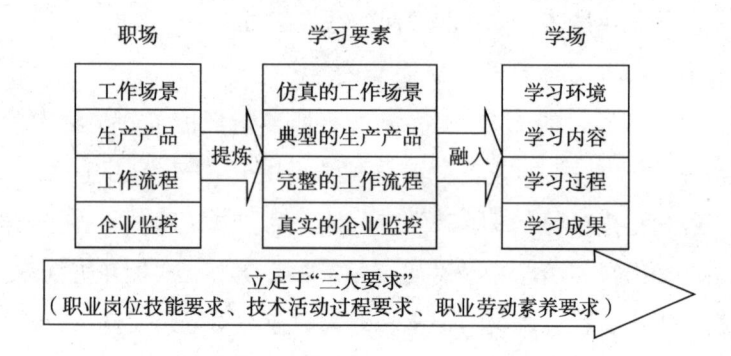

图 4-1 职场到学场的系统提炼

二是学场到职场。在学场中培养学生的学习能力、学习方法、学习兴趣等学习品质，其优势是职场无法比拟的。职业教育"双场合一"教学充分认识并发挥了这一优势。不同的是，在职业教育"双场合一"教学中，更加强调在教与学的过程中，关注学场中形成的学习能力、学习方法、学习习惯、学习兴趣、心理素质等学习品质对职场的影响和迁移，要求将在学习过程中所形成的这些品质转化成学生的内在能力、内在习惯，进而迁移到职场。这种影响和迁移将促进学生走上职场后的终身学习、终身发展。"双场合一"教学通过与一定职业岗位相关的实践活动，在解决实际问题中实现学习品质的内化，迁移至职场，这一过程与学生掌握专业知识、适应职场环境、适应企业要求的过程是同步的。

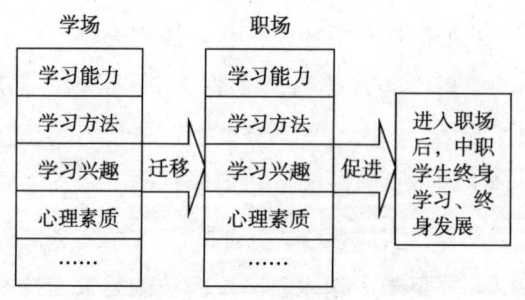

图 4-2 学场到职场的有效迁移

二、职业教育"双场合一"教学的操作要义

职业教育"双场合一"教学，是联系教育教学理论与教育教学实践的教学主张。它丰厚的理论基础，必须形成指向教育教学实践的操作要义。基于教学内容、教学环境、教学情境、教学策略、教学方法以及师资队伍、学生自身等多维操作向度，职业教育"双场合一"教学形成了比较系统的操作体系。

（一）基于教学内容的向度

"双场合一"教学，首先创新解决了教学内容的问题。"双场合一"教学的教学内容应以典型的、常见的产品（服务）为载体的知识、技能体系。因为，"双场合一"教学不是简单的对传统教学改良，而是一种兜底的革新。"双场合一"教学将让学生的学习真正置于仿真或真实的生产之中，仅仅靠环境渲染还不够，还必须要有有形的载体，即选择与企业实际生产相关联的产品作为学习的内容。"双场合一"教学，首先要遵循国家规定的人才培养标准和各级教育主管部门颁布的指导性人才培养方案，然后整合职业教育相关专业的教学内容，用企业实际的生产产品（服务）作为载体，以该产品的生产与设计贯穿于教学全过程，将具体的教学内容安排在典型产品的生产之中。既确保学生在学场的学习内容在规定的范围之列，又实现了学习过程与企业生产过程的基本同步。

（二）基于教学环境的向度

"双场合一"教学要切实解决教学环境、教学情景问题，即主要指向物理化的环境、情景。而对于非物理化的环境、情景，我们归结为教学情境。职业教育"双场合一"教学，要创设仿真的工作场景。为培养学生积极的职业情感，激发其职业潜能，必须要让学生在与企业生产高仿真的"学场"中学习。"双场合一"教学注重学习场景的仿真，形成学生未来可能工作的场景。如校内实训基地的设备与企业生产实际使用的设备相对一致；设备的安放与企业车间内设备的安放基本一致；张贴的标语与企业车间内标语基本一致。"双场合一"教学创建仿真学习场景时，必须充分调

研区域行业产业发展现状以及未来发展的趋势，以便满足当前和今后一个时期相应职业岗位的需求。

（三）基于教学情境的向度

"双场合一"教学，要有效创设适应教学需求的教学情境。它的特点是非物理化，如专业学习情境、实验操作情境、学习交流互动情境等。职业教育"双场合一"教学情境创设，可以综合归纳为以下两个方面：一是要设计完整的工作流程。"双场合一"教学提倡的是情境创设不仅是工作场景的创设，而是全方位的，从教学目标、课程内容、课堂实施和课堂评价方面创设职业情境，将完整的工作流程融入教学过程中，打破传统的教学方式，实现真正意义上的教学变革。二是要实施真实的质量监控。从某种意义上讲，教学过程中评价方式决定了教学改革的走向。要实现"双场合一"教学就要改变教学评价方式，将企业质量监控的理念和方法有选择性地运用到教学之中。目前，在全世界著名的跨国企业的管理中，都是通过强化制度建设，用制度维持和促进整个企业的有效运转。例如，日本松下公司建立了高效的组织机构，而且还有一整套系统管理制度，组织机构与管理制度同时发挥作用，规模巨大的跨国企业就能呈现出井井有条、方向明确等特点。学生要适应"职场"，就必须要适应制度管理。"双场合一"教学中，主动引入 FMEA（潜在失效模式分析）、6S 管理等企业监控方式，运用于学生"学场"学习的全过程，监控的内容包括产品的完成情况、学习的习惯、学习的态度等。

（四）基于教学方法的向度

"双场合一"教学，要选择科学、合理的教学方法。根据理论学习、实践总结，在"双场合一"教学过程中，教师可以结合专业课程的实际教学内容，合理选择，精心设计，恰当运用参与式教学、体验式教学、项目式教学、情境式教学、任务驱动式教学等多样的教学方法。如参与式教学方法，教师首先要将学生置于学习的主体地位，学生用"做"贯穿于"学"之中，从而主动参与学习的全部过程。教师则通过"四引导"实现主导价值：一是教师引导学生在互相商讨的基础上自主明确学习目标和学习进度；二是教师可以在教学过程中引导学生积极思考，确保学生处理学习与思考中；三是教师可以引导学生投入和保持较高的学习热情，体验学习；四是教师可以引导学生在遇到问题时能够进行适应的学习调适，尽量与学习进度保持一致。再如，体验式教学方法，教师要基于学生的认知特点和规律，创设有效的利于学生体验情境，使学生有机会形成一定积极的职业情感、态度及价值观。教师充分利用自己已有的资源如视频、教具等方式创设以师为主体的体验情境，只要创设的体验情境具有真实性、生动性和有效性，也可以调动学生的积极性，通过学生的表演或实践操作形式形成以生为主体的体验情境。

（五）基于师资队伍的向度

"双场合一"教学，对师资队伍提出了更高的要求。首先要加强专业课程教师培养培训。职业院校要主动建立与优质高校、行业企业协同培养教师的新机制，依托优质高校和大中型企业建立职业教育师资培养基地和教师进企业实践基地，高度重视教师的专业技能、实践教学、信息技术应用和教学研究能力提升，努力打造一批具有高水平、高层次的"双师型"教师队伍，培养造就一批"师傅式"名师和学科带头人。同时，要全面落实教师培训制度，对新任教师实行先实践、后上岗制度，实行教师定期进企业实践和完成规定继续教学学时制度。其次要加强兼职教师队伍建设，职业学校要充分利用国家对职业学校建立兼职教师队伍的有利政策，积极面向企业和社会公开招聘具有实践经验的工程技术人员、高技能人才担任专业课教师或实习指导教师，明确兼职教师专业技术职称、职业资格基本要求。职业学校通过教师队伍建设，全面打造职业学校的优秀教学团队，适应"双场合一"教学要求。

（六）基于学生自身的向度

"双场合一"教学，要充分发挥学生作为学习主体的作用。"双场合一"教学，最终指向的是学生自身。职业教育"双场合一"教学设计的教学内容、教学环境、教学情境、教学策略、教学方法，要达成预期的教学效果，实现预期的教学目标，离不开学生主体。我们实施"双场合一"教学，要更多地关注学生现实的学习基础；要充分考虑学生所处的年级阶段，如低年级和高年级的区别；要充分考虑学生的知识能力水平基础；要充分考虑学生的学习动力、志趣现状。

三、高职院校实施"双场合一"教学的实践探索

为了有效地推进教学改革，江苏联合技术学院通州分院在调研职业教育教学改革存在的问题基础上，总结、梳理了国内外职业教育研究成果和本校多年来教学改革研究与实践的成果，自 2010 年以来，在职业教育"双场合一"教学上进行了改革实践。

（一）明确职业教育"双场合一"教学改革的课程开发策略

课程整合与开发涉及教学的全过程，是教学改革"牵一发而动全身"的关键环节。在实践的基础上，通州学院项目组首先明确"双场合一"教学改革的课程整合与开发策略。

1. 关于课程整合与开发的原则

总结以往课程改革的经验与教训，项目组基于学生发展与教育的自身规律，提出了在职业教育"双场合一"教学改革中课程整合与开发的四个"一致"原则，即与人才培养方案的专业培养目标一致；与人才培养方案的教学时间安排一致；与人才培养方案的职业能力要求一致；与人才培养方案的课程设置一致。

开发原则
1.与人才培养方案的专业培养目标一致；
2.与人才培养方案的教学时间安排一致；
3.与人才培养方案的职业能力要求一致；
4.与人才培养方案的课程设置内容一致。

图 4-3 "双场合一"课程整合与开发原则

2. 关于课程整合与开发的思路

总结、反思国内外职业教育课程整合与开发的做法，项目组提出基于"双场合一"教学改革的课程整合与开发思路：一是内容由"知识主导"向"岗位主导"转变。基于现代职教体系要求和课程改革的现状，项目组

第四章 双场合一：高等职业教育发展的新实践

认为职业教育"双场合一"教学课程整合和开发应打破传统做法，由过去的过多关注学科知识的系统性和完整性转变到对接行业企业岗位需求，从相关岗位所应承担的工作任务出发，以该岗位所需的职业技能和综合职业能力来确定教学内容，进而实施课程的整合和开发，即在教学内容的选定上实现由"知识主导"向"岗位主导"的转变。二是载体由"生活类项目"向"生产类项目"转变。为改变目前职业教育课程开发中企业与学校联系不紧密的现状，项目组提出将企业实际生产的产品作为教学内容的载体，让学生在学校学习期间就熟悉具体的企业产品情况和企业生产的要求，以提高学生的适应能力和综合职业能力。三是体系由"学科知识体系"向"模块化课程体系"转变。传统的学科式知识体系更多注重的是学科知识的完整和逻辑的严谨，对岗位要求与学生实际情况考虑得较少。项目组认为模块化课程体系的优点是学科知识体系不可比拟的，它可以根据相关职业岗位所需的综合职业能力的要求，以职业技能为主线，将必需的专业理论知识融入技能模块之中，形成以技能为核心的课程模块，具有一定的层次化和弹性，在教学时教师与学生可以根据各自的实际需要进行一定程度的选择和调整。因此，职业教育"双场合一"教学改革中课程整合与开发应着力构建模块化的课程体系。四是策略由"零星开发"向"系统开发"转变。一线教师对项目课程开发是近几年职业教育课程开发的巨大财富，但零散的课程开发不能与原有的课程体系较好地融合，实际应用时只能"束之高阁"。因此，项目组强调课程开发与整合必须基于整个课程系统基础之上，用企业具体的产品生产整合课程，从而使所开发的课程能有效地切入学生的系统学习中。

3. 进行课程整合与开发的实践

项目组以我校[1]优势专业数控技术应用专业为例，进行具体的课程整合与开发。项目组首先对南通地区机电行业和相关企业生产产品进行了调研。在充分调研的基础上，最终讨论确定南通通力油泵有限公司的研发产品 TZ15 型油泵为我校数控专业课整合和开发中的典型产品。根据油泵的

---

[1] 江苏联合职业技术学院通州分院。

主要零部件，设置轴模块、齿轮模块、泵盖模块、泵体模块和装配模块等五大模块，围绕其加工生产构建新的课程体系，将职业院校机电类专业人才培养方案、国家职业技能鉴定职业标准和《机械制图》《机械基础》《数控操作》等机电专业主要学科课程中的知识和技能整合到五大模块中，建构油泵课程。

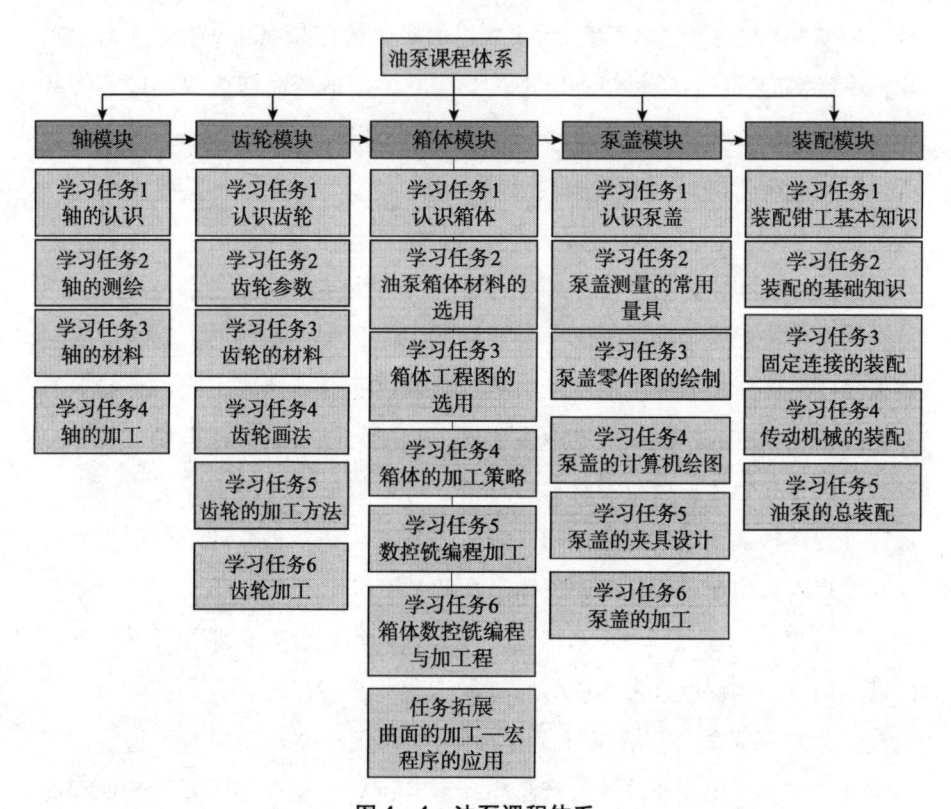

图4-4 油泵课程体系

资料：南通通力油泵有限公司简介及其研发的产品TZ15型机油泵产品说明

南通通力油泵有限公司与我校有着长期的校企合作，学校连续十多年安排机电专业毕业生到该公司实习就业。公司位于通州区金沙镇，已有五十多年的发展历史，是从事柴油机燃油喷射系列产品开发设计、生产制造及销售于一体的专业企业。公司拥有加工中心、数控机床、组合机床生产线、热处理及装配流水线等各类专用、通用设备500余台套，并有完善的现代化检测设备。

第四章 双场合一：高等职业教育发展的新实践

柴油机自设计定型并批量生产投放市场，至今已经历了半个世纪，尽管有结构较笨重、噪声较大、运转平稳性较差等不足之处，但柴油机热效率高、故障较少和保养容易等优点使它在船舶和柴油发电机组配套市场上仍然占有一席之地。随着技术的不断革新，柴油机所配用的油泵也经历了一个不断改进和提高的历程。一般来讲，当发动机工作时，凸轮轴上的驱动齿轮带动机油泵的传动齿轮，使固定在主动齿轮轴上的主动齿轮旋转，从而带动从动齿轮作反方向的旋转，将机油从进油腔沿齿隙与泵壁送至出油腔。这样，进油腔处便形成低压而产生吸力，把底壳内的机油吸进油腔。由于主、从动齿轮不断地旋转，机油便不断地被压送到需要的部位，使机油压力升高并保证一定的油量，向各摩擦表面强制供油。南通通力油泵有限公司生产的B、PZ、P8、PH系列喷油泵已达二百多种型号规格，可配套120~190mm缸径的二、四、六、八、十二缸柴油机的要求。南通通力油泵有限公司在总结以往所用油泵生产和使用经验的基础上，立足于长寿命、高可靠性，开发了TZ15型油泵。TZ15油泵以最初设计的油泵为基础作了如下改进：

一是增设安全阀。最初设计的油泵，在使用中总是存在在油温低、转速较高、运转工况下机油压力过高的问题，影响柴油机润滑系统的工作可靠性。当油泵的出油压力超过设定值时，安全阀在压力油的推力下压缩弹簧下移，而将泄油孔打开。过多的润滑油就由泄油孔排至柴油机油底壳。

二是增大油泵的流量。增压机增加了增压器的润滑油供给，同时也要求适当提高柴油机正常运转时的机油压力，大大增加了主动轴的负荷，为增大传动齿轮与主动轴配合处的轴径，将传动齿轮与主动轴的连接方式改为热套，增大泵油齿轮宽度。

此外，TZ15型油泵的传动齿轮和泵油齿轮材料均为40Cr，调质处理，表面氮化，主动轴和从动轴的材料也为40Cr，调质处理，在与泵体和泵盖衬套相配合的部位表面淬硬，这就保证了它们有良好的耐磨性。泵体和泵盖内的衬套材料为双金属08钢背铸铜合金，且内表面设有螺旋形油槽贮油，能确保润滑良好。为提高泵的流量，增大了泵油齿轮的模数。主动轴和从动轴的直径增大到20mm，既提高了强度，又提升了过盈配合传递力矩的可靠性。

（二）建构基于"双场合一"教学改革的教学环境体系

奥托·戴克（H. Otto Dahlke）认为："教学活动是在一定的物理环境中进行的，这个环境在一些非常重要的方面限制和规定着学生学习和发展的可能性"。为此，项目组将教学环境体系进一步细化为教学物理环境、教学信息（管理）环境和教学心理环境，即"景""境""情"。在职业教育"双场合一"教学中，"景""情""境"三者之间是一体的，"景"是起点，"境"是桥梁，"情"是目标。"景"，除了在实训基地构建仿真的生产环境，同时在学生的学习区域中设有产品展示区、理论教学区、材料库存区和生产实训区四个部分，彰显职场特征。"境"，即构建益于学生学习的教学信息环境，"境"是连接"景"与"情"的纽带。一方面，项目组将所有的教学置于典型产品的生产情境中；另一方面，项目组将公司制管理引入课堂管理之中，班级即公司，按照公司的组织架构设置班级机构，班长就是公司的总经理，传统意义上班级学习小组改为公司中的生产小组，每一个学生的身份变成生产小组的工人，学习即生产，学生的学习过程就是完成生产的过程。"情"，即创设利于课堂沟通的教学心理环境。基于以上"景""境"的建立，项目组希望通过学生和教师、工厂师傅在企业产品的生产过程中结成的新型学徒关系，激发学生的职业情感形成。

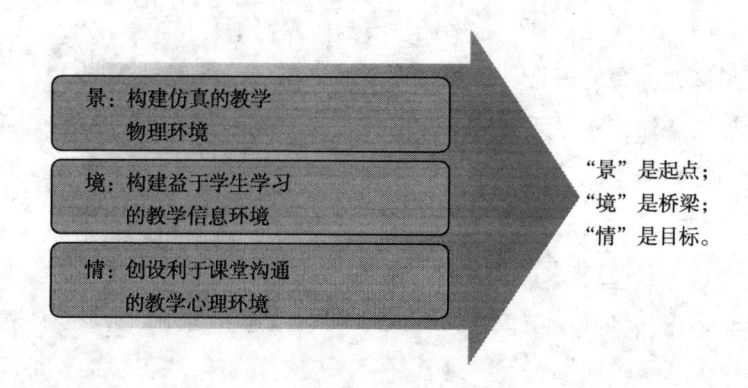

图 4-5 基于"双场合一"教学改革的教学环境体系内在关系

（三）开发"双场合一"教学改革的教学流程

项目组将"双场合一"教学的主要流程分为"学一学"——"理一

理"—"定一定"—"做一做"—"想一想"—"评一评"等六个环节。"学一学"是指由教师根据生产学习任务计划确定与本任务相关的理论教学内容,选择合适内容交由学生课前学习。"理一理",即通过创设情境,学生了解和认识教学任务,理清本堂课的工作任务是什么,从而带着任务去学习。"定一定"是指学生小组合作确定完成生产任务的实施计划,包括实施过程中的工作分工。"做一做",即学生按照计划实施生产工作任务。在这个环节中,一方面要大胆放手让学生实践,这样既可以调动学生学习的积极性,又可以让学生在做的过程中自然地、愉快地完成学习生产任务,实现"教"与"学"的双赢;另一方面要指导学生小组合作,共同完成生产工作任务,以培养学生的团队精神,提升其职业素养。同时,教师和师傅要多加强操作示范,要加强巡回指导,对一些重点、难点要借助微课等资源让学生自主学习。"想一想",体现先做后学的思想,即学生对完成生产工作任务的过程及知识、技能进行反思和归纳。"评一评"是指展示教学成果,进行过程性评价与结果性评价的过程。与项目导向教学法相比,这一教学流程一方面强调了以"生产工作任务"为主线,突出了教学过程与生产过程、课程内容与职业标准的有效对接,突出了做中学、做中教、做中评;另一方面强调了学习能力、学习方法、学习习惯的培养,加强了自主学习、探究学习,加强了职业素养和学习能力的培养。

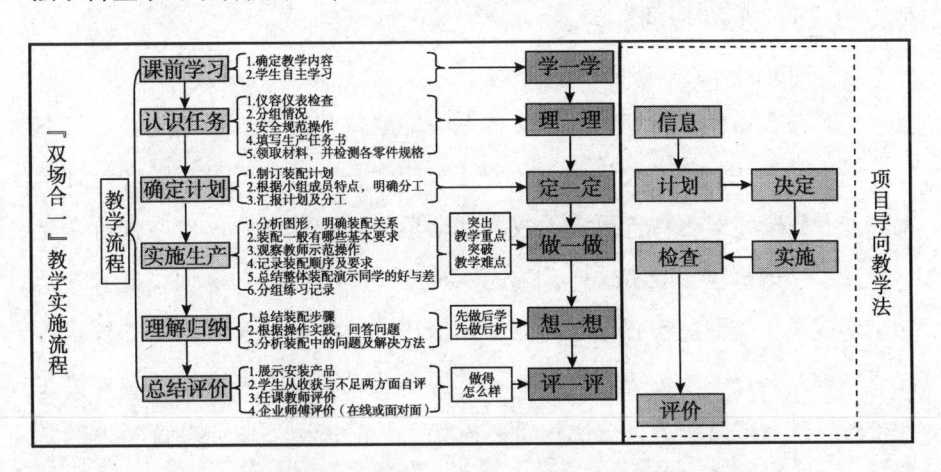

图4-6 "双场合一"教学实施流程与项目导向教学法的对比

（四）构建基于"双场合一"教学改革的评价体系

1."双场合一"教学的评价特征

通过研究和实践，项目组认为职业教育"双场合一"教学的评价至少有三大特征：一是评价主体多元。单一的评价主体和评价标准是不可能做出全面而准确的评价。因此，职业教育"双场合一"教学评价主体必然是由单一的教师个体转向教师、学生、小组和企业师傅等的多元化主体。二是评价内容多维。在职业教育"双场合一"教学中，"情"是教学的落脚点，教学中更关注方法、情感、态度与价值观变化。因此教学评价的内容必须是多维度的，不仅仅要评价师生"教"与"学"过程中知识与技能的掌握，还要关注方法、情感、态度与价值观变化。三是评价形式多样。职业教育"双场合一"教学评价内容的多维性在客观上也就要求评价形式的多样，需要根据评的内容用不同的评价形式来对教与学进行评价。除了用定量的等级评价，还需要应用评语、作业、叙事启示、作品展示及评点等进行定性。四是评价实施多变。教学过程是动态的、不可控制的，因此教学评价应关注个性化差异，实施差异性评价；学生知识和技能是在学场实践中生成的，应实施生成性评价；要关注师生互动，实施交流性评价。因此，"双场合一"教学的评价是没有固定模式的，是多样的、动态的。

2."双场合一"教学的评价策略

一是重构课堂评价在学生评价体系中的地位和作用。在职业教育"双场合一"教学中，不是将课堂评价置于学生考核之外，而是赋予课堂评价对职业教育学生学习评价更多的权利和话语权，增加课堂评价在评价学生学业成就中的权重。唯有这样，才能重视学生学习进步的过程，并有利于帮助形成学生的职业情感。增加课堂评价在评价学生学业成就中的权重方法有两种：第一，用传统的数字显示学生学业成绩时，可增加课堂评价在评价学生学业成就中的百分比权重。例如，一般情况下职业教育学生的学业成绩是由平时成绩的30%，期中成绩的30%、期末成绩的40%汇总形成的。增加课堂评价的权重就是用课堂评价代替平时成绩，根据课堂的特点性质和课时，将其比重提高到60%~80%。第二，用描述性语言文字记录学生学业成绩时，记录更多的是职业教育学生在课堂中的表现、进步等。二是细化基于"双场合一"教学评价的操作要义。具体来说，项目组将评价分为"三阶段"和"三层次"。"三阶段"即课堂前、课堂中和课堂后；"三层次"是指完成学习任务评价、对初次评价后调整表现的评价和总体评价。积极实施"三阶段"评价。根据评价发生的时间段，项目组将评价进行如下分类：课堂教学前阶段评价、课堂教学过程中阶段评价和课堂教学后阶段评价。

表4-1 "双场合一"教学中课堂每个阶段的评价要求及评价方法

	课堂教学前阶段	课堂教学中阶段	课堂教学后阶段
为什么评	为教师对要进行的课堂教学提供参考意见，确保确立的教学目标在学生的"最近发展区"内	在教学中，通过评价引导学生学会发现学习中的问题，在体验中解决问题，让学生把握重点，突破难点，达成所设定的教学目标	根据教学目标，检测学生的学习成果是否达到教学目标；教师的教学设计、思路和技巧是否达到预期的目的
评价什么	基于教学目标分析学生的基础	评价学生在完成任务时表现出问题和进步	通过测试、作业、任务完成的情况，学生评价是否达成课堂教学的教学目标，教师对自己的教学设计、思路和技巧等进行反思与评价
如何评价	评价方法：观察法、问卷调查和交谈法 评价主体：学生和教师	评价方法：观察法、叙事记录法、交谈法和提问法 评价主体：学生和教师	评价方法：测试法、课外作业、交谈法、作业展示、自评、学生评教 评价主体：学生本人、同伴、教师与企业师傅

续表

	课堂教学前阶段	课堂教学中阶段	课堂教学后阶段
如何确保评价效果	教师认真听取与分析学生的反馈，对具有代表性的问题和进步进行准确、具体的记录	针对学生出现的变化，特别是职业情感方面的形成及变化，教师有针对性地进行及时、恰当地进行思考和反思，并记录；根据观察的信息有针对性引导学生投入到学习；学生学会有意识地反思自己的学习内容及遇到的问题，并记录	测试、作业及任务的布置要围绕课堂教学的教学目标设计、布置，特别在课堂中的专业能力、职业习惯、岗位责任、自我调控能力等；及时总结收集测试、作业及完成任务中的相关信息
如何运用评价信息	根据反馈的结果，适当调整教学目标的梯度，以达成学生目标，学生学习积极性的调动	用描述性语言记录学生教学中的变化与进步，教师形成指导性总结意见运用以后的教学中；学生根据自己的反思感知自己学习中的得与失，改善自己的学习	帮助学生学会认识和检测自己的学习能力和状态，为后续的学习决策提供参考；帮助教师认识教学的得失，为后续教学提供参考

教学中的经验和教训是需要提炼的，对课堂评价的记录与总结要有利于后续教学的开展。在实践探究中，项目组采用档案袋形式进行"双场合一"教学评价。档案袋课堂评价是制作档案袋，对师生在教学过程中的具有代表性的变化与进步信息进行收集、记录和总结，它可以通过多元的评价主体，以多样的评价形式（如评语、作业、叙事记录、作品展示及评点），将多维的评价内容和材料归于档案袋中，从而利于形成对学生各方面的综合性评价。为了规范课堂评价，在档案袋中课堂评价记录与总结应包括三个层次：初次评价——根据课堂教学目标，对师生课堂教学前的准备、教学中工作任务完成过程、教学后的任务完成情况及师生整体表现进行评价；第二次评价——对师生在初次评价后的调整表现进行评价，包括学生的自我反省能力的评价和学生学习上升空间的评价（即对明确学习存在问题后及时改正的评价）。第三次评价——综合前两次评价进行总体评价，将经验与教训进行提炼，并为后续学习提供依据。

（五）开发"双场合一"教学改革的资源平台

项目组在"双场合一"教学改革的实践过程中开发了相应的学习资源平台，帮助学生自主学习，引导学生学会学习。基于信息化技术的支持，项目组开发的教学资源主要包括学生工作页和学习知识包两种类型。学生工作页是教师依据学生的认知水平、知识经验开发的，指导学生完成生产工作任务而编制的学习生产方案，其实质是教师以此指导学生掌握教学内容，生成职业技能，它是完成生产任务的学与教的沟通桥梁，是培养学生自主学习能力、建构知识技能和综合职业能力的一种重要媒介，具有"导读、导听、导思、导做"的作用，是目前职业教育"双场合一"教学改革最为重要的线下教学资源。

图 4-7 《油泵课程》精品课程网站首页

由于学生基础不同，为提高指导效果，一般学生工作页分为三种，即引导性工作页、结构性工作页和开放性工作页。不同的工作页在"导读、导听、导思、导做"上有所区别，学生可以根据自己的基础自行选择工作页，以确保所有的学生均能找到最适合自己的学习目标，选用最适合自己的学习层次。学习包是指教师的教案、教学 PPT 和微课等资源，其中微课是指按照教学实践要求，以视频为主要载体，记录教师在课堂内外教育教学过程中围绕某个知识点（特别是重点、难点、疑点）或教学环节而开展教与学活动的全过程。而网上课程是在"双场合一"教学实施中实现课堂翻转的前提和基础，是"双场合一"教学提高教学质量的重要举措途径。

第五章

高职院校校长：影响方式及选任新探索

一、一个特殊群体的一般描述

说起校长，想必大家并不陌生，按学校的不同，分别有小学校长、中学校长、大学校长等。相应地，对于再起于20世纪80年代的我国职业院校而言，依据层次的差异，也有中等职业学校校长和高等职业学校校长之分。就一般情况而言，中职学校校长和高职院校校长与之前提到的小学校长、中学校长和大学校长等并无二样，都是一所学校的最高行政首长，是这所学校的掌门人，也是这所学校的代表。但从另一个角度来说，职业学校的校长，特别是高职院校的校长又具有特殊性，这种特殊性首先体现在所在学校性质的不同。具体而言，高职院校一方面是高等教育历史发展的产物，是大学适应时代发展的结果，是大学的一种。另一方面，高职院校与传统的大学又有所不同，是分属不同类型的大学，其宗旨是通过培养实用性的人才为社会和国家服务，即高职院校主要培养直接从事工程事务和生产实践以及解决在其过程中遇到的各种问题的高素质技术技能型人才，传统的普通高校则着力培养从事揭示事物发展规律的学术型人才以及把科学原理应用到社会实践中的工程型人才；高职院校主要处理技术知识（程序性知识），普通高校则主要负责科学知识（陈述性知识）的加工。其次，

第五章 高职院校校长：影响方式及选任新探索

高职院校的校长与其他学校校长在职责要求上也有所不同。由于"高等职业教育同普通高等教育相比既具有高等性，又具有职业性"，因而"一名优秀的高等职业院校校长既要具有一般大学校长的基本特质，又要具有同高等职业教育发展相适应的基本特质"，具体表现为要有崇高的历史使命感、要遵循高职教育办学规律、要有强烈的市场意识、要有有效的资源整合能力和永无止境的创新意识等。❶

从我国的实际情况来看，截至2016年，在1359所高职（专科）院校中，❷以每校配备5~6名正副校长（书记）计，全国共有数千名高职院校校长，这是一个数量颇为庞大的群体。但目前这一特殊群体从选任到发展都存在一些弊端。第一，在选任方式上，行政化色彩较浓。众所周知，在我国，公办高职院校校长都是由政府组织部门任命的，基本上沿用了党政干部的选任标准，并且对在任校长给予一定的行政级别。这一现象一定程度上加剧了学校的行政化，总体上不利于高职院校校长队伍的专业化发展。道理非常简单，因为包括高职院校在内的大学是一个特殊的社会组织，这一组织的重要职能是"在尽可能有利的条件下深入研究各种现象：物质世界的现象、社会世界的现象、美学世界的现象，并且坚持不懈地努力去发现相关事物的关系"。❸要实现这一职能，就必然要求其掌门人不仅要有较高的政治素质和领导能力，同时要兼备学术素养和教育水平，要能够心系教育、投身教育，将办好学校作为毕生的职业追求。第二，在校长发展上，专业化程度不高。专业是职业发展的结果，是职业的高级阶段，换言之，专业是有明确标准的，校长专业也不例外。具体而言，要达到专业化的标准"必须具备四个方面的要素：（1）有与从事特定职业相应的理论知识和技术技能，专业人员必须接受必要的专业养成教育和训练。这些理论知识和技术并不是任何人都能掌握的，也不是任何人都可以接受这种专业训练的。（2）作为专业的职业，必须承担重要的社会责任，从业人员

---

❶ 任君庆. 高职院校校长的基本特质探析 [J]. 中国高教研究，2011（12）：76.
❷ 数据引自教育部2016全国教育事业发展统计公报。
❸ [美] 亚伯拉罕·弗莱克斯纳. 现代大学论——美英德大学研究 [M]. 徐辉，陈晓菲，译. 杭州：浙江教育出版社，2001：10.

具有敬业的精神、服务的理念和职业道德。(3) 具有区别于其他行业的相对独立性和自主性，具有一定专业能力。(4) 具有一定的专业组织团体。"❶ 作为一校之长，当然需要行政管理，也相应地要有行政权力，但专业化的校长更多地需要有先进的教育理念，以非权力影响力引领学校发展，而不是一味地唯权、唯上是从，把主要精力和眼光投向上级指示和红头文件。遗憾的是，这样的校长在现有的行政驱动模式下并不少见。第三，在评价管理上缺乏科学性。对校长群体施行科学管理以使其发挥最大效益事关国家的发展和社会的进步——因为优秀的校长是一种宝贵的稀缺资源，因而没有任何理由去人为地浪费。但颇为遗憾的是，从我国校长管理评价的实践来看，尽管中华人民共和国成立后我们建立了一系列校长管理的法律和规章制度，由于受到历史时代因素的制约，这些法规制度规章总体上还很不完善，有的甚至很不科学。例如在评价标准上，我们基本沿用的是党政官员的指标体系，忽视了高等职业教育的特殊性和学校治理的专业性，一定程度上强化了高校的行政属性，导致校长对上不对下、重行政轻学术、重短期政绩轻师生长远利益等不良情况的出现和加剧。之所以如此，除了我们对校长角色定位存在偏差外，很重要的一点就是我们在评价理念上长期依赖的是基于传统的智力和才能测验（intelligence and aptitude tests），而不是基于个体与特定岗位或组织相联系的、能揭示其绩效的胜任力（competency）的思想，因而针对复杂性岗位的高职院校校长的管理时，其局限性就非常明显了。因此，研究高职院校校长的领导行为和方式，探讨高职院校校长管理的新方法，具有重要的意义。

二、高职院校校长是如何领导学校的❷

一定程度上而言，校长工作的成效取决于其领导力的大小。领导力（Leadership）是影响、激励并使他人能够为了所属组织的效能和成功做出

---

❶ 王铁军. 科学定位：校长走向职业化的关键 [J]. 扬州大学学报（高教研究版），2002 (9)：11.

❷ 本部分主要内容参考拙文：李德方. 如何领导学校——高职院校校长影响方式研究 [J]. 职教论坛，2016 (31).

贡献的能力。❶ 而领导力的大小表现为通过适当方式和策略影响他人的能力。换句话说，影响力是领导力的核心，而影响力的大小又往往由领导在日常管理工作中对组织成员的影响方式决定。这些方式有些是管理者普遍采用的，有的则是个别领导者特有的，其中具有共同性质的一类方式则称为影响策略。❷ 基普尼斯（Kipnis）等人通过经理们如何影响组织成员的方法搜集，得到了七种影响策略，按照使用频率由高到低排序，依次为：合理化、硬性指标、友情、结盟、谈判、高层权威和规范的约束力等。皮尔斯（JonL. Pierce）等人则把所有的影响方式归结为理性劝说、压力、吸引力、交换、逢迎、联盟、鼓舞、协商。❸ 谢晓菲、陈文锋在回顾基普尼斯经典研究的基础上，通过自行设计的问卷对 226 名企业管理人员施测，按照从高到低的顺序得出其影响方式，分别是个人风格、权力规范和相互关系等三种。林天伦按中小学校长是否借助正式职权和学校规范，将校长影响方式分为权力影响方式与非权力影响方式两类：前者指校长依靠组织授权的正式职权和学校规范施加影响的方式；后者指校长通过自身的品质、作风、知识、能力、业绩以及行为榜样等影响师生，分为支持关怀、愿景榜样、联盟合作、激励鼓舞、理性劝说、交换指导、智力启发等。因此，要了解高职院校校长是如何实施领导的，就需要研究其在实际工作中的影响方式。

（一）研究方法的选择

在迄今为止的领导影响方式研究中，大体可分为实证主义和解释主义两种范式。前者往往通过调查研究法来收集数据资料，再通过数理统计归纳得出结论。这种范式假定我们能够测量变量，且变量和其他要素有着固定的关系，认为"事实独立于人而存在"，它"就在那里"，因此研究的过

---

❶ [加] 史蒂文 L. 麦克沙恩，[美] 玛丽·安·冯·格里诺. 组织行为学 [M]. 吴培冠，张璐斐，等，译. 北京：机械工业出版社，2014：287.

❷ 谢晓菲，陈文锋. 管理者个人影响力的测量与分析 [J]. 北京大学学报（自然科学版），2002（1）：128.

❸ [美] 乔恩·L. 皮尔斯，[美] 约翰·W. 纽斯特罗姆. 领导者与领导过程 [M]. 北京华译网翻译公司，译. 北京：中国人民大学出版社，2003：138.

程就是人们发现和检验事实的过程。解释主义研究范式是在批判实证主义研究范式对于社会人文科学研究中的局限性基础上提出的，它对"事实"的看法是，认为"事实"是特定环境中的人们所共享的意义建构，不是实证主义冷冰冰的"纯客观研究"能做到的，因而它特别注意倾听人们用来理解不同事件和现象共同意义的语言，是一种充满"人情味"的研究。客观而言，上述两种研究范式各有利弊，如解释主义在克服实证主义罔顾教育中人的"主观性"和"价值性"缺陷的同时，却也回避不了其对"当事人"意义解释的过分尊重所导致的相对主义。事实上，作为复杂科学的"教育"，对它的全方位的理解和把握不是任何一种研究范式可以单独做到的，因而必须在教育研究中倡导多元的方法论，以相互补充、相得益彰。

行为是确定一个人自身信仰、价值观和态度的主要信息源。❶领导者影响方式归根结底是行动作用的结果，而行动又是思想的派生物。因此，研究高职院校校长影响方式的最佳方法莫过于"听其言、观其行"。行为事件访谈法（Behavioral Event Inter-view，BEI）是由McClelland于20世纪70年代开发出来的开放式行为回顾式探索技术，是一种结合John C. Flanagan的关键事例法（Critical Incident Technique，CIT，又称关键事件法）与主题统觉测验（Thematic Apperception Test，TAT）的访谈方式。BEI最早用以进行心理测评，通过一系列的问题，如"您当时是怎么想的""您是怎么对他说的""您采取了什么措施"等，收集被访者在代表性事件中的具体行为和心理活动的"实际"信息，而不是假设性的或抽象性的行为举动，这就在一定程度上保证了研究所需的客观真实。基于此，本研究采用行为事件访谈法收集资料。

（二）研究对象的选择与施测

从理想的角度出发，一项研究如果能对所有研究对象进行研究，那么其研究结果的误差相对就会更小。但由于研究条件的限制（时间、经费等），"无论什么研究方法，都不可能，也没有必要穷尽对研究总体中的所

---

❶ [美] 罗伯特·西奥迪尼. 影响力 [M]. 闾佳，译. 北京：北方联合出版传媒（集团）股份有限公司，2010：85.

有个体进行研究",❶ 因而科学的抽样方法对研究精度的保证就显得尤其重要。尽管遵循"随机化原则"的概率抽样对总体代表性最高，但考虑到研究对象的特殊性和研究实施的可行性，本研究采用方便抽样法，选取经济发达、职业教育发展水平较高、位于长三角地区的江苏省境内担任"一把手"正职校长且具有一定年限的 16 名高职院校校长，包括三年制高职和五年制高职各 8 名。这些校长中有 8 位校长的任职年限在 10 年以上，其中任职时间最长的达 16 年，平均任职年限是 7.94 年，这使得这批校长对高职院校校长岗位都有比较深入的感悟和体验。然后对访谈对象进行行为事件访谈并录音，访谈时间一般控制在 1 小时左右，实际访谈录音时间最短的 59 分钟 40 秒，最长的 2.5 小时，平均访谈时间 1.5 小时。

（三）编码与统计

编码就是将研究所获得的资料按照既定的程序和研究设计进行转换，使之有利于分析和表述。毋庸赘言，编码的质量将直接影响到研究的质量。按照 William L. Miller 和 Benjamin F. Crabtree（1999）的观点，对于原始资料的编码有三种理想化的组织类型，分别是样板、编辑和融入/结晶化。

样板的组织类型类似于内容分析法。在开始阅读文本资料前，首先界定思考单位、设计编码表。编码表的设计可依据文献分析、课题组的讨论、先前的研究，或使用其他组织类型分析时所得的结论。之后，依据编码表对资料进行登录。该方法易于理解和操作，也更容易对原始资料进行聚焦。编辑的组织类型则类似编辑的工作方式。事先没有编码表，而直接进入文本，逐字逐行进行开放式阅读，在阅读过程中对那些最贴近研究主题、最有价值的信息进行概念化、设立码号，在此过程中逐渐建构出编码表。融入/结晶化的组织类型强调研究者的直觉与反省。它要求研究者完全浸入文本之中，在不断反省之后"出现对于资料的一种直觉式的结晶输出"，并通过融入与结晶化的反复循环，达到诠释的目的。这种方式对研究者个人的素质要求很高。

---

❶ 张红霞. 教育科学研究方法［M］. 北京：教育科学出版社，2009：265.

不难发现，上述三种组织类型各有利弊，其中样板的组织类型虽易于操作，但却难以避免重要概念信息遗漏的可能；编辑的组织类型和融入/结晶化的组织类型虽可使信息较为完整，但操作上比较困难且对研究者的素质要求高。本研究根据实际情况，综合采用样板的组织类型和编辑的组织类型方法进行编码，即首先将先前文献分析和前人同类研究的部分结果作为编码的概念依据，设计出编码表（见表5-1）。实际编码时又不完全依赖于事先确定的编码条目，将访谈文本中与研究主题密切关联的内容信息逐句逐段摘录并进行概念化处理，产生新的编码条目，直至完成整个编码工作。事实上，本研究最后获得的开放式编码多达162个，关联式编码15个。运用excel软件对高职院校校长对下属的影响方式情况进行统计并分析。

表5-1 编码表

序号	编码	序号	编码
1	理念引领	7	激励
2	准确判断并行动	8	交换
3	独断	9	迎合
4	间接运用权威	10	合理授权
5	合理化	11	公开奖惩
6	结盟	12	协商

（四）研究结果

采用组合的编码方法对访谈文本进行编码。首先对整理出的访谈文本逐字逐行进行阅读，采用主题分析与内容分析的方法，将与本研究主题最为贴近的影响行为进行分析提炼，初步形成"创新理念""顶层设计""开设讲座"等开放式编码162个。其次，根据形成的开放式编码的内涵特征进行归类综合形成"理念引导""以身作则""独断"等15个关联式编码。研究表明中国高职院校校长对下属的影响方式呈多样化态势，按照其性质特征可分为以下三种策略。

1."示范—合作"策略

顾名思义，作为一名校长，在领导过程中要注重自己言行的示范效应，同时采取与下属进行合作的态度以获得对方服从和支持。具体方式包括"理念引领""以身作则""协商交流""结盟""迎合""包容"等。

第五章　高职院校校长：影响方式及连任新探索

按照出现的频次高低排序，排在前三位的分别是"理念引领""以身作则"和"协商交流"。

（1）理念引领。具有独特的办学理念，能独立思考，针对具体实际采取创新举措并落实在行动中，包括"理念引导""理念运用""理念灌输"等开放式编码条目。共有13位校长78人次在阐述的关键事件行为中有所涉及，占受访校长总数的81.25%，由此可见这是受访校长中最为常见的一种影响方式。"我个人觉得，我在服务这个学校的时候，已经逐步是在用思想、文化、理念来，或者说叫管理这所学校，来引领这所学校"（F9）。那么他的理念是什么呢？"这么多年来呢，我逐步形成了一个教育理念：幸运教育理念——就是因为我的存在，而让学生感到幸运，让教师感到幸运，让社会感到幸运"（F9）。当然，有的校长在访谈中并没有言及，但在实际领导行为中却体现了"理念引领"的特征："做课程呢，我们学校我有一个顶层设计，我自己总结是叫'3、4、5、6'。'3'就是我给教师做过3次讲座，讲'大众化教育下的人才观、质量观、课程观'。我反复给他们强调的就是随着高等教育大众化的实现，特别我们现在是后大众化阶段，马上就要普及化了，越来越多的文化分高的学生到本科院校去了，文化分低的到我们这边了，这是社会进步的表现。"（F1）。这位校长理性剖析了高职面临的形势后，对学校的使命目标又是如何看待的呢？即在"后大众化"时代高职人才培养的目标是什么？"我们的目标是培养不是淘汰"（F1）。同样，在这样的阶段，民众对职业教育的需求是什么？"我感觉到，现在对职业教育的需求，已经不是基本需求，现在是一种品牌的需求。"（F4）。面对这种情况，我们如何来管理高职？"实际上就是在我们讨论工作、讨论活动、部署工作的时候，不要就工作而工作。就像我刚才以景观为例一样的，就我们在譬如处理一件事情的时候，你的指导思想、你的观念是什么，是一清二楚的。"（F9）。

（2）以身作则。校长在管理过程中，与大家一道行动，以自己的实际行动做出榜样并由此产生的积极效果对下属产生影响。这也是校长行为中最为常见的方式之一，共有16位校长64人次具有这种影响行为，占调查校长总数的100%，也就是所有的受访校长都是这样做的。具体体现在校长能够根据形势"准确判断",善于"捕捉时机""善于谋划",为了目标的实现"全力以赴""身先士卒""亲力亲为"。"在骨干申报的时候,❶它是一次遴选,100所一次遴选,那么一次遴选相对来讲个数就比较多一点,机会把握好的话,成功的可能性比较大,所以当时我就在班子里面定下来,要尽一切可能,要搭上这班车。"(F10)。该校长首先根据国家骨干院校申报的总体情况准确判断出只要努力是能够"搭上这班车"的,随后迅速行动。"当时我还在北京开会,在天津参加全国职业院校技能大赛,去看我们的参赛选手。6月30日,这个通知从教育厅刚出来,我就赶回来,从6月30日开始就是搭班子来做申报的准备工作。"在此过程中,该校长与大家一道为了这个目标的实现精益求精,执着努力。"整个答辩材料的准备,包括这个PPT的制作,我记得为了一张PPT,我跟我们几个校领导,还有我们这个艺术系的老师,为了一张PPT讨论了一个晚上(F10)",最终如期实现了目标。同样的情形也发生在另一位校长身上,"当时我来了以后,2010年正好赶上搞第二批国家骨干高职院校,就是示范工程,前面搞了100所,后面全国再搞100所国家骨干,这个荣誉是非常巨大的"。"当时我接到通知后,就立即把教务处长、科研处长以及相关的系主任找来学校开会。怕时间来不及,我们就住在隔壁宾馆里加班,把宾馆租下来,干了一个半月,不许回家。"与大家一同努力的同时,该校长还善于谋划,"我们打了两张牌,一个是区域牌、区位牌,一个就是特色牌。这两个牌打的现在看是很成功的"。有了这样的一系列行为,那么结果也就不难预期了,"最后通过省里到教育部答辩,说通过了"(F15)。在访谈中类似的情况还有很多,比如"在整个改革过程中整个方案的设计、框架,基本上是以我为主的整个校长室团队……整个推进和操作实际上很多事都是我自己亲力亲为"(F4),"我感觉到作为一个团队的领头人,最核心的一个要素就是你自己要正。你什么时候都要身先士卒,你不能够说要大家给我上,而是你要跟我上。无论是我们在处理和拆迁户的矛盾的时

---

❶ 此处是指根据《教育部财政部关于进一步推进"国家示范性高等职业院校建设计划"实施工作的通知》(教高〔2010〕8号)评选出的"国家示范性高等职业院校建设计划"骨干高职院校立项建设单位。

候，我们在碰到一些关键的有一些风险的时候，你一定要冲在前面，至少你要到现场。而我呢，一个是冲在前面，第二个肯定都是在现场。"（F6）美国著名心理学家阿尔伯特·班杜拉（Albert Bandura）曾经做过一项经典研究，其结论是通过观察他人的行为会极大地影响我们自身的行动，中国有句俗语"榜样的力量是无穷的"，表达的也是同样意思。通过访谈不难发现，在事关学校发展的重大问题、疑难问题和复杂问题上，这些校长通常是身先士卒与大家并肩拼搏，用实际行动施加着影响，而这样的影响效果无疑也是最好的，正如孔子所述，"其身正，不令即从；其身不正，虽令不从"。

（3）协商交流。即遇到问题时能够征求组织成员的意见并进行讨论商量，包括"征求意见""沟通""研讨"等条目。共有13位校长27人次具有这种行为。"我们在做的时候，比如说我们这个精神文化建设，学校的校训也好、校风也好、学风也好，开始这些我们是在全校老师大家讨论征集，包括退休教师，我们在退休教师当中也在发动。""这个东西呢，我觉得不能少数人就几个校领导讨论决定，广泛的讨论、征集，实际上就是在逐步地统一一种认识，这种过程是非常重要的，所以通过这种广泛的讨论，我们几上几下，慢慢地老师们能够认同这种做法，他们也有了一种对你的认可。"（F5）"我们一般碰到问题的话，我很少个人独断，有什么问题，我们指挥部有个办公会，各个部门的负责人集中起来开会研究，经常如此。"（F6）伦西斯·利克特（1967）曾在广泛研究的基础上提出了四类管理系统的主张，其中"系统3型"即"协商型"。在这种组织中，上级和下级沟通往往很好，横向沟通也大多较好，较少有筛选和歪曲信息的倾向发生，上级往往在讨论以后才明确目标并发布指令，因而有助于落实组织目标。调研结果表明，八成以上的受访高职院校校长在领导行为中注意倾听下属的意见和声音，并在此基础上形成决策。

2."权力—强制"策略

包括强硬、直接的影响方式和温和、间接的影响方式。前者有"制度化""独断""坚持原则"和"公开奖惩"等，后者有"以理服人"和"合理授权"两类。

（1）制度化。指校长在领导工作中制定规章并执行，包括"建章立制""按章办事""规范操作"和"运用规则"等开放式条目。这也是校长较为常用的影响方式，共有10位校长28人次涉及。"我任用了6个干部，前3个采取公推公选的办法，十来项程序。首先把职位和条件公布出去，然后开大会号召，符合条件的都给我报名"（F8）。"我经过一段时间的调研以后……最为重要的一点就是规范学校的管理体系，用通俗的话讲就是建章立制""《十一五师资队伍建设规划》，是我专门直接起草来做这件事情，跟大家进行研究探讨"（F11）。"我们刚刚出了一套《非事业编制分类管理办法》，这项制度全是我们自己制定的，非常平等，而且对稳定非事业编制人员，提高他们待遇，稳定他们的情绪起到非常好的作用"（F4）。上述校长在干部队伍和师资队伍管理中都不约而同地使用制度进行管理，所谓制度是"由人制定的规则，这些规则抑制着人际交往中可能出现的任意行为和机会主义行为"。[1] 美国经济学家诺思也持同样的观点：制度是一系列被制定出来的规则、守法程序和行为的道德伦理规范，这些规则、程序和规范的直接作用就是减少不可预见的行为和机会主义。制度具有刚性特点，制度管理能够有效减少因人为因素而产生的负面作用，保证公平，即"制度面前人人平等"，从而保证组织意图的顺利实现。

（2）独断。指校长运用法定性权力直接要求对方服从，包括"明确要求""明确指令""强制推行"等开放式条目。与基普尼斯影响策略中的"硬性指标"以及皮尔斯所说的"压力"相似，也属于国内学者谢晓菲等人归纳的"权力规范"范畴，即利用法定性权力或压力强制要求下属执行。"我们有些中层干部，工作上我从来都不留情面，还有一些自己有些过分的要求在我这都行不通的。"（F6）——这是对干部队伍的管理。"我经常推门听课，……我推门听课就是看看我们老师的原生态，他们教学的状况，他们教学的内容，学生的感受。同时通过这个推门听课也认识老师。后来我也讲到，我说我这个推门听课是感受到的自然状态，但它又是提升后的自然状态——因为老师都知道我可能随时要推门听课，所以他们

---

[1] 柯武刚, 史漫飞. 制度经济学——社会秩序和公共政策 [M]. 北京: 商务印书馆, 2001: 32.

一般就不敢太随意上课、不准备就上课，他经过他的准备再上课，就是这个原生态也是提升后的原生态。所以给大家一种紧张感，给大家一种可能要检查的感觉。"（F8）——这是对教师教学工作的管理。"比如我们的烹饪专业学生，实习的时候必须排着队进实训室，必须要穿工作服，戴工作帽，你没有做到这一点就不允许你进入实习间去实习。"（F3）——这是对学生实习时的要求。如果说"协商交流"是柔性方式的话，那么"独断"与之正好相反，是一种硬性的权力影响方式。一方面是校长具有采用这种方式的合法性基础，也就是说，作为一校之长，其本身就有着社会和组织赋予其领导学校的权力职能，而"独断"正是校长发挥其权力职能的一种方式；第二，这种方式的使用是建立在一定的合理性之上的，并且效率高。但无论哪种方式，其目的均在于获得组织成员的认同和服从，以实现组织管理的目标，正如一位校长所言，"在校长这个位子上接触的事情比较多，就利用这个行政权力把一些老师好的做法推行下去"（F3）。

（3）以理服人。用事实或数据使要表达的思想显得合理而使目标对象容易接受并服从。如对于课程建设，"我觉得课程建设不是一个终极的目标而是一个过程。所以我在学校里反复强调的是，千万不能说，我这个国家级精品课程建好了，我就束之高阁，我就不用了……最终被我说服了"。（F1）该校长正是通过很多次的摆事实、讲道理，以理服人，使大家对课程建设的理念发生变化并达到认同。

3."借力—激励"策略

指领导过程中善于借助外在的力量以及采用激励的方式施加影响，从而达到影响他人的目的，包括"借助外力""激励"和"关心他人"。比如，有的校长运用"激励"方式并取得了良好的影响效果。"我这个橱窗里边，今年9月10日把我们的教授、副教授作为名师风采，放在橱窗里面给学生认。一个学生认认老师，那么多的教授、副教授；第二个让我们的老师有一种荣誉感，让其他同事有一种目标追求，所以把他们全部放在里面"，结果"教师的干劲又激发出来了，这样你现在给他们一个科级岗位，他们就不去争了。他就好好把书教好，好好把教学科研工作做好，他这个更是可持续的，更是能迸发大家的这种能量的、这种激情的一个东西"。

（F8）又如某职业学校校园扩建遇到了难题，"我曲线救国找了一个将军。这个将军跟我们市长、市委书记都是很要好的，所以我跟市长、市委书记说叫将军帮这个忙，来解决这个问题"（F7）。该校长根据掌握的信息，善于借力施加影响，巧妙地请所在地市委书记、市长出面叫将军帮忙，最终使问题得到圆满解决（具体影响策略及其方式内涵见表5-2）。

（五）结论与讨论

本研究通过行为事件访谈法探讨了高职院校校长对下属的影响方式，结果显示，高职院校校长在领导学校过程中主要采用三种主要的影响策略：一是"示范—合作"策略，包括理念引领、以身作则、协商交流、结盟、迎合、包容等影响方式；二是"权力—强制"策略，含强硬直接的方式和温和间接的方式，前者包括制度化、独断、公开奖惩、坚持原则，后者包括以理服人、合理授权；三是"借力—激励"策略，包括借助外力、关心他人、激励等方式。研究还表明，受访校长在实际领导行为中大多综合使用以上策略方式，尤其注重优先使用"示范—合作"策略，尤以"理念引领""以身作则"方式最为常见。这与国外学者基普尼斯和皮尔斯等人的研究结果存在较大的差异性，他们得出的影响策略中排位最前的分别是"合理化""硬性指标"和"理性劝说""压力"。究其原因，除了研究对象的职业领域、所处时代及地域不同外，或许主要是中外文化差异所致。中国早在春秋时期，孔子就提出"仁"的思想，战国时期孟子将孔子的"仁"发展为"仁政"，荀子也主张施政用"仁义"和"王道"，不难看出中国传统儒家是主张"己所不欲，勿施于人"的原则要求的。特别是中国共产党执政后，提出"全心全意为人民服务"的执政理念，强调各级领导干部要"正确行使人民赋予的权力，坚持原则，依法办事，清正廉洁，勤政为民，以身作则，艰苦朴素，密切联系群众"，❶ 这些要求在受访校长中不同程度地得以体现，因而与西方领导者采用的方式不一致也就不难理解了。

---

❶ 中国共产党第十八次全国代表大会．中国共产党章程［EB/OL］．［2016-10-24］．http：//www.cnrencai.com/zhongguomeng/61587.html．

第五章 高职院校校长：影响方式及迷任新探索

表 5-2 高职院校校长的影响策略、影响方式及其内涵

序号	影响策略	影响方式（关联式编码）	内涵	频次	开放式编码（资料出处）
1	"示范—合作"策略	理念引领	具有独特的办学理念，能独立思考，针对具体实际采取新举措并落实在行动中	78	创新理念（F1，F2，F3，F4，F8，F12），善于思考（F10，F10，F12，F16）等
		以身作则	校长在管理过程中，与大家一道行动，用自己的实际行动做出榜样并由此产生的积极效果对下属产生影响	64	亲力亲为（F4，F4，F8，F8，F9，F10，F10，F11，F11，F15，F15，F15），以身作则（F3，F6，F6），准确判断（F2，F10，F10，F10，F11，F12，F13，F15，F15，F16，F16，F16）等
		协商交流	遇到问题时能够征求组织成员的意见并进行讨论商量	27	商讨（F7，F9，F9，F13，F13）、征求意见（F4，F5，F8）等
		结盟	使用策略与技巧争取他人的拥护与支持	9	友情（F15，F15，F16，F16）、先抓关键人物（F1，F3）等
		迎合	按照目标对象期望的方向做出相应的举动，以期被认同接受	5	倾听意见（F7）、迎合（F9，F9，F14）等
		包容	宽容目标对象的不当言行	5	不厌其烦（F1）、包容（F1，F2，F2）、大度（F22）等
2	"权力—强制"策略	制度化	在领导工作中制定规章并执行	28	制定规范（则）（F3，F7，F11，F11，F11，F11）、规范（F8，F16）等
		强硬直接的方式			

· 89 ·

续表

序号	影响策略	影响方式（关联式编码）	内涵	频次	开放式编码（资料出处）
2	"权力—强制"策略	强硬直接的方式	独断	运用校长法定性权力直接要求对方服从	20	明确要求（F1, F8, F8, F9, F11, F11, F12, F13, 15,）、明确指令（F16）、强制推行（F3）等
			坚持原则	对原则问题不妥协、不让步	13	坚持原则（F1, F6, F8, F8, F11, F16）、不留情面（F6）、公正无私（F8）等
			公开奖惩	用一定的方式（口头、书面文件）公开表明对相关行为事项的奖励或惩罚而使奖惩的态度和额度并服从	6	惩罚（F3, F8）、公开批评（F6）、公开奖励（F8, F8）、合理奖惩（F4）
		温和间接的方式	以理服人	用事实或数据使得表达的思想显得合理而使目标对象容易接受并服从	10	反复解释（F1, F1）、说服（F16）、现身说法（F1）等
			合理授权	根据情况在法定范围内授予他人领导职权	4	合理授权（F4, F4, F5, F5）
			借助外力	领导过程中善于借助外在的力量，包括借助上司的权威和其他内外部力量来影响目标对象	12	借助外力（F4, F7, F7, F10, F13, F14）、请上司支持（F7）、争取支持（F11）等
3	"借力—激励"策略		关心他人	在物质或精神层面用口头或具体行为关心他人以获得对方支持	5	以人为本（F11）、关心他人（F8, F8, F11, F16）
			激励	激发鼓励	5	鼓动（F13）、激励（F1, F8）、职务提拔（F5）、提高待遇（F4）

注：F1指第1个访谈校长，F2指第2个访谈校长，……F16指第16个访谈校长。创新理念（F1, F2, F3, F4, F8, F12），即指第1、2、3、4、8、12个校长均有这种方式，以此类推。

· 90 ·

三、基于胜任力的高职院校校长选任❶

(一) 我国高职院校校长选拔任用的现状特点及问题剖析

我国现行的高职院校校长的选拔任用与普通大学校长一样,基本都是任命制,也就是,"事先由上级组织部门派人到学校调查,或象征性地在一定范围内作一次民意测验,确定校长和副校长的人选,然后由相当级别的组织部门进行任命。这种做法,无论是从选拔的办法,还是对校长任期和待遇的规定,都与干部的选任相同。"❷ 客观地说,高校领导干部任命制在特定的历史时期起到了一定的积极作用,概括而言主要有以下几点:一是保证了党与政府对大学的领导权,体现了党管教育、党管干部的原则。在大学校长的选拔过程中,尽管要进行一定的民主程序,听取教职员工的意见,但主要还是由上级党委决定,把经推荐且被"组织看准"的人列为考察对象;二是保持了大学工作的连续性和稳定性。党与政府不仅使用干部,还培养干部,新任校长在任职前一般都接受过相应的培训和学习,在相应的岗位经受过锻炼,组织在平时都已经有意识地进行过考察,由此新旧校长的工作交替稳定、顺利。❸ 第三,保证了大学政治方向的正确性。由于现有的选任标准、选任程序、选任方法等都沿用党政干部选任模式进行,其中尤其强调对候选者政治面貌的考察,如 2014 年 1 月中共中央颁布的《党政领导干部选拔任用工作条例》中候选人的基本条件第一、二条分别是"自觉坚持以马克思列宁主义、毛泽东思想、邓小平理论、'三个代表'重要思想和科学发展观为指导,努力用马克思主义立场、观点、方法分析和解决实际问题,坚持讲学习、讲政治、讲正气,思想上、政治上、行动上同党中央保持高度一致,经得起各种风浪考验","具有共产主义远大理想和中国特色社会主义坚定信念,坚决执行党的基本路线和各项方针政策,立志改革开放,献身现代化事业,在社会主义建设中艰苦创业,树

---

❶ 本部分主要内容参考拙文:李德方. 高职院校校长胜任力研究 [D]. 南京:南京大学,2014.
❷ 刘道玉. 中国应当怎样遴选大学校长 [J]. 高教探索,2005 (2):6.
❸ 陈艳. 中国大学校长选拔任用制度改革研究 [D]. 扬州:扬州大学,2011:67.

立正确政绩观，做出经得起实践、人民、历史检验的实绩。"❶ 这就很大程度上保证了当选者政治上是过得硬的，能够与党中央保持一致，通常不会在大是大非问题上站错队。第四，选人用人的效率相对较高。尽管大学校长的选任由一系列程序规定，但是在实际操作过程中起主导作用的还是上级党委和组织部门，有时甚至是党委主要领导意见起的作用大，相对于西方国家大学校长遴选动辄费时数月相比，其效率还是较高的。

尽管有上述正面的效果和作用，但是总体而言，现行的大学校长选任制度存在的问题也不少，其选任标准、选任方式等和大学作为学术共同体这一机构特性的要求不尽一致，"结果，当国家政策符合大学这一独特机构的特性时，它就运行良好；反之，它就步履沉重，甚至'奄奄一息'。"❷具体而言，其存在的主要问题有以下几个方面：

1. 选拔任用标准的"官员化"倾向与大学校长"多面手"角色要求不一致

考察我国大学校长的选拔任用标准后不难发现，其基本上沿用了党政领导干部的选拔标准，主要内容包括要有强烈的革命事业心和责任感；具有较高的学术水平和威望，最好拥有理工科学术背景和院士的头衔（在我国无论是文理主导型的大学或是理工主导型的大学校长基本上都是理工科方面的专家）；有胜任领导工作的组织能力及实践经验；有在所任职学校学习和工作过的经历❸，换言之，"要选拔那些政治坚定、师德高尚、学术水平较高、具有较强领导能力和管理水平的同志担任高等学校的领导职务，特别要注重选配好党委书记和校长。"❹

客观上而言，上述选任标准部分涵盖了作为大学校长的角色要求，但却不够全面、科学。大学作为一个特殊的社会组织，早已从社会的边缘走向了中心，大学校长，尤其是现代大学校长的角色早已发生了根本的变

---

❶ 中共中央. 党政领导干部选拔任用工作条例 [N]. 人民日报, 2014-01-16 (16).

❷ 李德方, 董存田. 游离与回归：我国高等学校自主招生的历史考察 [J]. 江苏高教, 2013 (4)：42.

❸ 陈艳. 中国大学校长选拔任用制度改革研究 [D]. 扬州：扬州大学, 2011：69-70.

❹ 中共中央组织部、人事部、教育部. 关于深化高等学校人事制度改革的实施意见 (人发 [2000] 59号) [EB/OL]. [2014-04-20]. http://www.sdau.edu.cn/rsxx/html/rsgg.htm.

第五章　高职院校校长：影响方式及选任新探索

化，人们期望大学校长能够成为"学生的朋友、教师的同事、校友的好友、校董的好行政管理者、对公众的好演说家、同基金会和联邦部门的机敏议价者、州立法议会的政客、工业与劳工与农业的朋友、对捐赠人有说服力的外交家，通常来说是能为教育奋斗的人、专业（特别是法学与医学）的支持者、对报界的发言人、本身就是学者、州一级和全国一级的公仆、对歌剧和足球并重的热心人、体面像样的人物、好丈夫和好爸爸、教会的积极信徒"，"他应当既坚定又温和；对他人敏感，对自己迟钝；放眼过去与未来，但坚定着眼于现在；既有幻想又脚踏实地；既和蔼可亲又善于反思；了解美元的价值又知道思想无法购买；其想象力鼓舞人心，但其行动小心谨慎；为人富有原则，但善于进行妥协；具有远见卓识，而又能认真注意细节；……他应当在国内像只老鼠，在国外像只狮子"，❶一言以蔽之，就是人们心目中的理想的大学校长应该是个无所不能的"多面手"。和美国等世界上多数国家的大学一样，经过多年的发展，尤其是源自20世纪90年代的高校大扩招以及新世纪创新型国家发展战略对高层次人才的迫切需求，中国的大学也融入了世界高等教育发展的洪流之中，不仅发展规模前所未有，而且发展目标、发展战略、发展方式等也逐渐地与世界接轨，中国大学也一步步地逐渐从被政府寄予厚望的"知识之翼"转向科学研究、人才培养和社会服务的学术共同体，成为促进社会发展进步的"发动机"，作为大学这一机构灵魂代表的校长也当然必须从单纯的代表政府管理学校的官员转变为"学术利益的代言人、国家政策的执行者、教师的楷模、社会利益的主动反映者"❷，而现行选任标准的"官员化"倾向显然与形势发展的新变化对大学校长"多面手"角色的要求不相一致，一定程度上也加剧了大学的"行政化"趋势，尤其是中国大学行政级别的现实存在，更容易使大学校长追求行政级别的提升，重视短期效益的获取，甚至出现急功近利等不良现象。

---

　　❶ [美]克拉克·克尔.大学之用（第五版）[M].高铦，高戈，汐汐，等，译.北京：北京大学出版社，2008：16-17.
　　❷ 这是王洪才（2009）在《大学校长：使命·角色·选拔》一书中提出的现代大学校长四种基本角色。

2. 选拔任用方式的"行政化"特征与大学组织"学术性"的本质属性不契合

组织特性是一个组织区别于另一个组织特有的、特别的或特殊的根本属性，正确认识和把握一个组织的根本特性，是开展组织各项工作的基础和前提。组织世界虽形形色色，但主要组织类型有三种，分别是政治组织（政府组织）、经济组织（企业）和社会组织（如教会、医院、学校）。❶大学作为社会组织的一种，尽管与社会其他组织（如政治组织、经济组织等）有着千丝万缕的联系，但是"大学本质上是一个做学问的场所，致力于保存知识，增进系统化的知识，培养远高于中等教育水平之上的学生"。❷而"在任何社会里，学术工作都是围绕着特殊的理智材料组织起来的"。❸就大学而言，其"基本材料很大程度上构成各民族中比较深奥的那部分文化的高深思想和有关技能"❹，"这些学问或者还处于已知与未知之间的交界处，或者虽然已知，但由于它们过于深奥神秘，常人的才智难以把握。"❺可以说学术性是大学的天然胎记。大学组织的学术性属性决定了其最重要的职能是"在尽可能有利的条件下深入研究各种现象：物质世界的现象、社会世界的现象、美学世界的现象，并且坚持不懈地努力去发现相关事物的关系"，"大学除了要尽力查明事实外，还要利用智力将事实拼串起来，要进行推理和思考。"❻而要实现这一职能，必然要求大学有崇尚自由、追求真理、渴望民主的理想环境诉求，体现在大学校长的选任上，就是不仅要考察候选者的政治素质和领导能力，更要注重其学术素养和教

---

❶ 李巧针. 从大学的组织特性谈我国大学校长遴选制改革 [J]. 江苏高教，2011 (5)：23.
❷ [美] 亚伯拉罕·弗莱克斯纳. 现代大学论——美英德大学研究 [M]. 徐辉，陈晓菲，译. 杭州：浙江教育出版社，2001：201.
❸ [美] 伯顿·克拉克. 高等教育系统——学术组织的跨国研究 [M]. 王承绪，等，译. 杭州：杭州大学出版社，1994：11.
❹ [美] 亚伯拉罕·弗莱克斯纳. 现代大学论——美英德大学研究 [M]. 徐辉，陈晓菲，译. 杭州：浙江教育出版社，2001：11.
❺ [美] 约翰·S. 布鲁贝克. 高等教育哲学 [M]. 王承绪，等，译. 杭州：浙江大学出版社，2002：2.
❻ [美] 亚伯拉罕·弗莱克斯纳. 现代大学论——美英德大学研究 [M]. 徐辉，陈晓菲，译. 杭州：浙江教育出版社，2001：10.

第五章 高职院校校长：影响方式及选任新探索

育水平，要将符合上述条件的人选拔出来的不二法门就是要充分发扬民主，让广大师生员工参与进来，因为"教师比其他人更清楚地知道谁有资格成为教授"[1]，同样，他们在校长人选上也应该有知情权和发言权。而目前由于我国大学校长官员身份的事实存在，所以其选任自然也就参照甚至照搬党政机关选拔任用官员的行政化方式，这种方式的显著特征就是按组织程序办事，重视组织的考察，体现组织的意图，这与大学学术性组织的本质属性是不太契合的。

3. 选拔任用对象的"一体化"方式与高职教育"类属性"特征不吻合

由于国情与历史的原因，中华人民共和国成立后，包括教育在内的诸多领域大多一味模仿乃至照搬苏联的模式，体现在高等教育上就是走专业化发展道路，实行的是"单轨制"，真正意义上的高职是难觅踪影的，彼时的"高专"（高等专科学校）实际上是作为普通高等学校的一种补充，是比四年制大学低一个层次的高等教育，类同普通本科院校的"压缩饼干"，因此在其校长的选任上与普通本科院校校长一样对待也就顺理成章了。改革开放后，在社会发展的强势需求驱动下，在社会各界的通力推进下，我国高职走上了快速发展的道路，高等职业教育在数量规模上得到长足增长的同时，其作为与普通高等教育不一样的"类属性"特点也取得了广泛的共识，正如大众化理论的提出者马丁·特罗教授曾指出的那样，高等教育系统在大众化和普及化阶段，将不再是同一模式，而是呈现多样性特点。而另一位美国学者 Birnbaum R.（1983）则认为，多样性的高等教育系统能够更好地满足社会与机构的需要。在其专著《维持高等教育多样性》(*Maintaining Diversity in Higher Education*) 中，从系统、结构、教学等七个方面明确了高等教育机构的多样性。

在上述背景环境和现实状态下，作为实施高等职业教育的主要机构——高职院校的功能从普通高校中分化出来并独具特色就是一种必然。

---

[1] [美] 约翰·S. 布鲁贝克. 高等教育哲学 [M]. 王承绪，等，译. 杭州：浙江大学出版社，2002：32.

简单来说就是高职院校主要培养把科学原理应用到社会实践并转化为产品的技术技能型人才，普通高校着力培养从事揭示事物发展客观规律的学术型人才；高职院校主要处理技术知识（程序性知识），普通高校则主要负责科学知识（陈述性知识）的加工。这种功能的分化与区隔必然要求从教人员有着不一样的知识结构与素质要求，同样对包括校长在内的管理人员也有着不同的胜任条件，而目前将其等同于普通高校的校长"一体化"选任方式与高等职业教育"类属性"特征显然是不太吻合的。

（二）基于胜任力的高职院校校长选任特点分析

胜任力是指可以有效测量的、个体与特定岗位或组织相联系的、能揭示其绩效的特质，包含相应的知识、技能、态度、信念和动机等。基于胜任力的校长选任谋求最大限度地实现人、职和组织匹配，尤其是特定岗位（或组织）的胜任力模型往往给出了完成相应工作所需的全部要求，因而基于胜任力的选任通常最有可能找到最具成功潜力的人员，与传统的校长选任相比，其主要特点有以下几点：

1. 选任标准与岗位要求高度一致

选任标准的制定是选拔任用的前提性条件。客观上，基于胜任力的高职院校校长的选任标准是以校长岗位胜任力模型为依据的，而高职院校校长胜任力模型的构建是建立在实际校标样本基础上的，校标取样的重要性在于"我们从超级明星身上学到的东西最多"❶。校标取样考察的主要是与当事者工作绩效相关的指标，即工作绩效指标（Performance Criteria）。所谓工作绩效指标，一般而言，系指从组织整体层面来看，能测量该工作的产出指标以及这些工作的产出与组织中其他单位或个人之间的利害关系指标。再者，工作绩效指标并非单指量化的数据，它还包括了品质内涵以及行为表现。举例而言，在服务性工作中，所谓的工作绩效指标可能是"针对顾客的需求或问题立即且合适地提供有效的解决方案或回答"；在某生产线工作中，其工作绩效指标可能为"在 A 时间内，生产具备 B 品质的 C

---

❶ 王继承．谁能胜任：胜任力模型及使用［M］．北京：中国财政经济出版社，2004：32.

产品共计 D 个"。❶ 同样，对高职院校校长工作而言，其工作绩效指标就是领导学校实现应用型人才培养、组织相关研究和服务经济社会发展的成效大小和影响远近，不难看出这与高职院校校长岗位的要求是高度一致的。

2. 选任目标与组织愿望有效契合

简而言之，基于胜任力的高职院校校长选任目标是能够找到最能适合担任校长一职的人才，做到人尽其才、才尽其用。换句话说，就是希冀能够帮助学校找到了解高职院校特定文化、具备领导和管理才能、把握高职院校发展战略的专门人才。这一目标与党和政府对包括高职院校在内的高校领导干部的配备要求是有效契合的。中共中央组织部、人事部、教育部《关于深化高等学校人事制度改革的实施意见》（人发〔2000〕59号）中明确规定，"要选拔那些政治坚定、师德高尚、学术水平较高、具有较强领导能力和管理水平的同志担任高等学校的领导职务，特别要注重选配好党委书记和校长。"可以认为，这是基于胜任力的高职院校校长选任目标的又一阐述。

3. 有利于选拔出具有潜力的理想人选

传统的选任往往比较重视考察候选者的知识、技能等外显特征。一方面这些特征能够方便测量鉴定，另一方面这些特征也确实能够一定程度上与工作绩效相关联。但是，对于复杂职位而言，往往起关键作用的是深层次的自我概念、动机和态度等特质要素。高职院校校长职位显然是属于复杂性职位之一。由于传统的选拔方式难以对这些关键特质进行评测，因而往往也就不能有效评价。基于胜任力的选任为这一难题的解决提供了可能——因为作为选任基础依据的胜任力模型要素的构成既包括知识和技能等显性特征，也包括价值观、动机等隐性特征，因而最有可能把最具潜力的人选拔出来，有利于"潜力股"的脱颖而出，同时这样的选任也具有相对较高的成本效益。

---

❶ 李正伟. 基于人才素质测评与胜任力模型在企业后备干部选拔中的应用研究［J］. 现代商贸工业，2008（12）：167.

（三）基于胜任力的高职院校校长选任程序与方法

1. 明确选任校长职位

根据胜任力理论，不同岗位（或组织）对人才的要求也不相同，因此明确需要选任的高职院校校长职位是成功选出合适人选的首要前提——因为不同类型的高职院校对担任校长的人选知识、技能、素养和动机等各不相同，因而需要根据不同校长职位设计对应的选任标准与测试内容。

2. 基于胜任力的职位分析

基于胜任力的职位分析就是以特定职业或岗位胜任力模型为基本依据，通过分析该职业或岗位优秀人员的关键特征、组织环境和相关变量等要素来确定有关职业或岗位的胜任特征。与传统的职位分析相比，基于胜任力的职位分析具有以下特点：第一，职位分析依据来源于实际效标样本测得的要素，也就是说是以特定岗位中的人为出发点的；第二，要素比较全面，不仅关注外显的知识和技能要素，同时关注素养、动机等内隐要素；第三，强调与组织战略紧密联系，注重与组织整体利益的长期匹配。在前述胜任力特征要素确定过程中不难发现，正是基于特定职业或组织中的个人行为和表现的综合分析，才得出胜任该职业或组织要求的胜任特征的。换言之，基于特定工作中的人并不是孤立的个体，而是与组织环境、组织文化和组织发展过程密切融合的个体，因而是最能体现"人员—职位—组织"匹配特点的。

3. 发布选任公告

通常来讲，选任公告的发布范围越广，那么可供选择的人选范围就越大。选任公告需要明确选拔职位要求以及相关说明、选拔范围、报名条件与资格、选拔程序和遴选方式、时间安排等。对有特殊要求的职位，需要明确附加的条件。采用多渠道发布方式可以有效扩大公告的传播范围。与传统的选任方式不同的是，基于胜任力的校长选任除了基本的个人信息外，在报名申请表上还要根据上文职位分析的结果设计反映报名者胜任特征的内容，以便于下一阶段的初步审查，进而提高选任效率。

第五章 高职院校校长：影响方式及选任新探索

4. 报名与初审

初审内容包括资格审查和基本胜任条件审查两个方面。资格审查相对简单，只要根据选任公告相关要求进行，比如学历、资历等。基本胜任条件审查前，需要根据胜任力模型制定一套用于胜任条件初步审查的标准，然后根据标准确定进入下一步测试的人员名单。

5. 基于胜任力的测试

通常包括笔试和面试两个环节。这是基于胜任力的选任最为关键的一个程序，也是过程比较复杂的一个程序。

（1）笔试

笔试主要考察应试者对担任高职院校校长应具备的基本理论、基本知识、基本方法和相关专业知识的掌握情况，尤其是运用理论、知识和方法分析解决校长工作中出现的实际问题的能力。试题类型分为客观性试题和主观性试题。客观性试题包括判断题、选择题（单项选择题、多项选择题）等；主观性试题包括辨析题、论述题、案例分析题、写作题、申论题等。试题难度根据选拔职位对知识和能力素养的要求确定。试卷中不同难度的试题比例要适当，以使之有较好的区分度。为了做好这项工作，应提前根据《高职院校校长胜任力模型》等相关材料设计好笔试用试卷或试题库。当然，由于选拔的是高职院校校长，其基本条件往往要求具备一定的资历、学历、能力等，因此根据实际情况笔试环节也可以省略，可以默认候选人已经达到胜任校长这一岗位所需的知识要求和基础能力。

（2）面试

与传统的面试方式不同，基于胜任力的高职院校校长选任的面试需要采用结构化面试方式。所谓结构化面试（Structured Interviewing）是指"根据特定职位的胜任特征要求，遵循固定的程序，采用专门的题库、评价标准和评价方法，通过考官小组与应考者面对面的言语交流等方式，评价应考者是否符合招聘岗位要求的人才测评方法"[1]。结构化面试通常包括行为

---

[1] 时勘. 结构化面试 [EB/OL]. [2014-04-08]. http://ke.baidu.com/view/c40745337cd184254b353548.html.

描述性面试(以下简称行为面试)和情景性面试。

行为面试的理论基础是行为的连贯性原理。其假设前提是,一个人过去的行为能预示他未来的行为。正如一个经常迟到的人,下次迟到的概率依然较高一样。它是一种能有效排除个人的主观因素、以行为为依据、以目标为导向的有效选才工具,也是基于胜任力的人才选任的重要测试工具。有学者研究表明,非行为化面试与未来工作绩效的相关系数为 0.05~0.19,而行为面试的相关系数可达到 0.48~0.61。❶ 可见,与传统的面试相比,行为面试的准确度和有效性有了很大的提高。为了进一步增加面试的可靠性,可以在进行结构化面试的同时辅以公文筐测验、无领导小组讨论等评价中心法。

6. 基于胜任力的背景调查

实施基于胜任力的背景调查是帮助组织选任最佳高职院校校长人选的又一保障。可以采取与现行的党政领导选拔任用组织考察相同的程序,即采取个别谈话、发放意见征求表、民主测评、实地考察、查阅资料、专项调查、同考察对象面谈等方法。需要强调的是,与党政领导选拔任用组织考察有所不同的是,基于胜任力的背景调查除了核实候选人的个人信息等基本内容外,更为重要的是要甄别之前环节中没有充分体现的胜任力要素以及某些不确定乃至存疑的问题。因此,用于背景调查的调查表等工具需要根据《高职院校校长胜任力模型》等相关资料进行精心设计,确保考察的有效性。同时,为了尊重候选人,背景调查前应该履行告知义务并在获得候选人的签字同意后实施。

7. 人选讨论并确定

根据设定的选任方案进行统计,将综合得分靠前的一定数量的候选人按照规定提交讨论并做出最终录用人选决定。

(四)基于胜任力模型的高职院校校长选任行为面试设计

在上述基于胜任力的高职院校校长选任程序中,对候选人进行结构化

---

❶ LyleMS, SingneMS, Competence at work, New york, John wiley&Sons, lnc., 1993. 转引自刘红艳. 基于胜任力模型的企业招聘流程构建研究 [D]. 上海:华东师范大学, 2009:23.

面试是一个非常关键的环节。在结构化面试中，尽管行为面试和情景面试都使用了详细的工作描述来建立结构化格式，两者也都成为当前人才选拔中使用最为广泛、效果最为显著的测评方法，但是两者还是有区别的，Pulakos 和 Schimtt 在研究美国联邦调查局人才选拔面试中发现，"情景面试不适合用于联邦调查局这样复杂的部门和职位的人才选拔，并认为行为面试比情景面试在选拔复杂职位和高层次人才时更为有效"[1]。由于高职院校校长职位的特殊性和复杂性，因此选择行为面试作为校长选任的主要测试方式更为合适。

1. 制订行为面试方案

一套科学、完整和可行的方案是行为面试取得良好效果的保证。行为面试方案一般包括考官的选择、考题的准备、考场的安排等主要环节。

（1）考官的选择

行为面试是由考官主导实施的，因此考官自身素质水平的高低对面试结果有着决定性的影响。通常要求考官具备正直的品格和良好的修养、有丰富的工作经验、有渊博的知识、有较强的人际交往能力、有良好的自我认知、明确选任职位的要求等。为了最大限度地保证面试过程的客观公正和面试结果的准确有效，一般考官由多人组成，以 5～9 人为宜，取单数，包括上级组织部门代表、有丰富经验的校长代表和心理学、教育学专家代表等。

为了减少考官在面试过程中的偏差，在行为面试实施前针对考官团队进行适当的培训是必需的环节。培训除了帮助考官团队成员之间建立和谐合作的关系外，重点应关注统一评分标准、改善提问技巧、明确成员分工等事项。

（2）考题的准备

试题应能考察出候选人胜任校长职位所需的知识、技能、素养和动机等外显及内隐的个体特性。出题的依据主要来源于前文建构的高职院校校长胜任力模型所涵盖的内容。考虑到时间等因素，不可能也不必要将所有

---

[1] 吴小玲. 行为面试和情景面试的比较 [J]. 考试周刊, 2011 (13): 17.

胜任力要素在这个环节加以考察，所以需要对胜任力模型要素进行适当取舍，从中选择8~10个核心要素进行考察。为了使考官们评定时便于实施操作，同时使误差减少到最小，以体现结构化面试的优势，在试题确定后应同时确定各题的评分标准。评分通常采用10分制，也可以采用五级评分制。

（3）考场的安排

考场的环境对面试结果也会产生影响，因此不容小觑。主要要求有：一是考场必须整洁、安静、明亮；二是考场面积应适中，一般以30~40平方米为宜（如条件允许，最好宽敞一些，布置雅致）；三是温度、采光度适宜；四是每个独立的面试考场，除主考场外，还应根据考生的多少设立若干候考室。候考室的选择应与主考场保持一定的距离，以免相互影响。❶

2. 设计行为面试问题

（1）核心要素选择

高职院校校长胜任力模型共含有22项胜任力要素。包括"全局观念、决策力、育人情怀、敬业精神、进取心、模范带头、自信、心胸宽广、凝聚力、创新意识、以人为本"等11项合格胜任特征和"专业知识、战略思考、目标管理、公关力、系统思维、分析判断、行动力、责任心、影响力、批判性思维、成就导向"等11项优秀胜任特征。❷这些要素中的知识类要素可由笔试进行测定，考虑到要素本身的特点（有些要素可以通过背景调查等方式获得相应信息）以及测试时间等方方面面的因素，本着准确、科学和简约原则，根据德尔菲法（Delphi）确定全局观念、战略思考、分析判断、行动力、公关力、创新意识、自信、成就导向等8项为需要在行为面试环节中进行考察的胜任力要素，其中战略思考、分析判断、行动力、公关力和成就导向为优秀高职院校校长胜任特征，见表5-3。

---

❶ 胡蓓，张文辉. 职业胜任力测评 [M]. 武汉：华中科技大学出版社，2012：80.
❷ 李德方. 高职院校校长胜任力研究 [D]. 南京：南京大学，2014：1.

第五章 高职院校校长：影响方式及选任新探索

表 5-3 需要在行为面试环节考察的胜任力要素

序号	胜任力要素
1	全局观念
2	战略思考*
3	分析判断*
4	行动力*
5	公关力*
6	创新意识
7	自信
8	成就导向*

注：*为优秀高职院校校长胜任力要素。

（2）问题转化

上述胜任力核心要素只有转化成可供操作的具体问题时才能在行为面试中进行考察，而且转化的问题需要是行为性问题，而不是理论性问题或引导性问题。所谓行为性问题是反映被试人行为的特征、状态、进展和结果的问题。一般通过让考生确认在过去某种情景、任务或背景中他们实际做了什么，从而取得考生过去行为中与一种或数种能力要素相关的信息。目的是通过关注考生过去的行为，而预测考生将来的表现。[1] 与行为性问题不同，理论性问题主要考察被试人的价值判断和意见要求，而不是具体做了什么。而引导性问题通常使被试人的回答容易被提问者诱导，进而组合成提问者内心预先设想的结构，因而无法充分反映真实情况。尽管引导性问题与诱导性提问略有不同，但两者往往会混用，因此在行为面试中通常也被要求避免。以几种能力（解决问题的能力、适应能力、销售能力、团队协调能力）为例，三者之间的区别见表 5-4。

---

[1] 行为性问题 [EB/OL]. [2013-11-12]. http://topic.yingjiesheng.com/mianshi/wenti/042041K932012.html.

表 5-4 理论性问题、引导性问题和行为性问题的比较[1]

能力	理论性问题	引导性问题	行为性问题
解决问题的能力	你怎样解决生产过程中出现的问题？	你能解决质量出现的问题吗？	请讲一个你最近在工作中遇到的问题，你是怎样解决的？
适应能力	如果你必须按照不断变化的要求调整计划，你会感觉怎样？	如果在短短的时间内要换多个工作岗位，你会介意吗？	请讲一个你必须按照不断变化的要求来调整计划的事例，当时的情况怎样？结果又怎样？
销售能力	为什么你认为你可以做销售这一行？	你能接受我们给你定出的销售目标的挑战吗？	请描述一个在过去一年中你做的最大一笔订单的情况，你是怎样完成的？
团队协调能力	你将如何对付难以管理的员工？	你擅长解决矛盾或冲突吗？	作为一名主管，你曾如何处理棘手的员工事例？

经转化的与高职院校校长胜任力核心要素相对应的行为性问题，见表 5-5。

表 5-5 高职院校校长胜任力核心要素对应的行为性问题

序号	胜任力要素	对应的行为性问题
1	全局观念	请谈谈你是怎样从组织整体和长远的角度考虑决策并实际开展某项工作的？
2	战略思考	请举出一个过去工作中自己为求得组织长期生存和不断发展而提出的总体性谋略
3	分析判断	在工作中你是怎样根据复杂的外部信息进行分析、得出结论并据此采取行动的？请根据亲身经历的实例来详细说明
4	行动力	请举一个在工作岗位上面对复杂局面和困难主动开展工作并取得成效的案例
5	公关力	请阐述在过去的岁月中自己有目的、有计划地改善公共关系的实际经历和主要做法
6	创新意识	请说出在以往工作和生活中引发的创新设想并付诸实施的事例
7	自信	请回忆一下，领导曾经交给你一项难度很大、看似无法完成的任务，当初你是怎样接受这项任务并完成的？
8	成就导向	几年前（如 5~10 年前）你是做什么具体工作的？请谈谈你是怎样一步一步发展到今天的？

---

[1] 何发平. 行为描述面试的开发与实施 [J]. 商场现代化, 2007 (12): 295.

(3) 设计行为指标

待测胜任力要素转化成行为性问题后,为了便于面试时赋值打分,还需要将上述问题按照行为的表现程度和结果情况进行细化处理,即需要设计每一问题的行为指标并附上相应的分值,如表 5-6 所示。

表 5-6 行为指标表现及相应分值

分值		行为程度	行为表现
十分制	五级制		
0	E	不具备	被试不具备该项胜任力所描述的要求
1~3	D	稍微具备	被试在极少情况下具备该项胜任力所描述的要求
4~6	C	基本具备	被试基本具备该项胜任力所描述的要求
7~8	B	较好具备	被试较好具备该项胜任力所描述的要求
9~10	A	完全具备	被试完全具备该项胜任力所描述的要求

通常认为,一套合格的基于胜任力模型的行为面试问题应符合以下三个要求:

第一,开放式的题目。让被面试者在回答中不是简单地回答"是"或"否",而是要求其用较多的语言回答,因为从丰富的语言表达中才能获取更多的信息,从而能更好地考察被面试者的胜任力。比如对销售人员,应重点考察其人际沟通技巧或主动性。

第二,强调陈述最近的事例。如果被面试者对其过去很久的经历总是夸夸其谈,但是对于最近所取得成绩总是回避,那应该引起面试官的注意。

第三,注重题目的内在联系。在测评同一胜任力时可提问多个不同问题,以相互验证,考察其是否自相矛盾。比如在对应聘销售岗位的被面试者进行面试时,可先问:"您以前从事过销售工作吗?"再接着追问:"请讲述一下您遇到过的最有挑战的客户。"❶

需要考察的高职院校校长胜任力要素行为性问题及指标,见表 5-7。

---

❶ 刘红艳.基于胜任力模型的企业招聘流程构建研究[D].上海:华东师范大学,2009:26.

表 5-7　与待测胜任力要素对应的行为性问题及相应指标

胜任力要素	行为性问题	具体行为表现	对应等级	对应分值
全局观念	请谈谈你是怎样从组织整体和长远的角度考虑决策并实际开展某项工作的	被试说不出从组织整体和长远考虑决策并开展的实际工作，思路混乱，言语不清	E	0
		基本能够说出开展的某项具体工作，但是极少能够考虑被试从组织整体和长远进行决策的，思路比较清晰	D	1~3
		能够说出开展的某项具体工作，基本能够反映被试从组织整体和长远决策的，思路比较清晰，但重点不够突出	C	4~6
		能够清楚地评述某项具体工作，思考和决策的过程利于组织整体和长远是着眼的，思路清晰，重点突出	B	7~8
		非常清晰地按照要求说出考虑并进行决策的过程，从中完全能够反映出被试是着眼于组织整体和长远的，看不出决策的过程有何瑕疵，言简意赅	A	9~10
战略思考	请举出一个过去工作中自己为获得组织长期生存和不断发展而提出的总体性谋略	没有回答或虽然作答但所举实例不能反映出被试了解组织面临的机遇和挑战的能力	E	0
		经提示能够作答，但所举实例不能反映出被试了解组织发展战略，缺乏把握组织面临的机遇和挑战的能力	D	1~3
		能够根据要求举出具体的谋略实例，基本能够反映被试了解组织发展战略，对组织面临的机遇和挑战有一定的认识	C	4~6
		对组织使命认识比较清楚，理解组织发展战略，提出过有利于组织长远发展的总体性谋略并实施	B	7~8
		对组织使命有十分清醒的认识，深刻理解组织长远发展战略，提出过对组织长远发展有重要价值的总体性谋略，实施后效果显著	A	9~10

第五章 高职院校校长：影响方式及选任新探索

续表

胜任力要素	行为性问题	具体行为表现	对应等级	和分值
分析判断	在工作中你是怎样根据复杂的外部信息进行分析、得出结论并据此采取行动的？请根据亲身经历的实例来详细说明	没有回答或虽然作答但与要求严重不符	E	0
		经提示能够作答，但所举事例不能明确判断是被试亲历，或者虽为被试亲历，不能反映出做具有厘清复杂的外部信息并做出判断的能力	D	1~3
		基本能够回答出符合要求的实例，从中反映出被试能够根据已知的事实和现象进行分析推理得出结论，进而制订比较合适的方案来采取行动	C	4~6
		能够按照要求列举相关实例，从中反映出被试能够较快地把握事物的本质，有一定的决断能力和综合能力	B	7~8
		能够迅速、清晰地按照要求列举亲身经历的实例，从中举出能够明确判断被试具有卓越的逻辑思维能力和心理分析能力，对事物的本质把握得非常准确，能够迅速选出最优的方案并付诸行动	A	9~10
行动力	请举一个在工作岗位上面对复杂局面和困难主动开展工作并取得成效的案例	虽经思考但是说不出符合要求的案例，反应迟钝，言语不清，明显缺乏自信	E	0
		经提醒能说出具体案例，但不太能够看出被试在工作中的主动性和积极性，成效也不明显	D	1~3
		能够陈述具体案例，从工作的过程能够看出被试具有一定的主动行为能力和自信心	C	4~6
		能够按照要求陈述符合要求的工作案例，从能够看出被试工作积极，行为的主动性较明显，具有一定的冒险精神和自信特征	B	7~8
		非常迅速地按照要求清晰陈述符合要求的案例，从具体工作过程中明显反映出被试积极主动，行动迅速果断，具有冒险精神，勇于承担责任	A	9~10

· 107 ·

续表

胜任力要素	行为性问题	具体行为表现	对应等级	和分值
公关力	请阐述在过去的岁月中自己有目的、有计划地改善公共关系的实际经历和主要做法	不能按要求阐述相关内容	E	0
		虽能阐述相关经历,但内容不具体,过程不清晰,未能反映被试基本具备洞察他人心理的能力,有一定的社交能力和改善公共关系的水平	D	1~3
		能够按要求阐述,经历过程可以看出被试基本具备洞察他人心理的能力,有一定的社交能力和改善公共关系的水平	C	4~6
		能够按要求阐述相关经历,实践过程反映出被试具有较好的社交能力,能应对比较复杂的人际场景,在社交网络中有一定的地位和话权,改善公共关系的能力较强	B	7~8
		能够按要求清晰阐述相关经历,实践过程反映出被试具有卓越的公关能力,善于与社会各阶层人群打交道,面对复杂的社交场面游刃有余,亲和力强	A	9~10
创新意识	请说出在以往工作和生活中引发的创新设想并付诸实施的事例	几乎说不出符合要求的事例	E	0
		虽然能说出了具体事例,但是与要求不太吻合,没有明显的创新意识和创新特征	D	1~3
		基本能说出根据实际工作或社会生活发展需要引发的创造新事物或提出新观念的实例,但创新价值和实施效果一般	C	4~6
		能够按照要求说出具有创新价值的具体事例,实施效果好,过程反映出具有比较明显的创新意识特征	B	7~8
		不仅按要求清晰说出工作或生活中具有重大创新价值的事例,而且在付诸实施的过程中表现出显著的灵活、机智,不属于常规的创新特征	A	9~10

· 108 ·

第五章 高职院校校长：影响方式及遴选新探索

续表

胜任力要素	行为性问题	具体行为表现	对应等级	和分值
自信	请回忆一下，领导曾经交给你一项难度很大、看似无法完成的任务，当初你是怎样接受这项任务并完成的	虽经回忆但是还无法陈述的任务内容，接受过程与要求不符，也未能反映出明显的自信特征	E	0
		虽能说出具体阐述一项任务内容，但任务性质与要求不符，被试反映出一定的自信特征	D	1~3
		能够按要求阐述任务，被试接受任务时表现出较强的自信，完成任务的过程中反映出被试接受挑战的决心和勇气	C	4~6
		能够按要求阐述具体任务，被试接受任务时表现出较强的自信，完成任务的过程中反映出被试有勇于接受挑战的决心和勇气	B	7~8
		被试接受任务时表现为超强的自信心，坚信自己一定能够克服任何困难，任务完成过程中反映其准确自我定位、迎难而上，有毅力的品格特点	A	9~10
成就导向	几年前（如5~10年前）你是做什么具体工作的？请谈谈你怎样一步一步发展到今天的	没有回答或虽然作答但要求严重不符	E	0
		经提示能够作答，但不能反映出被试具有明确的自我实现意识，安于现状，使命感不强	D	1~3
		基本能根据要求回答，反映出被试有一定的自我实现意识，愿意接受挑战，有一定的使命感	C	4~6
		准确回答所提问题，能够看出被试对自己有较高要求，不满足现状，有较强烈的渴望成功的动机愿望	B	7~8
		迅速、清晰地回答所提问题，从中明确反映出被试对自己要求极高，渴望追求事业发展的鲜明个性特征	A	9~10

109

3. 实施行为面试

行为面试的主要过程大致可以分为预备阶段、正式面试阶段和结束阶段等三个阶段，如图 5－1 所示。

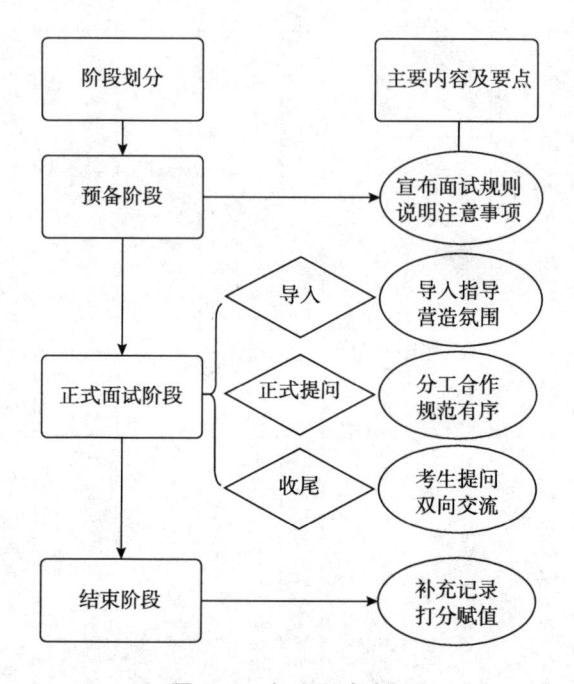

```
阶段划分                    主要内容及要点

预备阶段      ──────→      宣布面试规则
                            说明注意事项
   │
   ↓
                 导入   ──→  导入指导
                             营造氛围

正式面试阶段     正式提问 ──→  分工合作
                             规范有序

                 收尾   ──→  考生提问
                             双向交流
   │
   ↓
结束阶段      ──────→      补充记录
                            打分赋值
```

图 5－1　行为面试流程

如图 5－1 所示，预备阶段有考官代表向被试人说明考试的流程、规则等相关事项，同时抽签确定考生考试顺序等一些准备工作也应在这个阶段完成。

正式面试阶段通常包括导入阶段、正式提问阶段和收尾三个阶段。在导入阶段，考官往往引入一段结构化的导入语或指导语，尽量营造轻松愉快的氛围，帮助被试放松心情，以良好的心态回答后面的正式提问，从而考察出被试人的真实状态和水平。正式提问阶段需要事先分配好提问人员和问题顺序，兼顾考官的专攻领域和工作量大小，做到统筹协调、和谐合作。考官提问时，原则上是先易后难、先具体后抽象，考察被试人知识、技能等显性特征的问题在前，考察素养、动机等隐性特征的问题在后。收尾阶段除了被试人的正常回答之外，可以留出适当时间鼓励被试提出自己关心的问题，以体现结构化面试双向交流、双向互动的特点。需要说明的是，全局观念、分析判断、行动力和创新意识是合格高职院校校长胜任特征，也是作为一名校长必须具备的基本要求，应严格按照标准把关。而战略思考、公关力、自信和成就导向等四项要素是优秀高职院校校长特征要素，因此在对其进行测试赋值时可以根据情况酌情降低要求。

结束阶段主要是考官根据正式提问阶段的观察考核，补充完善情况记录和打分赋值。同时对面试过程中出现的问题和疑问也可利用这一阶段短暂交流。完成后将评分表交由专门统计人员汇总计算。

第六章

高职院校分类：高等职业教育发展的新结果

一、高校分类是高等教育发展的必然结果

（一）大学的起源与嬗变

尽管中国古代和西方古希腊、古罗马已有了具有高等教育性质的大学，但学界普遍认为，真正意义的大学发端于欧洲中世纪。[1] 从 11 世纪起，在意大利、法国和英国的一些地方，师生们组成了各自的行会组织，及至 12 世纪相继诞生了具有代表性且影响较大的大学——博洛尼亚大学、萨莱诺大学和巴黎大学等。这些大学"发展出今天流行的许多特点——一个校名和一个中心场所，具有某些自主权的老师，学生，一套讲课系统，一个考试与学位程序，甚至一个具有若干系科的行政管理结构。"[2] 由于大学满足了时人的需要，因而发展较快。13 世纪和 14 世纪，意大利有大学 18 所，法国有大学 16 所，西班牙和葡萄牙共有大学 15 所，[3] 此外，德国等也纷纷创办了大学。由于大学是一个"按照自身规律发展的独立的有机

---

[1] 张笑夷. 文化视野下的大学与现代大学文化观 [J]. 黑龙江高教研究，2007（2）：13.
[2] [美] 克拉克·克尔. 大学之用 [M]. 北京：北京大学出版社，2008：6.
[3] 戴本博. 外国教育史（上）[M]. 北京：人民教育出版社，1989：230.

第六章　高职院校分类：高等职业教育发展的新结果

体",以至于看起来像完全脱离了校外的时事一样,❶ 人们一度将其称为"象牙塔"。至18世纪末,欧洲的大学成为寡头机构,机械教条且僵硬顽固,对新兴事物抱着敌对情绪,反对革新与创造,"它们就像没有窗户的城堡,极其内向"❷。"如果大学拥有大量的为社会服务的知识,但是缺乏把这些知识用于实践的决心和责任感,那么公众就会认为大学是无用的,失去了存在的根据"❸。正当大学饱受质疑之时,大学却在德国获得了重生。柏林大学的建立"使旧瓶装入了新酒,旧瓶也因此破裂"❹,从此大学成为科学栖身的重镇。19世纪的德国大学也随之成为世界上最好的大学,并被竞相效仿,其中美国尤为积极。随着留学德国的学生纷纷回国,通过约翰斯·霍普金斯大学率先开办研究生院,以及芝加哥大学在行政管理上的创新等诸方面的不断改进,使现代大学模式得以在美国真正确立,❺ 尤其是与霍普金斯试验同时出现的赠地运动,带来了农业与工程学院、家政学院与企业管理学院,使大学的大门既面向中产阶级和上层阶级子女,也面向农民和工人子女,❻ 并把大学的活动第一次从校内扩展到校外,"威斯康辛理念"广为传播并被广泛认同。无论前景如何,我们必须承认这一事实,即美国人正在成功地使大学区别于到目前为止所存在的任何机构。❼

（二）分类的必要性：多维视角的审视

第一,从大学的上述历史演变中不难发现,大学是应需而生的。尽管教育现象与人类社会几乎同时共生,但大学教育却是人类社会发展到一定阶段的产物。事实上,大学"都是以满足各自所属的历史时期的不同程度

---

❶ [美] 约翰·S. 布鲁贝克. 高等教育哲学 [M]. 杭州：浙江教育出版社, 2002：16.
❷ [美] 克拉克·克尔. 大学之用 [M]. 北京：北京大学出版社, 2008：9.
❸ [美] 约翰·S. 布鲁贝克. S. J. 高等教育哲学 [M]. 郑继伟, 等, 译. 杭州：浙江教育出版社, 2001：30. 转引自陈兴德. 守望与超越：中国大学文化建设反思 [J]. 现代大学教育, 2010（2）：51.
❹ [美] 亚伯拉罕·弗莱克斯纳. 现代大学论——美英德大学研究 [M]. 徐辉, 陈晓菲, 译. 杭州：浙江教育出版社, 2001：272.
❺ 蓝劲松. 中西大学起源线索考 [A]. 大学文化研究与发展中心. 世界多元文化激荡交融中的大学文化——"海峡两岸大学文化高层论坛" 论文集 [C]. 北京：高等教育出版社, 2008：146.
❻ [美] 克拉克·克尔. 大学之用 [M]. 北京：北京大学出版社, 2008：9.
❼ [美] 约翰·S. 布鲁贝克. 高等教育哲学 [M]. 杭州：浙江教育出版社, 2002：29.

的需要来获得各自的合法地位的"❶。"中世纪的大学把它们的合法地位建立在满足当时社会的专业期望上","文艺复兴后的大学生又把其合法性建立在人文主义的抱负之上",而德国大学"注重在科学研究中获得其合法地位",后来的美国"赠地大学"的合法地位则依赖于"为社会和国家的发展服务"。❷ 不仅如此,大学除了满足人们的各种现实需求之外,还最大限度地适应人们永恒的精神追求。实际上正是个体的、社会的和国家的需求变化催生了大学的多样性,使大学从以往单一的保存知识、解释知识,及至后来的创造并"售卖"知识。尤其是进入20世纪,随着高等教育整体规模的急遽扩大,高等教育首先自一国开始进而相继从精英时代迈向大众化时代,高等教育机构的多样性也愈来愈明显。大众化理论的提出者马丁·特罗教授曾指出(1973),高等教育系统在大众化和普及化阶段,将不再是同一模式,而是呈现多样性特点。而另一位美国学者 Birnbaum. R. (1983)则认为,多样性的高等教育系统能够更好地满足社会与机构的需要。在其专著《维持高等教育多样性》(*Maintaining Diversity in Higher Education*)中,从系统、结构、教学等七个方面明确了高等教育机构的多样性。在这样的情况下,对如此众多的高等学校进行适当的区分实为一种必需,正如美国著名教育家伯顿·克拉克从系统论角度指出的那样,"在各高等学校和各种类型学校中实行分工是愈加必要了,这种分工使各个不同单位都能全心全意地致力于各种不同的任务。"❸ 他建议,"要使多样性和双重性合法化。人们必须帮助各高等学校和各类高等教育明确和确定各不相同的职责、各不相同的任务搭配。"❹

第二,从知识的发展来看,也应该对高校进行适宜的分工。众所周知,知识是主客体相互统一的产物,而大学与知识又是须臾不分的——大学因知识而生:正是中世纪一群知识分子出自对知识和学问的共同兴趣和

---

❶ [美] 约翰·S. 布鲁贝克. 高等教育哲学 [M]. 杭州:浙江教育出版社,2002:3.
❷ [美] 约翰·S. 布鲁贝克. 高等教育哲学 [M]. 杭州:浙江教育出版社,2002:3-4.
❸ [英] 迈克尔·夏托克. 高等教育的结构与管理 [M]. 王义端,译. 上海:华东师范大学出版社,1987:33.
❹ [英] 迈克尔·夏托克. 高等教育的结构与管理 [M]. 王义端,译. 上海:华东师范大学出版社,1987:44.

第六章　高职院校分类：高等职业教育发展的新结果

爱好集聚在一起，并吸引了众多求知的学子，从而诞生了作为行会组织的大学；大学因知识而在，不管哪个国家的哪所大学，其教师们的共同点就是都在从事"知识操作"，"只是发现、保存、提炼、传授和应用知识的工作组合形式有所不同罢了"，"知识就是材料"，"研究和教学是主要的技术"。❶ 无论哪一层次的教育，都离不开知识这一核心要素。曾任美国约翰斯·霍普金斯医学院教授的霍尔斯特德（William S. Halsted）曾经在一封信上这样写道："我们至今多少还在黑暗中摸索，而且我相信今后将永远如此。""我们的身后不乏光明之处，前方却仍漆黑一团"，❷ 精辟概括了大学人为知识而耕耘不辍的内在真谛。可以说，只要有知识探求的需要，大学就永远存在。而知识也同步在大学的发展中变得丰富、多样。从其内涵来看，有科学知识、人文知识和社会知识；从表现形态看，有显性知识和隐性知识；从知识与实践的关系角度看，分为认识世界的知识和改造世界的知识。正是基于这一认识，信息加工心理学家将知识分为陈述性知识和程序性知识两类。❸ 前者用来描述"是什么"或解释"为什么"的问题，即通常所说的理论知识；后者主要回答"怎么办"或"如何做"的问题，即经验知识。陈述性知识属于认识和解释世界、揭示事物之间的关系与规律，它的对象是客观事物，这种知识实际上就是科学知识；程序性知识则属于改造世界、改造事物和人的行为的知识，它的对象是物质的实践活动，这种知识也称为技术知识。科学知识和技术知识是两种既有密切联系又有显著区别的知识体系，它们各有自己的性质、任务、内容、方法和评价标准。为了处理上述两类不同性质的知识，长期以来事实上就一直存在与人类社会长期共生，却始终二元分离的两大体系，即学术体系和工作体系。❹ 前者的主体是学者，主要任务是进行知识的传播、表达和生产，大

---

❶ [美]伯顿·克拉克. 高等教育系统——学术组织的跨国研究 [M]. 杭州：杭州大学出版社，1994：12.

❷ [美]亚伯拉罕·弗莱克斯纳. 现代大学论——美英德大学研究 [M]. 徐辉，陈晓菲，译. 杭州：浙江教育出版社，2001：12.

❸ 陈述性知识与程序性知识比较概述 [EB/OL]. http://www.zhixing123.cn/lilun/630.html.

❹ 徐国庆. 职业教育原理 [M]. 上海：上海教育出版社，2007：29.

学的出现正是其中的必然；而后者的代表最初是工匠，主要工作是进行物品的设计、生产和交换。随着经济与技术的发展进步，工作体系变得日益庞大和复杂，尤其是西方产业革命为标志的现代工业的发展，以至于需要建立像学术体系活动所需要的专门学校来代替传统的师傅带徒式的学徒制，以掌握日益复杂化的技艺。及至近代，世界各国相继建立了以培养技术技能型人才为主要使命的职业学校，直至后来的高等职业院校。今天，高等职业院校已经与学术性的普通高校呈并驾之势。联合国教科文组织《国际教育标准分类法》（1997年修订稿）中对第三级教育第一阶段5A与5B的区隔也正是基于这一现实的体现。其中5A是理论型的，主要探究的是科学知识；5B是实用技术性的，主要关注技术知识。

第三，从高校人才培养的角度看，分类也有其合理性。人才的概念可以从不同角度做出不同的解释。《辞海》中把人才界定为有才识学问的人、德才兼备的人。❶"人才学"这样定义人才的概念："人才就是以其创造性的劳动，为社会发展和人类进步做出一定贡献的人。"❷ 从人的发展规律和社会需求的角度看，人才也有层次与类型的差别。一般而言，高等学校承担着培养高层次人才的任务。所谓高层次人才是指在一定时期和不同领域内的人才队伍中，具有先进的思想道德、较高的文化素质水平和较强的专业能力，并以创造性的劳动为社会做出较大贡献的人才。而人才的类型又由社会分工所决定。党的十六大指出，为全面建设小康社会，开创中国特色社会主义事业新局面，要"造就数以亿计的高素质劳动者、数以千万计的专门人才和一大批拔尖创新人才"❸。因此，高等学校既要培养一大批学术型专业人才，也要培养更多的生产、管理、服务第一线的技术技能型专门人才。而这两类人才的培养规律与特点既有共性，更有差异性，由不同的院校进行分工培养实为一种需要，"各种外部控制必须做到有区别地对

---

❶ 夏征农，陈至立. 辞海（缩印本）[M]. 上海：上海辞书出版社，2010：1556.
❷ 人才学 [EB/OL]. http：//www.zzwzzz.net/news/shownews.asp? newsid = 1128.
❸ 中共中央、国务院关于进一步加强人才工作的决定 [EB/OL]. [2006 – 09 – 22]. http：//www.cnca.gov.cn/rjwbgs/ztxx/rzrkrc/4545.shtml.

第六章 高职院校分类：高等职业教育发展的新结果

待具有不同职责的高等学校，"[1] 而高校分类则是达到这一目的的当然选择。

二、高职院校与普通高校分类的可行性分析[2]

既然高校分类在所难免，是高等教育发展的必然结果，那么在现实中是否可以将中国高校进行有效区分呢？答案是既易行又难为。说高校分类易行，是因为依据一定的标准从理论上可以非常容易地将中国高校进行区分：从资金来源与办学主体来看，分为公办高校（这是中国高校的主体）、民办高校和中外合作办学；从高校的隶属关系，可以分为部委所属院校（含教育部）和地方院校；从学科分布可以分为综合类、多科类和单科类院校；从培养目标和教学内容可以分为普通高校和高职院校；从院校主要履行职能情况可以分为研究型、教学型和介于两者之间的教学研究型，等等。可见，三言两语就可以解决高校的分类问题。但事实上，上述看似非常简单的问题在分类实践中却难以贯之，几乎每一种分类方案都会引起舆情关注与各方注目，评头论足与责疑问难不绝，至今难有服众之说。

为什么看似十分简单的问题却在实践中如此难为？其实质就在于分类本身实际上含有价值判断，具有"标签"功能。尤其是在中国的现实语境与政策环境下，其标签功能更加显著，于是每一种分类事实上都演变成了"华山论剑"。尽管如此，但无论是中国还是国外，数十年来一直进行着高校分类的探索和实践。

（一）国内高校分类的探索

国内对高等教育机构分类问题的关注与研究起步较晚。尽管中华人民共和国成立后我国曾经几次对高等学校进行了区分与归类，但通常是基于当时管理（尤其是财政资助）的需要，而将高等学校简单地二分了之，即分为重点大学与普通高校两类。随着20世纪90年代末以来，我国高等教

---

[1] [英] 迈克尔·夏托克. 高等教育的结构与管理 [M]. 王义端, 译. 上海：华东师范大学出版社, 1987: 45.

[2] 本节主要内容参考拙作：李德方. 我国高职院校与普通高校分类的必要性与可行性浅析 [J]. 职教论坛, 2012（8）.

育的发展与建设步入了快车道。高等学校数量扩增、在校生规模逐年攀升，由此带来的盲目追求高层次和综合化的趋势日显，导致我国高校分类不清、定位不明、特色不彰、目标趋同等问题的产生，一言以蔽之，就是"千校一面"。在这样的情况下，原有的精英教育阶段的简单二分已经远远不能适应快速发展的新形势，更为科学的高等学校分类越来越受到各方关注，不少研究团队和研究者也进行了不少有益的探索。按照时间的顺序，进入21世纪以来主要的有：2000年，教育部院校设置处的戴井冈等根据学校学科设置的特征、学生培养层次、教师水平和学校科研活动开展情况，将普通高校分为具有研究型特点的大学、教学型高校和高等职业技术教育类学校三类；2001年，清华大学何晋秋等提出，现阶段我国高等院校可分为研究型大学、教学科研型大学、教学型大学或学院、社区学院或二年制大学四类；2002年，中国管理科学研究院武书连课题组按大学的科研规模将大学分为四种：研究型、研究教学型、教学研究型、教学型；2004年，兰州大学甘辉等人将我国高等学校分为研究型大学、教学科研型大学、教学型大学和高职高专院校等四类；2005年，国家教育发展研究中心的马陆亭将我国高等学校分为研究型大学、教学科研型大学、本科教学型学院、专科教学型学院四类。同年，华东师范大学的戚业国将我国高等学校分为博士/研究型大学（研究一型、研究二型、博士点大学）、硕士型大学、学士型学院、高职高专学校四类；2009年，浙江大学课题组根据2006年的国内高校数据将高校分为研究生院大学、普通本科院校与高等职业院校等三大类11个小类；等等。此外，潘懋元、沈红、陈厚丰等一批专家学者也纷纷撰文论及高校分类问题。

按照分类产生的影响与认可度，以武书连课题组的分类最为典型。该课题组首次提出按照"类"和"型"两个部分来对中国高校进行分类。其中"类"按照学科来分，反映大学的学科特点。包括教育部11个学科分类，再加上"综合类"和"文理类"组成，共13个类，即综合类、文理类、理科类、理学类、工学类、农学类、医学类、文科类、文学类、法学类、管理类、艺术类、体育类，并对各"类"的区分明确了量化标准，如"文理类高校"就是指文理科发展均衡，文科或理科比较强的学科不足两

第六章 高职院校分类：高等职业教育发展的新结果

个；而"工学类"是指理科明显强于文科，且理科的4个学科中"工学"明显强于其他学科等。"型"是按照科研规模进行区分的，分为研究型、研究教学型、教学研究型和教学型四类。研究型指的是学术水平高、科研成果多、以培养研究生为主的大学，又分为研究一型和研究二型两类。其中研究一型是指科研得分前10名，且每年授予博士学位不少于100人的大学，达不到这一标准的则为研究二型。与此类似，对教学型高校也细分为教学一型、教学二型和教学三型三类。其中教学三型主要指高职院校。根据以上的划分标准，2003年武书连课题组公布了对我国大学的分类结果。[1] 其中研究型大学为37所，占大学总数的10%以内；研究教学型大学80所，占15%左右；教学研究型大学133所，占25%左右；教学型大学341所，比例过半。此后，武书连课题组根据上述方案每一年度公布对中国高等学校的评价结果。

综观上述分类方案，基本上都可以归类为描述性分类。所谓描述性分类就是在分析不同类型高等学校特点的基础上对高校进行分类，其目的是对高校的特征进行描述，从而提醒人们关注高等教育机构的现有特点及其差异。总体来说，至今尚没有一种能够获得各界广为认可的权威性方案。

除了上述分类之外，实际上在国内还有形或无形地存在另一种分类——规定性分类。所谓规定性分类，顾名思义就是要通过某种手段对高等学校的特点给予规定，使各类高校按照所规定的使命进行发展。[2] 规定性分类的特点体现在其指导性、明确性和权威性。存在于各级政府发布的阶段或年度教育发展规划等政策文件中的指导性意见所涉及的高校分类及建设蓝图即为此类。以2010年公布实施的《国家中长期教育改革与发展规划纲要（2010—2020）》为例，其中就明确了未来十年普通高等教育和高等职业教育的在校生规模和数量，也明确了"到2020年，高等教育结构更加合理，特色更加鲜明，人才培养、科学研究和社会服务整体水平全

---

[1] 陈厚丰. 中国高等学校分类与定位问题研究 [M]. 长沙：湖南大学出版社，2004：120.
[2] 赵婷婷，汪乐乐. 高等学校为什么分类以及怎样分类 [J]. 北京大学教育评论，2008，10 (4)：173.

面提升，建成一批国际知名、有特色、高水平的高等学校，若干所大学达到或接近世界一流大学水平"[1]的建设目标，其分类指导的规定性、方向性特征非常显著。

（二）国外高校分类的实践

在国际上比较有影响的高校分类国家有美国、英国、法国和日本等。其中英国高等教育自20世纪60年代以来，逐步形成了以古老的"牛剑"为代表的大学和以多科技术学院为代表的非大学系统。其高等教育机构分为五类，即古老大学、城市大学、新大学、技术大学及多科技术学院和高等教育学院等。法国的高等教育则分为大众教育和精英教育两个系统。大众教育机构主要是综合大学和短期职业技术学院，接纳90%的高中应届毕业生，学校规模也普遍较大，少则数千人、多则数万人。实施精英教育的机构是法国大学校，吸收10%左右的应届高中毕业生入读。[2] 日本学者天野郁夫将日本的大学分为研究型大学、大学院大学、准大学院大学、硕士大学和学部大学五种类型。[3] 世界银行和联合国教科文组织"高等教育与社会特别工作组"将世界高等教育机构分为五类，分别是（1）研究型：教育金字塔顶端，一般是公立的和非营利的，在多个领域取得优秀的研究成果，并提供高质量的教育。（2）省级的或地区性的大学：既有公立的又有私立的，注重教学和"准备工作型"的毕业生训练，包括两年制的社区学院。（3）专业学院：在诸如法律、医学、商业等领域提供专业训练，在高等教育系统中处于中心地位。（4）职业学院：与专业学院的运作方式基本相同，但是提供的是诸如护理、汽车、电子和机械等具体工作领域所需要的技能训练，可以是中等教育的一部分，也可能是中学后教育的一部分。（5）虚拟大学与远程教育：能够为成人学生和偏远地区的学生提供教

---

[1] 国家中长期教育改革和发展规划纲要（2010—2020年）[EB/OL]. [2017-01-20]. http://www.gov.cn/jrzg/2010-07/29/content_1667143.htm.
[2] 陈厚丰. 中国高等学校分类与定位问题研究[M]. 长沙：湖南大学出版社，2004：94-95.
[3] [日]天野郁夫. 试论日本的大学分类[EB/OL]. [2017-01-20]. http://www.docin.com/p-177427593.html.

第六章 高职院校分类：高等职业教育发展的新结果

育机会，会处于越来越重要的地位并以高速增长。❶

与上述诸国的分类相比，美国的大学分类最为典型，其类型也可以大体上归类为描述性分类和规定性分类两大类。其中描述性分类所表征的高等学校特点并不是在分类后形成的，而是一种分类前的事实存在，以此强调高等教育机构多样化的重要性，进而"保留甚至增加高等教育机构在类型和培养项目上的差异来抵抗同质化"❷。以美国卡内基分类法为代表，它是 20 世纪 70 年代初由美国著名高等教育学家克拉克·克尔（Clark Kerr）领导的卡内基高等教育委员会，基于其研究和政策分析的需要而制定的。最初发表于 1973 年，随后于 1976 年、1987 年、1994 年、2000 年、2005 年和 2010 年根据当时高校的发展情况先后做了七次调整，以使之更加切合不断变化发展的高等教育形势。其中截至 2000 年前的 5 次分类均采用一种方案对全美高校进行分类，此后的 2005 年的分类进行了较大幅度的调整，由原来的一种分类方案变为依据一套标准进行分类。这套方案包括六个方面，即本专科培养计划、研究生培养计划、招生情况、本科学生情况、规模与安置和基本分类（Basic Classification）等。❸ 其中的"基本分类"是核心，相当于 2000 年分类法的修订版。由于分类标准的多样化，使得分类从原来仅从学位授予数量、学位授予等级、科学研究情况等有限的指标来考察一所学校的局限性中走出来。另外，该分类与以前的分类一样，几乎完全忽视了作为高等学校的第三项重要职能——社会服务职能情况，以致与当今大学发展的现实与潮流不相吻合。基于上述不足，最新的卡内基分类 2010 年版增加了基于高校自愿参与的"社会服务分类"，从而在为研究人员观察与分析美国学院与大学提供更大的灵活性的同时，也比较全面地兼顾了现代高等学校的整体功能状况。

另一类是规定性分类。与描述性分类相比，它能够更加迅速地按照主导者的意愿规约高等教育系统，各系统之间的职责和任务也更加明确、清

---

❶ 陈厚丰. 中国高等学校分类与定位问题研究 [M]. 长沙：湖南大学出版社，2004：111-114.
❷ 赵婷婷，汪乐乐. 高等学校为什么分类以及怎样分类 [J]. 北京大学教育评论，2008，10（4）：173.
❸ 浙江大学课题组. 中国高等学校的分类问题 [M]. 北京：高等教育出版社，2009：176-186.

晰。而为了达到上述目的，一般要采用法律、行政或财政等规制手段，因而这种分类往往都是由官方或权力部门主导并实施的。规定性分类的典型是加州高等教育分类。它是《美国加利福尼亚州高等教育总体规划》（*A Master Plan for Higher Education in California．*以下简称《加州总体规划》）的产物。该规划也是由克拉克·克尔主持起草并获得加州参众两院议会通过后实施的。当时的情况是，随着20世纪50年代末美国高等教育的大发展，大学注册学生数从1958年的320万人迅速增加到1968年的近700万人，大学毛入学率也从21.2%增加到30.4%（见表6-1）。❶ 在这样的大背景下，加州的高等教育也步入了发展的快车道，精英高等教育让位于大众化，原有的高等教育系统的平衡被打破，两年制学院、四年制的地区学院和加州大学之间的争论也趋于激烈。"有些州立学院想要成为羽翼丰满的大学，有些社区学院想要成为四年制学院，私立学院感觉受到他们所谓公共部门的不灵敏的扩张的威胁"。可以这么认为，在《加州总体规划》制定前，"几乎没有学校愿意安于自身的角色和地位"。❷

表6-1　1958年到1968年美国高等教育注册学生数的变化情况

年份	注册学生数	注册学生占18～24岁人口的百分比（%）
1958	3226000	21.2
1960	3582700	22.2
1962	4174900	23.7
1964	4950100	26.4
1966	5928000	27.8
1968	6928100	30.4
1958—1968年年均增长率	7.9%	—

---

❶ 赵婷婷，汪乐乐．高等学校为什么分类以及怎样分类［J］．北京大学教育评论，2008，10（4）：170．转引自 Simon, KennethA, Grant, W. Vance. NCES. Digest of Educational Stadistics, 1971 Edition. Washington, D. C: Superintendent of Documents, U. S. Government Printing Office, 1972：67.

❷ 赵婷婷，汪乐乐．高等学校为什么分类以及怎样分类［J］．北京大学教育评论，2008，10（4）：169．转引自 Simon, KennethA, Grant, W. Vance. NCES. Digest of Educational Stadistics, 1971 Edition. Washington, D. C: Superintendent of Documents, U. S. Government Printing Office, 1972：67.

第六章 高职院校分类：高等职业教育发展的新结果

《加州总体规划》最终以法律的形式于1960年开始正式实施。它规定了加州公立高等教育有三个系统构成，它们分别是加州大学系统、加州州立大学系统和加州社区学院系统。这三大系统职能不一，要求不同，以便最大限度地适应高等教育大众化发展形势下的需求多样化。其主要内容及特点见表6-2。

表6-2 加州高等教育总体规划中规定的加州公立高等教育体系及其特点[1]

	加利福尼亚大学 UC	州立学院 CSUC	初级学院 CCCs
	全州性的协调机构：高等教育协调委员会（代表来自公立院校，私立大学、学院），后来发展为加州福尼亚中学后教育委员会（CPEC）		
管理者	• 加州大学董事会（the Board of Regents） • 不受州政府管理，享受宪法上的自治	• 州立学院系统托管理事会（Board of Trustees） • 州政府只对州立学院直接管理	• 分为三个层次： (1) 州范围的校长办公室及州长董事会（Board of Governors）； (2) 各学区的学区董事会（District Boards of Trustees）； (3) 各个学校自己的管理； • 不受州政府直接管理，是地方实体
招生	区别招生库（Differential Admission Pools） • 加州公立应届高中毕业生排名前1/8的学生； • 所有合格的转学生； • 高等院校合格毕业生申请到研究生课程	• 加州公立应届高中毕业生中排名前1/3的学生； • 所有合格的转学生； • 高等院校合格毕业生申请到研究生课程	录取所有加州高中毕业生中有意愿继续其教育的学生以及其他表明其成熟度具有在高中后教育取得成功的人士。（凡高中毕业或年满十八岁均可就读）
	满足超常学生的特殊要求，与高中合作为还在完成其高中学业过程中的部分天才学生提供大学课程		

---

[1] 赵婷婷，汪乐乐．高等学校为什么分类以及怎样分类［J］．北京大学教育评论，2008，10 (4)：167-168．

续表

	加利福尼亚大学 UC	州立学院 CSUC	初级学院 CCCs
转学	社区学院的学生在显示令人满意的成绩后可以转入大学或州立学院；中学毕业时还不合格进大学或州立学院的学生必须在转学前完成学院前两年的课程		
教学	• 通向本科学位的基础宽泛的教育； • 通向硕士学位和博士学位以及博士后教学项目的研究生课程； • 在专业领域的教学； • 培养教师的课程	• 通向本科学位的宽泛的课程，如：文理学科、标准学科领域的专业，以及根据其性质需要四年大学教育的应用领域。 • 其责任不在培养教师的各类课程； • 通过文理学科和应用领域硕士学位的各类研究生课程	• 为计划完成大学教育的学生提供前两年大学教育； • 公民们所需的、可应用于公民、医疗卫生、科学和基本沟通等广泛领域的两年制文科协士学位课程； • 要求两年或者更少时间的职业技术教育、通识教育和培养学生就业的培训； • 足够广泛的咨询服务，以满足各个群体的需要； • 向对所选课程准备不够充分的学生提供补教课程； • 为非全日制学生提供的职业技术教育、通识教育和其他合适课程
科研	• 成为州政府支持的负责基础科研和应用科研的首要学术机构； • 成为博士学位和其他科研项目所必需的图书馆资源的公共存储地	• 认识到教学是其首要功能； • 提供与所授予学位相适应的图书馆、实验室和其他设施； • 提供与其首要功能一致的设施从事科研	把自身定位为教学型院校，所有科研应以改进初级学院的教学质量为取向 (此外，应鼓励初级学院的教研人员在暑假和学年中任何可能的时间从事个人的科研)

后来的事实已经众所周知，《加州总体规划》规制下的加州高等教育发展有序，三大系统各司其职、相得益彰。"各类学校分工有别，各安其位，各尽所能，各自在自己的系统内追求卓越，独领风骚。"[1] 加州所在的美国高等教育也已经无可争辩地成为典型，"与美国的人口、战舰、大厦、飞机或生铁的年产量比较起来，美国大学的地位和性质是反映美国文明的

---

[1] [美] 约翰·奥伯利·道格拉斯. 加利福尼亚思想与美国高等教育——1850~1960年的总体规划 [M]. 北京：教育科学出版社，2008：8.

地位和前景的更公正的标志。"❶ 其中的原因固然很多，但或许可以这样推断：高等学校的科学分类也功不可没。

三、基于产业面向的高职院校分类❷

（一）基准选择

如前所述，国内外高等学校分类，大体上可以分为描述性分类和规定性分类两大类。所谓描述性分类就是在分析不同类型高等学校特点的基础上对高校进行分类。描述性分类的目的"就是要对高等学校的特征进行描述，以便对具有不同特点的高等学校进行区分"，从而提醒人们关注高等教育机构的现有特点及其差异。规定性分类，顾名思义就是要通过某种手段对高等学校的特点给予规定，使各类高校按照所规定的使命进行发展。❸ 前者以卡内基分类为代表，后者的典型则是加州高等学校总体规划。但无论是描述性分类还是规定性分类，都是以分类对象外显的功能和任务，尤其是科学研究的实力和水平作为分类的基准，正如美国经济学家和教育经济学家鲍温所言，"高等学校主要是基于对高等教育职能的相对侧重来进行分类的"❹。

那么，上述基准是否可以移植到高职院校的分类中来呢？笔者认为答案是否定的。原因非常简单，与普通高校相比，尽管高职院校也从事一定的科学研究，但科研却不是其主要任务。况且，即使是高职院校的科研，也主要不是以知识的发展为根本目的，而是以如何更好地通过科研改进教学以提高教育教学效果为旨趣的。相对于普通高校，高职院校主要承担的是掌握一定理论知识和实践技能的高级专门人才的培养任务。这里的关键有两点：一是高职院校培养人才的技术技能性，即高职培养

---

❶ ［美］亚伯拉罕·弗莱克斯纳. 现代大学论——美英德大学研究 [M]. 徐辉，陈晓菲，译. 杭州：浙江教育出版社，2001：32.

❷ 本部分主要内容参考拙作：李德方，秦安平，夏菁. 基于产业面向的高职院校分类研究 [J]. 职业技术教育，2012 (3).

❸ 赵婷婷，汪乐乐. 高等学校为什么分类以及怎样分类 [J]. 北京大学教育评论，2008，10 (4)：173.

❹ 戚业国. 我国高校分类标准及多元质量评价体系研究总报告 [EB/OL]. http://wenku.baidu.com/view/7dce962f0066f5335a812113.html.

的不是着重于理论型的学术性人才或者从事高科技要求的专业人才,而是主要面向生产管理一线的、以实际应用为主的专门人才;二是服务面向的区域性,一般高职培养的人才主要是直接面向地方产业和行业需要的,培养人才服务的区域性特征显著。不仅如此,即使在高职院校内部,面向不同产业的不同专业人才的培养过程、培养成本也不一样,有的相差还很悬殊。因此,尽管区分不同高职院校的基准会有很多,但面向不同产业不同专业的技术技能型人才培养的能力和水平应该成为高职院校分野的主要基准。

(二) 分类原则——基于卡内基分类和加州高等教育总体规划的分析

1. 事实性原则

对高校进行分类要充分考虑高等教育系统的历史传统和现实情况,不能脱离其既有规模、结构和发展水平。1973年正式对外公布的卡内基分类法的目的是针对当时快速发展的美国高等教育现状进行科学客观地描述并力求准确,从而"唤起人们对美国高等教育机构之间的差异的注意,并强调应意识到这些机构多样化的重要性"[1]。在对高职院校进行分类的过程中,也应当基于高职院校发展的实际情况,进行客观描述。

2. 平等性原则

系统论告诉我们,高等教育系统良性生态的建立需要其内部各个子系统之间进行科学的分工与协调,各个子系统的功能更加分化,但却处于一个平等分工结构之中,并没有高低贵贱之分。20世纪60年代末,克拉克·克尔受命提交了一份加州高等教育总体情况的评估报告。该报告在全面评估的基础上,建议加州高等教育的发展应该以加州高等教育需求和经济发展为基础,从功能上对加州不同层次的大学进行重新定位;同时建议建立一个协调机制改变当时加州高等教育缺乏规划和协调发展的现状,促进加州不同公立高等教育之间的协调发展。克尔认为,"一切有用的知识,不仅仅是最理论性的知识;一切有用的知识是值得尊重的;检验的不是知

---

[1] 赵婷婷,汪乐乐. 高等学校为什么分类以及怎样分类 [J]. 北京大学教育评论,2008,10 (4):173.

第六章 高职院校分类：高等职业教育发展的新结果

识的类型，而是知识的质量……我是在一个农民和手艺工人的农业社区长大的，而且非常羡慕他们的技能和知识。在我看来，社区学院的价值不是他们所教的知识水平，而是用他们教学的质量来衡量。"❶ 笔者认为，这一论述也适合于中国的高职院校分类，即：分类是基于高职院校人才培养不同情况的定位，使各类高职院校适得其所，彼此之间并无贵贱高下之分。

3. 导向性原则

高等教育作为社会整体系统的一个组成部分，必须与社会整体系统保持良性的协调关系。以加州为例，"到1975年，加州高等院校的在校生数将超过100万名，……，这个数字是1958年在校生数的将近3倍。这其中最显著的改变是，到1975年独立学院在校生人数占总数的比例将会是1958年的一半左右。另一方面，州立学院在校生数所占比例将增加10.5%，加州大学所占比例将大致保持不变，而初级学院所占比例将略微减少"❷。如果任其自然，将会导致加州高等教育系统内的无序与混乱。后来的《加州高等教育总体规划》对上述矛盾进行了有效的调节并促使各高等教育机构保持了良好有序的发展，这表明了合理规划对高等教育科学发展的重要性。

同样的情况也适合于国内的高职院校。如前所述，如果不加协调随意发展，那么高职人才培养的结构性失衡在所难免，并且从实际来看，这种情况已现端倪，局部还很严重。因此，依据各类高职院校人才培养情况对其进行科学合理的区隔，既基于现实，又面向未来，有效地发挥其在科学分类基础上应有的调节和导向作用应该成为原则之一。

4. 简洁性原则

分类既是一个理论问题，同时也是一个实践问题。换言之，对分类理论的探讨和分类方案的设计，最终目的是为了在实践中加以运用并使之更好地服务于高等学校的发展。因此，操作的简洁性也显得非常重要。

---

❶ [美]克拉克·克尔. 高等教育不能回避历史——21世纪的问题[M]. 王承绪，译. 杭州：浙江教育出版社，2001：144.
❷ 陈珊珊. 美国加州高等教育总体规划研究[D]. 上海：华东师范大学，2007：20-21.

（三）分类方法与步骤

既然分类的基准是面向产业的专业人才培养。那么，分类的前提就必须首先搞清以下两个问题：一是高职院校不同专业人才培养状况（数量和质量）；二是这些专业的产业面向情况。在此基础上，再依据一定的标准将其进行区分。

1. 基于事实性原则，判定学校专业设置情况

以分类对象学校各专业在校生数/该专业区域总人数、学校各专业在校生数/该校总人数这两个指标作为判定各校专业设置情况的标准，同时也兼顾学校专业建设的质量水平。具体的办法是根据各专业在区域内及本校的分布情况和集聚度来进行判定。也就是说，先根据各专业情况确定临界阈值，然后用各校各专业的实际数值与之相比较。如果能够满足上述指标或者该专业建设质量高，则在理论上认为该专业在该校就是成立的，反之就不成立。

2. 确定学校设置的专业与相关对应产业的分布情况

"三次产业分类法"是指，第一产业指以利用自然力为主，生产不必经过深度加工就可消费的产品或工业原料的部门；第二产业是指以对第一产业和本产业提供的产品（原料）进行加工的产业部门；第三产业则指不生产物质产品的行业。鉴于第一产业的特殊性（只包括农林牧渔专业，通常就读人数少，开设的学校少），可以将阈值设置得相对低一些，而面向第二和第三产业的专业数和学生数相对较多，阈值可以相应提高，并以此作为判定的基准依据。

3. 基于一定标准将高职院校进行分类

根据上述产业面向特点，依据标准可以将高职院校分为四类，分别为：面向第一产业的高职Ⅰ型、面向第二产业的高职Ⅱ型、面向第三产业的高职Ⅲ型以及同时面向多个产业的高职Ⅳ型（通用型）。

分类步骤示意如图6-1所示。

（四）分类的实践探索——以J省为例

笔者尝试选取了我国某一区域（以下简称J省）进行分类的实践尝试。截至2010年12月，J省共有79所高职院校。具体分类步骤与操作方法如下：

第六章 高职院校分类：高等职业教育发展的新结果

```
1 基于事实性原则，判定学校专业设置情况
2 确定学校设置的专业与相关对应产业的分布情况
3 基于一定标准将高职院校分为四大类
```

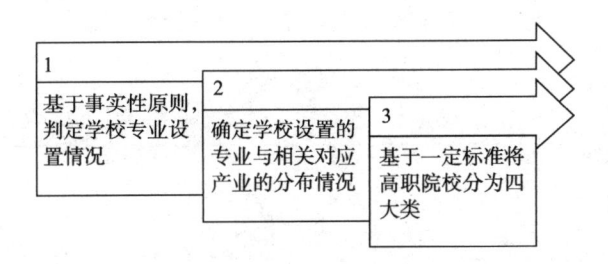

图 6-1 高职院校分类步骤示意图

1. 基于事实性原则，判定学校专业设置情况

从 J 省统计部门和教育行政部门获取的各高职院校开设的专业情况以及各专业的在校生人数，结合教育部《普通高等学校高职高专教育指导性专业目录（试行）》，初步确定高职院校 19 个专业大类的标准，如表 6-3 所示。

表 6-3 专业确定标准表

序号	专业大类名称	该校该专业在校生数/该专业全省总人数	该校该专业在校生数/本校总人数
1	农林牧渔	5%	5%
2	交通运输	1%	2.5%
3	生化与药品	1%	3%
4	资源开发与测绘	10%	1%
5	材料与能源	2.5%	2%
6	土建	0.5%	5%
7	水利	10%	1%
8	制造	1%	15%
9	电子信息	0.5%	10%
10	环保气象与安全	3%	1.5%
11	轻纺食品	0.6%	1.5%
12	财经	1%	10%
13	医药卫生	5%	10%
14	旅游	1%	2%
15	公共事业	3.5%	1%
16	文化教育	0.5%	4%
17	艺术设计传媒	0.5%	4%
18	公安	0	0
19	法律	3%	1.5%

对照上述标准，J省各高职院校的专业设置情况如下，如表6-4所示。

表6-4 各校专业设置情况表

专业大类名称 高职院校名称	农林牧渔	交通运输	生化与药品	资源开发与测绘	材料与能源	土建	水利	制造	电子信息	环保气象与安全
高职院校1	√	√	√					√	√	
高职院校2					√			√	√	
高职院校3	√				√	√			√	
高职院校4			√			√			√	
……	√							√		
高职院校79								√	√	

续表6-4

	轻纺食品	财经	医药卫生	旅游	公共事业	文化教育	艺术设计传媒	公安	法律
高职院校1	√	√	√			√			
高职院校2		√		√		√			
高职院校3		√							
高职院校4				√		√			
……	√			√		√	√		√
高职院校79		√			√	√			

注：表中所列"高职院校1~79"等是J省实际对应高职院校的代指，下同。

由上表不难看出，J省高职院校专业设置面非常广泛。其中有的学校设置了多达10个以上大类的专业，而最少的学校则设置了1个大类的专业，其余的介于两者之间，大多数学校的专业大类达6个以上，反映了该省高职院校专业设置的综合性特点比较明显。

2. 确定学校设置的专业与相关对应产业的分布情况

各高职院校与三次产业对应的专业开设情况和在校生人数情况见图6-2、图6-3、图6-4、图6-5、图6-6。可以发现，J省共有13所学校开设了第一产业相关的专业。在第一产业相关的专业学习的学生数也相对较少。

· 130 ·

第六章　高职院校分类：高等职业教育发展的新结果

与此相对，开设第二产业与第三产业对应专业的院校和在校生数均较多。

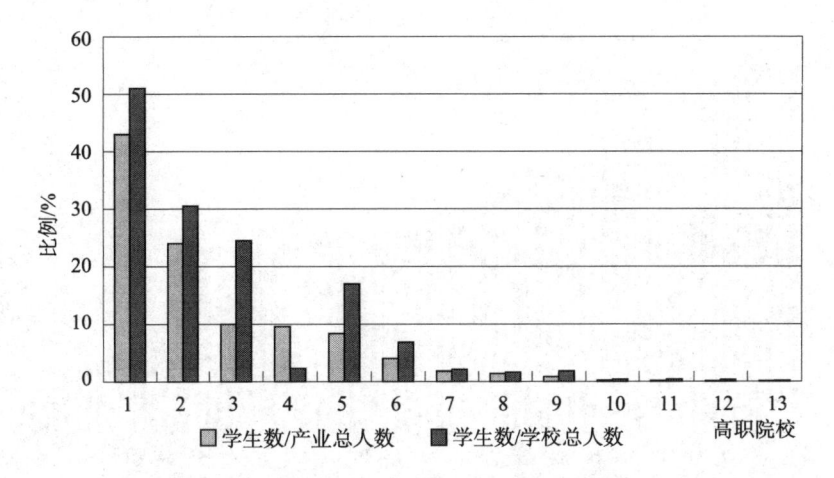

图6-2　各校第一产业学生数与学校总人数及第一产业总人数的比例情况

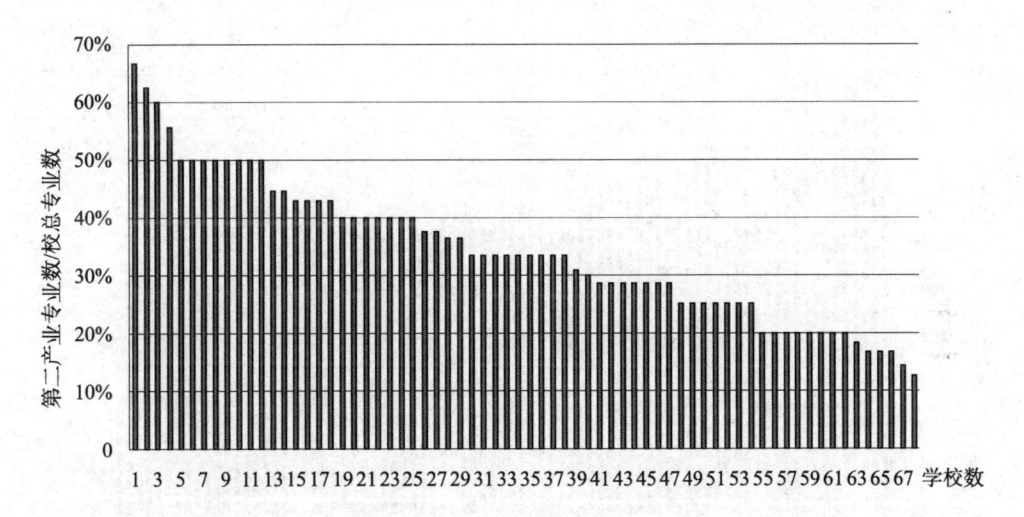

图6-3　各校第二产业专业数与该校总专业数的比例情况

3. 确定标准，进行分类

根据J省高职院校上述产业面向特点，高职Ⅰ型、高职Ⅱ型、高职Ⅲ型和高职Ⅳ型（通用型）的分类标准及结果如下。

（1）高职Ⅰ型

学校开设的专业主要分布在第一产业，即农林牧渔。标准如下。

① 该校就读于第一产业的学生数与学校总人数之比达到10%及以上；

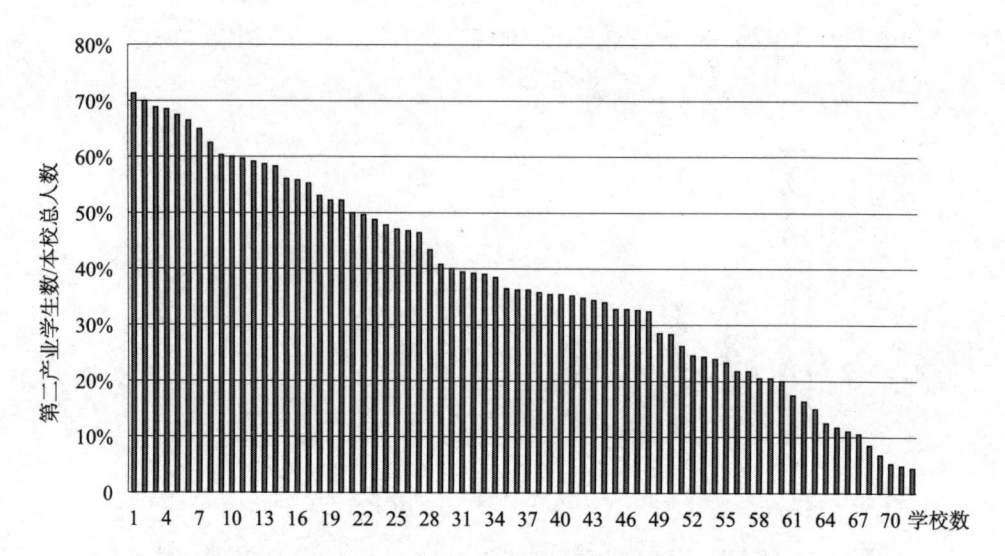

图 6-4　各校第二产业学生数与该校总人数的比例情况

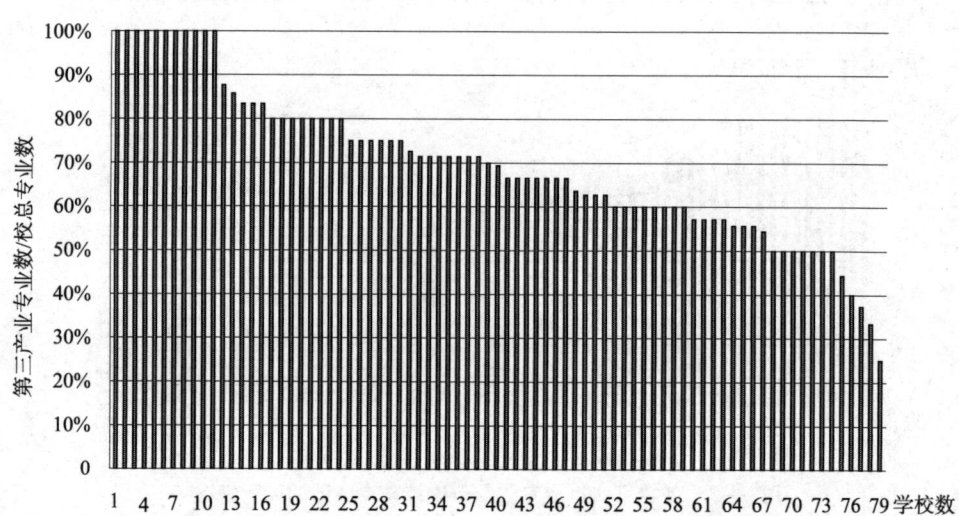

图 6-5　各校第三产业专业数与该校总专业数的比例情况

② 该校就读于第一产业的学生数与第一产业专业的总人数之比达到 5% 及以上。

满足上述①或②者之一，即可判定该校属于高职 I 型。

J 省共有 5 所学校达到了上述标准，在校生总数 43026 名。

第六章　高职院校分类：高等职业教育发展的新结果

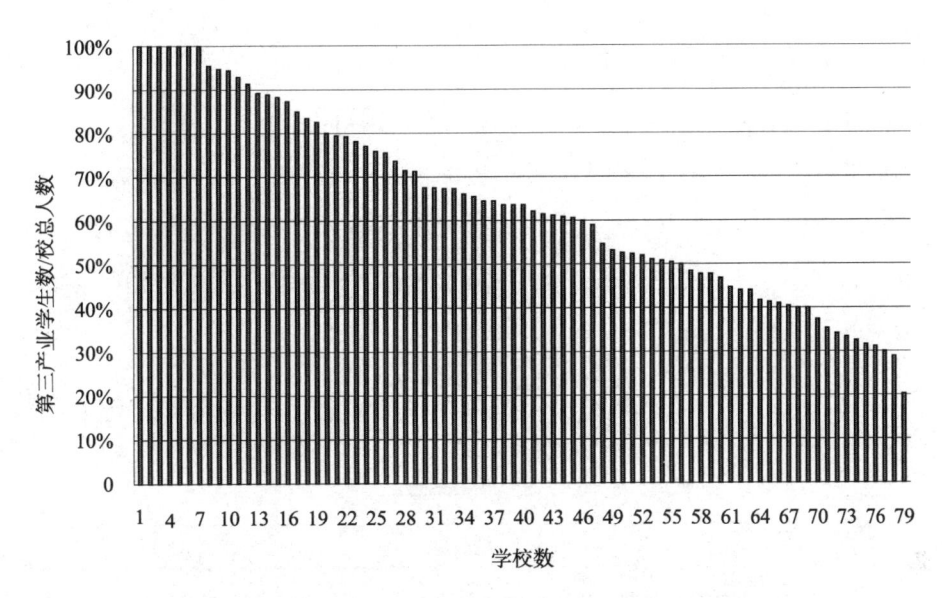

图6-6　各校第三产业学生数与该校总人数的比例情况

（2）高职Ⅱ型

学校开设的专业主要分布在第二产业，即：生物与药品、资源开发与测绘、材料与能源、土建、水利、制造、轻纺食品等专业。标准如下：

① 该校在第二产业中的专业数/该校总专业数达到30%以上；

② 该校第二产业中的学生数/该校的总学生数达到35%以上；

③ 不满足高职Ⅰ、Ⅲ型的标准。

满足上述①或②中其一以及③。共有22所学校符合条件，在校生总数152078名。

（3）高职Ⅲ型

学校开设的专业主要分布在第三产业，即交通运输、电子信息、财经、医药卫生、旅游、公共事业、文化教育、艺术设计传媒、公安、法律等专业。标准如下：

① 该校在第三产业中的专业数/该校总专业数达到65%以上；

② 该校第三产业中的学生数/该校的总学生数达到60%以上；

③ 不满足高职Ⅰ、Ⅱ型的标准。

满足上述①或②中其一，同时满足条件③。共有17所学校满足上述标准，在校生总数为 114848 名。

(4) 高职Ⅳ型（通用型）

学校专业设置横跨第二产业和第三产业。即同时满足该校在第二产业中的专业数/该校总专业数达到 30% 以上、该校第二产业中的学生数/该校的总学生数达到 35% 以上，以及该校在第三产业中的专业数/该校总专业数达到 65% 以上或该校第三产业中的学生数/该校的总学生数达到 60% 以上中的条件之一。除却一所比较特殊的五年制高职院校，符合上述条件的三年制高职共有 34 所，在校生总数为 249974 人。

最终的分类结果如表 6-5 所示。

表 6-5 分类结果统计

高职院校类型	高职院校数量（所）	占高职院校总数比例（%）
高职Ⅰ型	5	6.33
高职Ⅱ型	22	27.85
高职Ⅲ型	17	21.52
高职Ⅳ型（通用型）	34	43.04
合计	78	98.74

（五）讨论与分析

从 J 省高职院校分类的结果来看，该省高职院校主要培养与第二、第三产业相关的技术技能型人才，这和该省经济社会发展以及产业结构布局总体上是相吻合的，并且这一结果与随后的访谈调查所得的结论是比较一致的。这从一定程度上说明本研究设计的产业面向分类方案的合理性与可行性。但是需要指出的是：第一，本分类法的使用范围是有一定界限的，并不是"放之四海而皆准"的。笔者认为，本方案不太适合区域范围较窄的县市内的高职院校分类（因其高职院校数量太少而使分类失去了应有的价值意义）。第二，产业面向的分类方法，尤其是本方案的专业与产业标准的确定，要因地制宜。也就是说，本研究用于 J 省的各类标准并不具有通用性。比如，对以农业为主要支柱产业的省域来说，高职院校面向第一产业的专业可能就是重点和主体，因此其标准就不再是"该校就读于第一

第六章　高职院校分类：高等职业教育发展的新结果

产业的学生数与学校总人数之比达到10%及以上",以及"该校就读于第一产业的学生数与第一产业专业的总人数之比达到5%及以上"了,可能是30%乃至更高的比例。具体的标准需要根据各地方产业发展情况以及人才培养的需求进行设计,以体现分类事实基础上的导向调节功能。第三,利用本方案分类的结果具有相对性而不是绝对性,也就是说,各种类型高职院校的结果随判断标准阈值的调整而有所变化。这一特点告诉我们,分类时要具有全局观,要有比较的意识和方法的观念,要认识到分类只是一种手段和工具,而不是目的和归宿。第四,本方案只是高职院校分类的一种尝试,其并不排斥基于其他因素和目的的分类方法的探讨和应用。

第七章

高职院校毕业生：高等职业教育发展的"试金石"

一、高等职业教育发展质量指标的分析

（一）毕业生质量是衡量高职发展的核心指标

高职发展的结果通常用发展质量进行衡量，所谓高等职业教育发展质量就是高等职业教育在由小到大、由弱到强运动变化过程中的人才培养、科学研究、社会服务等满足受教育者及国家、社会及相关团体要求的能力。[1] 由此可知，高等职业教育发展质量是一个多维的、变化的并可以通过一定的指标，即发展质量标准进行衡量的概念。这些指标主要包括发展理念、发展资源、发展规模效益、发展方式和发展特色等，这些标准又可用高等职业教育质量提高度指征，具体体现为高等职业教育人才培养质量。

迄今为止，学界与社会对人才培养质量尚无统一的标准与指标。《美国新闻与世界报道》设定的质量指标为新生选择性、新生留校率、教师资源与校友捐赠率。财经杂志《福布斯》则从学生的角度对本科人才培养质量进行评判，其主要指标有学生满意度、毕业生的成就、学生就学期间的

---

[1] 李德方. 高等职业教育发展质量标准初探 [J]. 教育与职业，2006（23）：10.

第七章 高职院校毕业生：高等职业教育发展的"试金石"

负债情况、学生在四年内的毕业率、获取的全国性奖项等。中国管理科学研究院武书连课题组发布的中国大学本科毕业生质量排行榜采用的指标是新生入学质量排名和教师平均学术水平。由此可以发现，中外研究机构和专家学者对人才培养质量的考察旨趣、方式方法和标准指标等均有差异。"极端地说，大学的社会评价是由选拔（入学）、毕业（就业）这一入口与出口来决定的。对一般人来说，它有时就是最能看得见的'质量'指标"❶。由于高职院校生源的复杂性，有普通高中的毕业生通过高考后的升学者，也有中等职业学校的毕业生通过对口单招途径的入学者，还有隶属人社部门的技师学院的学生等，因此不便从"入口"进行比较考察。从教育的目的来看，其旨在通过高等职业教育的服务，使受教者能够在原有基础上有所发展，在将来有所成就，也就是表现为学生自身发展程度的提升（增量）和未来发展潜力的储备（存量），因此，通过"出口"的毕业生质量衡量高职发展是合理可行的，某种程度而言，高职院校毕业生质量是衡量高职发展的"试金石"。

（二）岗位胜任力是衡量毕业生质量的综合指标

那么如何考察学生的"出口"情况呢？可以考虑以下两个方面：一方面是由办学目标所决定的影响人才培养质量诸因素的分析，即通过教育过程所获得的知识、技能和态度等人力资本的增量，表现为学生在专业理论和专业实践层面的学业成绩和关键能力的提升等；另一方面则要重点关注学生所消费的教育服务是否适应社会需要，是否适合学生发展，具体表现为学生的就业情况，尤其是就业质量以及学生的发展潜力。这两者又可以借助于毕业生的岗位胜任力来综合衡量。

岗位胜任力是用来区分具体岗位上能完成岗位任务目标的优秀人员的综合要素。不同的岗位具有不一样的岗位胜任力要素，这些要素既有外显的成分，又有隐藏在表象背后的深层次特征，包括动机、价值观、思维方式等。岗位胜任力不仅表现为特定岗位任职资格的基本要求，而且包含员工在岗位上表现卓越的充分条件。通常认为，岗位胜任力要素有三个基本

---

❶ 天野郁夫. 高等教育的日本模式 [M]. 北京：教育科学出版社，2006：251.

特征：一是与工作绩效的紧密关联性；二是能够区分在特定岗位上表现优异者与普通者；三是与具体的岗位特征与任务情景相联系，具有动态性。❶高职院校高端技能型专门人才的培养目标定位决定其毕业生既有区别中等职业学校毕业生的素质要求，也有不同于普通高校毕业生的知识能力。简而言之，其实践知识应比普通本科院校毕业生强、专业理论与智慧技能应比中职毕业生好。不仅如此，其工作岗位的"承上"——将基于原理的设计转化为具体的工程或技术方案，与"启下"——通常直接从事（高端）技能操作工作或者与（高端）技能操作工作紧密相关——的特点决定了传统的重在考察智力水平的学业成绩往往不具有针对性与科学性，而测量并研究高职院校毕业生的岗位胜任力，则可以更为准确直观地反映其培养人才的质量，真正体现以服务为宗旨、以就业为导向的职业教育办学方向。

（三）高职毕业生岗位胜任力要素指标的确定

国内外胜任力要素指标的界定方法通常有关键事件访谈法、职能分析法、外部标杆法等。所谓关键事件访谈法，就是采用开放式的行为回顾式调查技术，"通过对绩优员工和一般员工的深度访谈，提取绩优员工具有而绩效一般员工没有或较弱的行为特征"❷；职能分析法"更主要关注最低限度可以接受的绩效。它关注于实际的工作产出，焦点在工作而不是工作中的个人，通过基于分析的过程，识别一个职能或工作所要求的产出能力"❸；外部标杆法，顾名思义就是借鉴国内外同类"标杆企业"的成熟经验，"分析他们的优秀员工身上具备的独特素质"❹，并结合自身的情况确定指标。以上几种方法各具特色，由此构建的不同范畴、不同领域胜任力要素指标迄今业已具有较为丰富的内涵。有鉴于此，本研究在文献研究的基础上，采用德尔菲法尝试确定高职院校毕业生岗位胜任力要素指标。考虑到高职院校毕业生就业岗位面向的广泛性，难以用某一特定岗位胜任力涵盖整体，因而本研究着重考察高职院校毕业生通用的岗位胜

---

❶ 张力. 岗位胜任力模型在人才管理中的运用 [J]. 企业导报，2011（5）：208.
❷ 张军. 如何评估与发展员工的岗位胜任力 [J]. 中国人力资源开发，2009（5）：45.
❸ 冯明，尹明鑫. 胜任力模型构建方法综述 [J]. 科技管理研究，2007（9）：229.
❹ 张军. 如何评估与发展员工的岗位胜任力 [J]. 中国人力资源开发，2009（5）：45.

任力素质要求。具体的方法步骤是：首先以 Hay/McBer 公司 1996 年版《分级素质词典》（通用素质部分）为蓝本，结合国内不同企业岗位胜任力模型，初步提炼并拟定高职院校毕业生岗位胜任力要素指标。然后组织相关专家，就初步的岗位胜任力要素指标进行讨论，并根据心理学家米勒的"7±2"原则，最终确定 8 项岗位胜任力要素指标，具体结果见表 7-1。

表 7-1 高职院校毕业生岗位胜任力要素指标

要素指标 \ 等级及内涵	优秀	一般	差
专业知识水平	具有扎实的专业理论基础，能够熟练运用专业知识解决实践中的问题	基本具备专业理论基础，能基本运用专业理论知识解决实践中的问题	不具备专业理论素养，缺乏运用专业知识解决问题的能力
操作技能	技能娴熟，操作速度快、准确度高；能从事复杂的技能操作工作	能够用所掌握的技能完成相应的操作任务	技能水平低，不能适应工作要求
岗位适应性	适应岗位能力强、速度快；具备良好的岗位迁移能力	经过一段时间能够适应岗位要求；基本具备岗位迁移能力	难以适应岗位要求，不具备岗位迁移能力，内心比较害怕岗位变动与调整
工作态度	主动接受工作任务并保质保量地完成；工作中表现积极	在外在条件的作用下（领导要求、奖励刺激等）能够接受工作任务并完成	工作不主动，经常拖延完成任务或者不能完成任务
人际沟通能力	能主动积极地与他人沟通，相互之间信息交流自然流畅；促进群体成员合作能力强	在必要的情况下能够与他人进行沟通、交流和合作	不能有效地与他人进行沟通与信息交流；比较难以与群体其他成员进行合作

续表

等级及内涵 要素指标	优秀	一般	差
自主创新能力	思维活跃；能够熟练运用掌握的知识提出原创性的思路与方案	具有一定的集成创新能力；能够对新的技术成果进行消化吸收并再创新	不能有效地消化吸收新的技术成果；缺乏对相关技术成果的集聚融通能力
学习能力	有强烈的学习欲望；能深入了解本专业最新知识和技术并注意其在产业界的应用	能够向书本及其他同行学习	不注意向他人学习；专业能力和水平停滞不前
发展潜能	容易激发潜在的能力发挥；经常有超出常规认识的举动，突破性的成绩与贡献显著	有一定的潜在能力，在诱导激励的情况下能够发挥出水平	潜在的能力不明显；各方面进步迟缓

二、高职院校毕业生的岗位胜任力[1]

（一）研究概要

对毕业生岗位胜任情况最具发言权的是录用毕业生的用人单位，有鉴于此，本研究采用问卷调查的方法，针对高职院校毕业生岗位胜任力各项要素指标，由用人单位根据毕业生在工作岗位的实际表现，采用"好""较好""一般""较差""差"五级区分进行评定。由于中国幅员辽阔，不同区域间高等职业教育既有相似性更有差异性。不仅如此，高职院校本身也具有多样性——既有三年制高职，又有初中后五年一贯制高职；既有隶属于教育部门的职业技术学院，也有隶属劳动人事部门的技师学院（高级技工学校）。考虑到研究的便利性和样本的代表性，本研究选择江苏省

---

[1] 本节主要内容参考拙作：李德方.高职毕业生岗位胜任力实证研究 [J].职业教育研究，2012（12）.

内不同类型高职院校的2008、2011届毕业生为样本对象。这些高职院校包括23所三年制高职（包括普高后三年制和中职对口单招三年制）、11所初中后五年一贯制高职和6所隶属劳动人事部门的技师学院。问卷调查的对象为上述样本对象所在的300余家企事业单位，其中大型企业93家、中型企业154家、小型企业83家、未注明单位类型的22家。共发放问卷500份，回收353份，回收率70.6%。调查结果如表7-2所示。

表7-2 高职院校毕业生岗位胜任力情况

学校	等级	专业知识水平(%)	操作技能(%)	岗位适应性(%)	工作态度(%)	人际沟通能力(%)	自主创新能力(%)	学习能力(%)	发展潜能(%)
普高后三年制高职	好	17.1	19.0	32.1	23.9	20.0	9.7	19.7	22.5
	较好	59.4	57.7	54.3	62.5	51.4	32.0	48.7	45.0
	一般	22.4	22.6	13.6	13.6	27.5	50.4	27.6	27.1
	较差	0.7	0.7	0	0	1.1	7.6	3.9	5.4
	差	0.4	0	0	0	0	0.4	0	0
中职对口单招三年制高职	好	9.2	18.0	18.3	16.3	15.8	7.0	9.3	11.4
	较好	51.3	46.9	59.1	62.1	43.4	32.6	42.3	41.5
	一般	29.8	34.6	22.6	21.1	38.6	43.6	36.6	39.7
	较差	9.6	0.4	0	0.4	2.2	16.7	11.9	7.4
	差	0	0	0	0	0	0	0	0
初中后五年一贯制高职	好	16.5	26.0	29.5	27.7	16.0	11.0	13.8	15.2
	较好	45.4	44.1	55.8	58.6	53.7	29.4	40.6	47.0
	一般	29.2	29.5	13.0	13.0	24.6	43.3	36.0	31.4
	较差	8.8	0.4	1.8	0.7	5.7	16.0	9.2	6.0
	差	0	0	0	0	0	0.4	0	0.4
技师学院	好	15.2	36.5	28.4	19.0	12.6	6.6	12.2	10.9
	较好	35.9	45.2	51.3	54.5	47.0	30.6	37.0	38.4
	一般	37.2	16.1	18.5	24.7	37.4	45.9	34.3	41.0
	较差	11.7	2.2	1.7	1.3	3.0	17.0	16.5	9.2
	差	0	0	0	0.4	0	0	0	0.4

考虑到构成毕业生岗位胜任力的各项要素指标所起的作用不同，有必要依据其重要性给予相应的权重分配和赋值。不难推断，对高职院校毕业生而言，表征其知识、能力和态度的"专业知识水平""操作技能""岗位适应性"以及"工作态度"等四项指标相对来说更为关键，所以分别予以15%的权重，其余的要素指标（后四项）予以10%的权重。其次，为了方便考察并直观比较，将每一项要素指标的评价百分率换算成相应的分值。具体的方法是，将评价等级"好""较好""一般""较差""差"分别按照100%、85%、70%、30%和－n%的比例折算。此处的"－n"中的n是指评价为"差"的对应百分率。比如，某项指标有5%的调查对象评价为"差"，那么在此项指标的分值上要相应减去5分。由此测算的各类院校岗位胜任力要素指标分值如表7－3所示。

表7－3 高职院校毕业生岗位胜任力要素指标分值

学校＼要素指标	专业知识水平	操作技能	岗位适应性	工作态度	人际沟通能力	自主创新能力	学习能力	发展潜能
普高后三年制高职	83.08	84.08	87.78	86.55	83.27	74.06	81.59	81.34
中职对口单招三年制高职	76.55	82.21	84.36	83.98	80.37	70.24	74.45	76.69
初中后五年一贯制高职	78.17	84.26	86.57	86.82	80.58	70.7	75.87	78.53
技师学院	75.27	86.85	85.47	82.61	79.63	69.84	72.61	74.6

将各要素指标分值进行加权统计后可以计算出样本地区高职院校毕业生岗位胜任力，如表7－4所示。

表7－4 高职院校毕业生岗位胜任力

学校＼指标权重	专业知识水平（权重15%）	操作技能（权重15%）	岗位适应性（权重15%）	工作态度（权重15%）	人际沟通能力（权重10%）	自主创新能力（权重10%）	学习能力（权重10%）	发展潜能（权重10%）	总分（满分100）
普高后三年制高职	12.46	12.61	13.17	12.98	8.33	7.41	8.16	8.13	83.25
中职对口单招三年制高职	11.48	12.33	12.65	12.60	8.04	7.02	7.45	7.67	79.24
初中后五年一贯制高职	11.73	12.64	12.99	13.02	8.06	7.07	7.59	7.85	80.95
技师学院	11.29	13.03	12.82	12.39	7.96	6.98	7.26	7.46	79.19
样本地区高职院校毕业生岗位胜任力（平均）									80.66

第七章 高职院校毕业生：高等职业教育发展的"试金石"

（二）结果与讨论

从研究结果来看，样本地区高职院校岗位胜任力平均分值为 80.66（满分100），即总体达到了良好水平。比较各类高职院校的情况，可以发现四类学校基本平衡并各有千秋。其中普高后三年制高职和初中后五年一贯制得分相对略高，其主要得益于这两类学校学生在学习和工作态度方面较之其他学校略胜一筹。从样本地区的实际来看，学生第一次分流发生在初中毕业后，一般成绩较好的学生选择就读普通高中，反之则就读中等职业学校。因此，不难看出，普高后三年制高职的学生实际上是初次分流的胜出者。这些学生学习习惯相对较好，学习方法与学习能力等也比较出众，可以认为他们将自身的这些优势也迁移到了高职院校的专业理论学习中，因而这方面效果比较明显。初中后五年一贯制高职则有中、高等职业教育无缝对接的学制优势。如前所述，这些学生也经历了如其他一般初中毕业生那样的初次分流，但其生源构成并不像就读普通高中和中等职业学校的学生那样"泾渭分明"——学习成绩好的进了普通高中，反之则进入职业学校，通常大部分学生介于两者之间，其中也不乏成绩优秀的学生出于自身或家庭的某种考虑（比如稳定性）而选择就读五年一贯制高职。这些学生入学后先接受中等职业教育，然后直接跨入高等职业教育的大门，或者说此类学校实施的中、高等职业教育之间本身并没有布迪厄所言明的那种"区隔"，因而也就没有通常在不同类型教育以及同一类型不同层次教育之间过渡所带来的"损耗"。这种"长学制"的制度安排，比较有利于从源头科学设计人才培养方案，进而可以有效提高人才培养的效率。

从各单项要素指标来看，比较突出的单项要素指标有"操作技能""岗位适应性"和"工作态度"。四类学校均在良好以上，反映了样本地区高职院校都能紧紧把握高等职业教育的规律特点，有针对性地培养既懂一定理论又会实践技能的高端技能型专门人才，同时比较注重学生的职业道德教育并取得了实效。普遍薄弱的要素指标是"自主创新能力"，得分均在 7 分左右（满分 10 分）。这表明加强自主创新能力的培养不仅是我国普通高校的当务之急与重中之重，同时也是高职院校固本强身之举。前者如果是重点关注学生原始创新能力的培养,后者则应主要着力于集成创新能力和引进消化、吸收、再创新能力塑造,两方面都十分重要,不宜厚此薄彼。

三、高职院校毕业生技能与薪酬相关性研究[1]

(一) 问题的提出

前文讨论了高职院校毕业生岗位胜任力的要素指标并进行了实证研究,包括专业知识水平、操作技能、岗位适应性和学习能力等八个要素,其中操作技能是职业教育区别于其他类型教育最具代表性的指标。换言之,具有一定的专业实践操作水平是职业院校毕业生的普遍特征,高职院校也不例外。

众所周知,改革开放以来,尤其是进入21世纪以来,我国的职业教育受到了党和政府的高度重视。国务院相继召开了全国职教工作会议,出台了一系列促进职教改革和发展的政策规章,职业教育获得了前所未有的大发展,无论是中等职教还是高等职教都已经占据了同等层次教育的"半壁江山"。但是,另一方面,在成绩的背后,也存在很多隐忧,其中职业教育的吸引力弱、可持续发展的能力不强等就是典型。据中国青少年研究中心一项调查显示,在社会上认为"只有成绩差没出息的人才会去读职业学校"的观念仍很普遍。52.3%的学生不愿选择职业学校,49.8%的学生认为"即使自己想去,父母也不会同意"。[2] 不仅一般民众普遍认为"职业学校毕业生社会地位低",职业院校学生自我认同度也不高。一项针对高职一年级学生的调查表明,认为自己比较成功的只有不足10%的学生,说明高职院校的学生自我认同感不高,大大低于普通高等院校的学生。[3] 到底

---

[1] 本节主要内容参考拙作:李德方.高职毕业生技能与薪酬相关性实证研究[J].教育发展研究,2012 (11).

[2] 聚焦"中国职业教育30年的回顾、思考与展望"[EB/OL]. http://learning.sohu.com/20081104/n260435899.shtml.

[3] 汪正贵.关于高等职业教育的反思和追问[J].复印报刊资料(职业技术教育),2009 (8):42.

第七章　高职院校毕业生：高等职业教育发展的"试金石"

是什么原因导致出现这种政府对职教的"高调重视"与民间对职教的"皱眉冷对"的巨大反差？

　　社会分层是指社会不同群体因所占有的财富、权力等不同而导致所处地位不同的一种社会状态。德国社会学家韦伯最早提出了划分社会阶层结构的三重标准，即财富、声望和权力。按照韦伯的说法，所谓财富，是指社会成员在经济市场中的生活机遇。这就是个人用其经济收入交换商品与劳务的能力，即把收入作为划分社会阶级、阶层结构的经济标准。[1] 对于一同跨出校门的毕业生而言，可以假定其声望与权力无甚差别或者差别不大，此时决定其社会地位的主要标准就是其即时的与预期的收入状况。在市场经济时代，薪酬激励已经成为现代人力资源管理的一个重要手段，"在员工心目中，薪酬不仅仅是自己的劳动所得，也在一定程度上代表自身的价值，代表企业对员工工作的认同，甚至还代表了员工个人能力、品行和发展前景"[2]，从某种程度上讲，员工薪酬的高低是微观层面的经济分层的结果反映。因此，在学生的技能水平成为职业教育区别于其他类型教育最具代表性特征的情况下，通过毕业生的技能水平与其获取的薪酬之间关系的了解，或许可以为我们发现诸如职业教育吸引力欠缺等发展中的问题的又一个要因，并进而在此基础上找到解决问题的可能途径。

　　对毕业生技能水平的认定办法有多种：可以采取现场鉴定考核的方法，也可以采信毕业生在校期间所获得的相应技能等级证书。前者实施起来难度很大，缺乏可操作性。后者一方面由于各种证书纷繁复杂，考核主体、考核标准、考核过程等千差万别，证书的权威性与可信度实难确定；另一方面，即使是同样等级的证书，不同专业、不同技能等级证书之间也缺乏可比性，因而这种方法也不便采取。从本质上讲，技能等级证书只是一种符号——用以表征学生技能掌握程度的标识，作为掌握技能的学生主体，自身对其技能掌握情况应该有比较清楚的认识。同样不难推断，作为录用毕业生的用人单位，从毕业生适应岗位要求情况及毕业生工作上的表

---

[1] 李宁. 社会学概论 [M]. 合肥：安徽人民出版社，2007：177.
[2] 雷军乐，樊延华. 发挥薪酬激励的作用 [J]. 经营与管理，2006 (12)：44.

现可以比较直观地了解其技能掌握的真实水平和程度。有鉴于此，本研究采用问卷调查为主的方法了解毕业生的技能情况。问卷分为毕业生问卷（自评）和用人单位问卷（他评），即针对上述问题分别调查毕业生本人以及其所在的工作单位。调查对象为江苏省内40所不同类型高职院校中的2008、2011届毕业生，包括三年制高职（分为"普高后三年制"和"中职对口单招三年制"两类）、初中后五年一贯制高职和技师学院毕业生。用人单位选择上述毕业生所在的企事业单位，具体数量、类型和时间等情况与前节"毕业生岗位胜任力调查"相同。问卷的收发情况如下：毕业生问卷共发放12000份，回收9449份，回收率为90.07%。用人单位问卷共发放500份，回收353份，回收率70.6%。在调查的毕业生有效样本中，2008届3405人，占38.1%；2011届毕业生5114人，占57.2%；届别不明的毕业生占4.7%。在问卷调查之外，本研究还采用了文献调查和访谈调查的方法作为补充。访谈调查的对象为有关高职院校的校长、教师、在校生以及用人单位的人事主管和车间领导（如班组长）等。

（二）研究结果与分析

1. 不同类型高职院校毕业生技能水平存在差异且均有不同程度的提升空间

通过毕业生问卷调查和用人单位问卷调查获得的技能情况如表7-5和表7-6所示。

表7-5 四类高职毕业生认为自身操作技能强的比例情况（自评）

学校类型	普高后三年制高职（%）	中职对口单招三年制高职（%）	初中后五年一贯制高职（%）	技师学院（%）
比例	55.2	53.8	62.0	66.3

表7-6 用人单位认为四类高职毕业生操作技能强的比例情况（他评）

学校类型	普高后三年制高职（%）	中职对口单招三年制高职（%）	初中后五年一贯制高职（%）	技师学院（%）
比例	76.7	64.9	70.1	81.7

从学生自评的结果看，四类高职毕业生中，技师学院毕业生认为自身操作技能强的人数比例最高（66.3%）；其次是初中后五年一贯制高职，

比例为62%；中职对口单招三年制高职比例最低，为53.8%。对于同样的问题，用人单位认可高职毕业生操作技能强的比例普遍高于同类毕业生的自评比例。如对于初中后五年一贯制高职，学生的自评比例是62.0%，而用人单位的比例是70.1%，后者比前者高了近十个百分点。与学生自评结果一致，在四类高职中，按比例从高到低的顺序排列依次是技师学院、普高后三年制高职、初中后五年一贯制高职、中职对口单招三年制高职。尽管用人单位评价的学生主体与本次调查的学生并不完全一致，但两者对操作技能掌握情况的认可度却基本吻合，或者说用人单位的评价结果一定程度上验证了学生自评的可靠性，体现了邓金（Denzin）所说数据的"三角互证"，如图7-1所示。

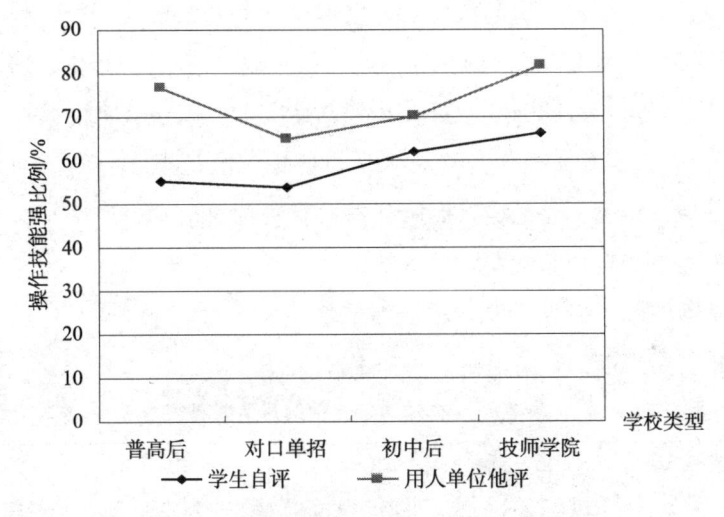

图7-1 学生技能水平自评和他评的结果情况

注：图表中的学校类型"普高后"指普高后三年制高职，其余同。

调查结果表明，首先，样本地区不同类型高职院校毕业生之间的技能水平存在差异。其中评价最高的技师学院与评价最低的中职对口单招三年制高职之间相差十多个百分点。其次，从数据看，无论哪一类高职，其毕业生对技能自我认可的比例都仅在60%左右，反映了学生技能普遍仍有较大的提升空间。之所以产生这一结果，原因有很多：有的可能是学生自身的原因，比如存在部分学生为了证书而获取证书的倾向，没有将技能水平提升内化为自身的主动意识而贯穿于整个学习过程之中,而更多的是"临时抱佛脚";也有的是"技非所用"的结果,表现为毕业生对口就业率不高,这就导致当初在校期间所学的专业知识和相应的技能派不上用场。闵维方和曾满超的研究发现,学以致用者工作努力程度较高,工作效率也比其他人高出7个百分点。[1] 也就是说,专业对口的毕业生能够更好地发挥自身特长从而提高生产率,同时也能有助于学生增强自信心,反之,自我认知就会降低;有的可能是学校的原因,从样本学校提供的《人才培养方案》等文献资料表明,尽管绝大多数学校都注重了学生的实践能力的培养,实践教学时数也不少,但是通过访谈和观察得知,在实践教学的过程中各校却参差不齐,有的疏于管理,技能训练形同放羊,顶岗实习流于形式,结果不言自明;还有的可能是证书本身的问题,形式不等、种类繁多的技能证书的"含技量"究竟如何,证书的获取过程是否严格、透明、公正,委实是很难断言的问题。更有甚者,社会上一度还有将证书作为牟利工具的"传言",而一旦作为技能水平重要标识的证书本身有了问题,那么即使获取率再高,恐也难以提振证书持有者的自信,更遑论其对工作岗位任务的完成和自身职业发展的助益。

2. 高职院校毕业生薪酬水平普遍较低

样本对象当前的月薪情况如表7-7所示。

表7-7 样本对象当前的月薪情况

学校类型 月薪	普高后三年 制高职(%)	中职对口单招 三年制高职(%)	初中后五年 一贯制高职(%)	技师 学院(%)
1000元以下	2.1	3.8	4.9	1.3
1001~1500元	6.7	12.4	17.7	10.5
1501~2000元	17.5	24.5	26.0	14.8
2001~2500元	29.7	31.3	23.3	22.7
2501~3000元	18.8	15.1	12.7	20.4
3001~3500元	15.7	9.7	8.4	16.4
3501元以上	9.6	3.3	7.0	14.1

注:此处的"当前"指本调查实施时的时段。

---

[1] 徐国庆. 职业教育原理[M]. 上海:上海教育出版社,2007:106.

第七章 高职院校毕业生：高等职业教育发展的"试金石"

调查表明，高职院校毕业生当前的月薪主要分布在 1500~3500 元。其中普高后三年制高职共有 81.7% 的毕业生当前月薪在 1500~3500 元，中职对口单招三年制高职、初中后五年一贯制高职和技师学院分布在这个区间的比例分别是 80.6%、70.4% 和 74.3%。另外，技师学院和普高后三年制高职分别有 14.1% 和 9.6% 的毕业生当前月薪在 3500 元以上，而初中后五年一贯制和中职对口单招三年制高职相应的比例为 7.0% 和 3.3%。从样本地区经济发展水平和在岗职工人均收入来看（如表 7-8 所示），近几年全省职工平均月薪呈逐年上升趋势。2010 年月平均工资首次突破 3000 元，达到 3375 元。2011 年职工年薪更是达到了 45987 元，月均 3832 元。❶ 由此可知，这些平均工作两年左右（对 2011 届毕业生而言，截至调查时点的工作时间约为半年；对 2008 届毕业生来说，工龄约为三年半。由于两者样本数相差不是太大，因此概略估算样本对象平均工作年限约为两年）的高职院校毕业生的月薪大多没有达到全省职工平均工资水平，与国有单位职工工资相比差距更为明显。

表 7-8 样本地区近三年城镇单位（不含私营个体）在岗职工平均工资水平❷

工资 年份	工资水平（单位：元）							
	全部职工		国有单位		城镇集体单位		其他单位	
	年薪	月均	年薪	月均	年薪	月均	年薪	月均
2008	31667	2639	39325	3269	22929	1911	27067	2256
2009	35890	2991	45446	3787	27022	2252	29901	2492
2010	40505	3375	51245	4270	31502	2625	34260	2855

3. 高职院校毕业生技能水平与薪酬之间不存在显著相关

为了调查毕业生技能水平与薪酬之间是否相关以及如何相关，将样本对象的当前月薪与技能操作情况输入计算机并采用 SPSS17.0 软件进行相关分析，结果如表 7-9 所示。

---

❶ 2011 年职工年薪数据来源：http://www.xici.net/d170271704.htm。
❷ 该表数据摘自江苏省统计局编制的《江苏统计年鉴 2011》，其中"月均"工资由笔者用相应的年薪除以 12 计算得出。

表7-9 相关系数 Spearman 的 rho

			操作技能强
当前月薪	相关系数	1.000	-0.042**
	Sig.（双侧）	0.	0.000
操作技能强	相关系数	-0.042**	1.000
	Sig.（双侧）	0.000	0.

注：**．在置信度（双测）为0.01时，相关性是显著的。

通过 Spearman 的 rho 相关分析可知，操作技能强弱与当前月薪不存在显著相关，相关系数 $r_2 = -0.042$。也就是说，技能水平高的毕业生并没有比技能水平低的毕业生或者无技能的毕业生享受到更高的薪酬待遇。这就表明，职业院校学生迄今没有因为其既有理论又有实践的特殊性而受到如舆论宣传那样的重视和礼遇。虽然政府有关部门、学校和教师以及相关的新闻媒体都一再宣传强调培养技能型人才对中国社会发展是多么的重要，也曾有不少媒体争相报道"月薪八千元难求一名技工"的新闻❶，似乎社会"求技若渴"的程度非同一般。但是从中国社会实际情况来看，中国的学历教育仍然是用人制度的主导因素。虽然政府再三提醒社会不要把上大学❷看成是发展事业前途的唯一出路，但是在用人制度方面，没有大学学历，甚至没有研究生学历，事业前途都是不宽阔的，社会地位也随之受影响。❸ 如此看来，曾有的高调宣传即使不是媒体的刻意夸张，也不得不说是特殊的个案，对于广大的一技之长拥有者而言，高薪目前还只是美好的愿望，技能型人才远没有受到社会的普遍重视。此点也得到权威统计的证实——根据麦可思研究院（MyCOS Institute）大样本数据调查得知，近年来高职高专院校毕业生的月薪尽管有所提高，相对而言提高幅度也不算小，但和普通高校毕业生相比，还是存在一定的差距，如图7-2所示：

---

❶ 新华网．月薪八千元难求一名技工 [EB/OL]．http：//www.zgjrw.com/News/20091019/GZ%20Finance%20Net/477045378300.html．

❷ 此处的"大学"主要指普通高校。

❸ （澳）张宁．从世界职业教育发展历程看中国职业教育发展 [J]．复印报刊资料（职业技术教育），2009（6）：54．

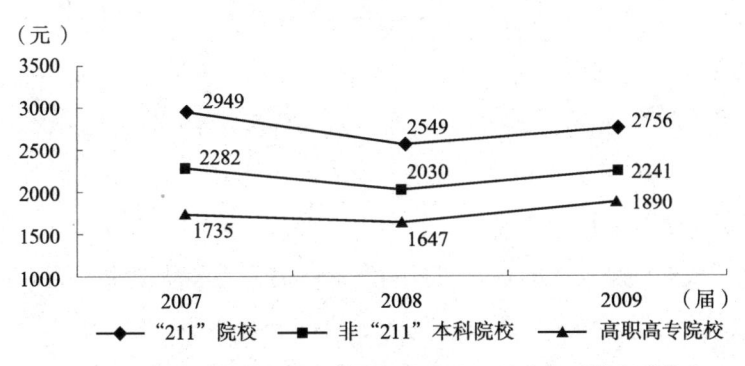

第七章 高职院校毕业生：高等职业教育发展的"试金石"

（元）

```
3500
3000   2949
2500   2282        2549     2756
2000            2030        2241
1500   1735     1647        1890
1000
       2007     2008        2009    （届）
```
―◆―"211"院校　―■―非"211"本科院校　―▲―高职高专院校

图7-2　2007~2009届各类院校毕业生工作半年后的月薪[1]

（三）结论和建议

如上所述，本研究基于实证的方法探讨了高职院校毕业生技能水平与薪酬之间的相关性，并得出了两者并不显著相关的初步结论，这也从另一个视角揭示了职业教育缺乏吸引力的又一要因。众所周知，职业院校由于其生产、管理一线的技能型专门人才的培养目标定位，决定了其毕业生主要在基层一线从事以操作为主的工作。对于从事具体事务的一般员工，在假定工作态度、工作时间等要素相同的情况下，影响其工作业绩最主要的因素就是其岗位技能的掌握情况，对这样的人群，其薪酬更多地体现为员工掌握工作所需技能所支付的报酬，即"技能薪酬"。由于本研究样本取样的局限，研究结论并不具有普适性，而仅仅适用于样本地区。但是，采用本研究的方法，或许可以考量一个地区抑或一个国家是否真正重视职业教育、重视技能型人才——因为"技能薪酬"的高低，不仅体现了对当下员工工作价值的认可与重视，而且也体现了明天选择职业教育的人们是否会受到应有的重视。美国著名心理学家和行为科学家维克托·弗鲁姆（Victor H. Vroom）曾经提出了著名的期望理论。该理论认为，人们采取某项行动的动力或激励力取决于其对行动结果的价值评价和预期达成该结果可能性的估计。如果努力并不能带来预期的价值，或者说其预期的价值竟

---

[1] 麦可思. 2010年中国大学生就业报告［EB/OL］. http://edu.163.com/special/0029314H/mycosjiuye.html.

然是一块"画饼",那么行动主体就会产生挫折感,就会消极对待。要想真正重视技能型人才,增加职业教育的吸引力,并进而保持其可持续发展,需要全社会共同努力。采取切实有效的举措,才是题中应有之意。

1. 政府部门要努力构建重视技能型人才的良好环境,着力提高技能型人才的社会地位和经济待遇

众所周知,就业率的状况和薪酬水平的高低是衡量学生就业质量的核心指标,在市场经济条件下,这些似乎是由市场这只"看不见的手"决定的。但事实和经验告诉我们,这并不排斥政府的作用,相反,政府有时更应该有所作为,有大作为,从经济社会发展的长远角度谋划职业教育,提升职业教育的吸引力和社会认可度。这就要求政府必须从政策的、制度的和法律的层面采取实质性的措施并长期努力才能收到应有的成效。一是政府各部门、社会各组织要通过政策支持、制度引导和舆论宣传等多种方式,大力弘扬"知识和技能并重"的现代理念,从根本上扭转"重知识、轻技能"的传统思想,努力营造全社会重视技能型人才的良好氛围,形成技能型人才也是重要人才、技能型人才是核心竞争力的广泛共识。二是劳动人事部门要尽快制定提高技能型人才,尤其是高端技能型人才岗位工资和福利待遇的激励政策,建立有利于技能型人才成长和发展的稳定机制。"比如在美国,教授的年薪一般是 8 万~10 万美元。如果要想挣更多的钱,到汽车公司当汽车装配工,年薪 15 万美元。要挣更多的钱就去修水管子,一小时 70 美元。"❶ 否则,无论多么高调的宣传,最终也只是炫目的海市蜃楼,不仅不能促使人们去主动选择职业教育,而且还有失去民众信任的风险。三是要进一步解放思想,制定落实给予非公有制经济组织技能型人才发展以平等待遇的相关政策措施。同时要加大对经济社会发展做出突出贡献的技能型人才的奖励力度并使之常态化、制度化。四是在党政机关和事业单位特定技术技能型岗位的人员招聘中,要给予技能型人才以一定的政策倾斜,努力集聚一支数量充足、门类齐全、梯次合理、技艺精湛的技

---

❶ 职业教育的吸引力不够 [EB/OL]. [2009 - 05 - 04]. http://www.28.com/jy/jy/n - 492459.html.

第七章 高职院校毕业生：高等职业教育发展的"试金石"

能型人才队伍。

2. 高职院校要深度推进课程建设和教学改革，积极营造重视技能、勤学技能的校园文化

伴随职业教育规模的扩大，职业教育的固有特色必须彰显出来才能在教育系统中稳固自己的固有阵地并不断提升吸引力。面对瞬息万变的市场和产业发展，职业院校必须围绕培养真正意义上的高技能人才做文章。高职院校要树立以学生可持续发展为本的课程观，注重学生培养的知识传授与技能训练相结合、职业岗位的适应能力和迁移能力相结合、单一操作技能和综合职业能力相结合、技术应用能力和创新创造能力相结合。为此要优化课程设置，在丰富高职文化课的同时，开足实践技能课程，开发灵活多样的选修课程和素质拓展课程。同时要改进课程教学方法和教学手段，积极倡导以学生自主学习、问题探究为中心的启发式教学方法，有效使用数字模拟、网络信息、多媒体等现代化教学手段和虚拟工厂、虚拟车间等现代技术手段，高质量地落实人才培养方案中的实训实习环节，并通过现代工业文化与校园文化对接，现代企业文化与学校教育过程融合，使学生适时感受、正确认知并积极认同企业文化，积极营造重视技能、勤学技能的高职院校校园文化，努力促进学生职业意识的形成和职业能力的提升。

3. 广大学生要准确定位，努力使自己成为文化基础好、实践技能强、综合素质优的独特人才

俗话说"打铁还需自身硬"，职业教育吸引力的提升和可持续发展不仅需要政府和全社会的共同努力，更需要职业院校一届又一届学生自身的不懈追求。从本研究的结果不难推断，造成目前高职院校毕业生"技能薪酬"不高的局面固然有很多外部因素，但作为学生自身恐也难辞其咎。如前所述，不少毕业生自身技能掌握情况实际上并不尽如人意，尤其是各个专业的关键技能和高端技能，由于受到培养者理念的局限、学生在校学习时间的限制以及设备条件等的影响，在调查对象学校的《人才培养方案》等文献中难觅踪影，更遑论学生对这些技能的掌握。以致社会上就有一方面很多企业"高薪难求一名技工"，另一方面学生就业难的相悖现象的同时出现。不仅如此，访谈调查还反映出高职毕业生的知识面还比较窄、学

· 153 ·

生的自主创新能力不强、部分学生的工作态度不够认真等问题。用人单位反映有的学生好高骛远，不安心本职工作，频繁跳槽，不仅不能给单位带来预期的效益，而且还增添了不必要的麻烦。种种迹象和诸多事实表明，作为学生，自身提高认识、准确定位、努力练好内功十分重要。作为高职的一员，从选择进入高职院校的那一刻起，就要客观地分析自己的主客观条件，明确自己的职业性向和努力方向，切合实际地给自己制定一个明确的个人职业生涯规划，并贯穿于整个高职学习的全过程。在注重文化理论学习的同时，勤练、苦练、巧练技能，加强综合素质的培养和提高，力求在德智体美劳诸方面均衡发展，协调发展，努力体现作为高职生文化基础好、实践技能强、综合素质优的独特优势，使自己成为未来产业大军队伍中不可替代的优秀人才。

第八章

高职本科：高等职业教育发展的新趋势

《国务院关于加快发展现代职业教育的决定》中明确提出，"探索发展本科层次职业教育"。本科层次职业教育本质上就是高职本科。国务院的这一决定标志着我国高等职业教育发展进入了一个新时代，其向上延伸取得实质性进展有了可靠的政策依据，也代表了今后高职发展的新趋势。

一、高职本科的内涵及属性

（一）何谓高职本科

高职本科，即本科层次职业院校，是我国普通高等教育和高等职业教育类型中的一种新型的学校形态，是一个富有创新的本土概念，具有高等教育和职业教育双重属性。

根据《国际教育标准分类》研判，高职本科属于教育体系的第五层级中的5A层级。在5A层级中又分为5A1和5A2，5A1为重点和普通本科院校，学制为4年，培养学术型人才；5A2为职业本科或技术本科院校，培养技术型人才。国内有学者研究认为，德国把应用科技大学看作"为职业实践而进行科学教育，而不是带有某些理论的职业教育"，很明显把应用

· 155 ·

科技大学看作5A2。❶就笔者80年代中期在德国（西德）留学的观察及有关德文资料的理解，可以肯定地说，德国应用科技大学培养的是工程师，相对应的应该是我国的工程教育，但与笔者提出的高职本科有一定的相通性。笔者认为，5A2倒是本课题所研究的高职本科，学制一般为4年，学生以学习、掌握、应用技术为主，培养目标定位在技术型人才（技术师）。

技术型人才提出的依据，源自职业带理论。职业带理论通常把人才分为四种类型，即学术型人才、工程型人才、技术型人才、技能型人才，而工程型人才、技术型人才、技能型人才统称为应用型人才。实际上，后三种人才类型就是三种不同类型高校的人才培养目标，普通本科培养工程型人才，高职本科培养技术型人才，高职专科培养技能型人才，人才培养边界非常清晰。所以，笔者一直不主张把高职本科的培养目标定位在应用型人才，因为，它是一个非常模糊的概念，培养的针对性不强，很难培养出有个性、会动手、善动脑的技术型人才。

基于《国际教育标准分类》和职业带理论，笔者可以给高职本科下个定义：高职本科既不完全等同于德国的应用科技大学，培养工程型人才（工程师），也不完全等同于我国普通本科高校转型，培养应用型人才，高职本科是以技术为根基，以实践为导向，技术理论与技术实践并重，培养技术型人才（技术师）。其本质特征体现在"技术"，落脚点在"育人"，核心使命是服务地方经济发展。这就是具有中国特色、技术特征、地方特点的未来高职本科的理想雏形，也是对中国高职本科未来发展的理性定位。

（二）高职本科的基本属性

高等职业教育是一种特殊的教育类型，是我国教育制度的创新。制度创新决定了高职本科具有双属性身份。这是高职本科发展的本质所在、特色所系、规律所然。因为，它是高等教育体系中不可或缺的一种新型的学校类型，它的人才培养功能是我国普通高等学校无法替代的，同时，它又是职业教育体系中的一种本科层次的学校类型，也就是说，它具有高等教

---

❶ 孟庆国.应用技术大学办学现实性与特色分析［J］，职业技术教育，2014（10）：6.

第八章 高职本科：高等职业教育发展的新趋势

育的基本特性，又具有职业教育的鲜明特色。[1] 它既姓高，又姓职，名为地方性，即从我国地方经济发展的需求出发，根植地方土壤，立足地方产业，服务地方发展，建设具有中国特色、技术特征、地方特点的高职本科院校。

1. 高等性

高职本科姓"高"，是高等教育中的一支新生力量，是一种特殊类型的高等学校，具有高等教育的基本属性。因为，它与普通本科相比，属同层次，而不同类型。高职本科除了培养学生的共性能力外，强调技术定向，更加重视培养学生的技术素质，使学生具有更扎实的技术基础，掌握更先进、难度更高、更系统的技术，能承担技术含量更高的工作，在技术研发领域有更好的发展前景。[2] 而普通本科则强调学科定向，注重专业领域内的理论基础、学科体系建设，强调知识的系统性、学问的高深性。尽管高职本科和普通本科有本质上的不同，但高等性的属性是永远存在的。这就是高职本科发展的根本价值所在。

2. 职业技术性

职业技术性是高职本科的固有本色，是与普通本科的根本区别，所以它还必须姓职。高职本科本身就是一种工具性鲜明的教育，它直接指向职业技术，培养人的高端技术技能，提高人的职业技术本事，进而实现好就业、就好业。从职业领域分析，"职业技术"应是高职本科"立地"的核心元素，主要包括职业领域内的基本技术、关键技术、前沿技术等，其应用范围远比岗位技术要宽，比如，学生职业迁移能力主要来自职业技术的作用，而不是岗位技术的作用。因此，高职本科在人才培养过程中，必须确立以"职业技术"为根基的人的全面发展观，融技术原理、技术知识、技术实践于一体，科学制定并有效实施高职本科的人才培养方案，提高学生的培养质量和技术适应能力，让高职本科毕业生的职业技术之路走得更稳，发展得更好。

---

[1] 翟轰. 高等职业技术教育概述 [M]. 西安：西安电子科技大学出版社，2002：44.
[2] 刘智勇，等. 对高职教育"高等性"和"职业性"的再认识 [J]. 高教探索，2011 (4)：109.

3. 地方性

地方性是高职本科生存与发展的"实践逻辑"。所谓"实践逻辑"，其核心要义是"接地气"，办学要扎根地方土壤，立足地方产业，服务地方发展，引领百姓致富。高职本科要主动承担起服务地方发展的历史使命和责任担当，把"接地气"作为办学定位属性的根本出发点和追求目标，充分发挥学校的人才资源优势、技术研发优势，有效融入地方的产业资源、文化元素，实现专业设置和地方产业发展对接，教学过程和企业生产过程衔接，不断拓展学校自身的生存和发展空间，在服务地方发展上做大学校的办学优势，做强学校的发展特色，做精学校的文化品牌，使高职本科真正成为推动地方经济发展的"动力源"和"智慧库"。

二、高职本科的发展定位

（一）高职本科定位的顶层设计

高职本科定位的价值分析，旨在从三个维度进行顶层设计：立德价值培养学生的"德性"，即做人；立能价值解决学生"做什么、怎么做"问题，即做事；立地价值解决如何服务地方问题。立德、立能、立地三者相互作用，互为支撑，缺一不可。

1. 立德是高职本科定位之魂

立德价值的核心体现在学生的全面发展上，落脚点定位在做人。高职本科的立德价值逻辑是培养人，培养有德性的人才，因此，人才培养的原点必须回到学生的全面发展，让学生在人生成长过程中终身受益。笔者在三十多年工作经历中深深感悟到，大学教育真正对学生一生受益的不是考试分数，不是专业知识，而是行为习惯、职业精神、价值观念、做人品质，即"德性文化"。其实，受益就是涵养一种"德性"，有德才能走稳，厚德定能致远。具体来说，高职本科不仅仅是提供专业教育，训练学生的学习方法，让学生掌握技术技能，使学生获得谋生立业的本领，更重要的是培养学生的道德担当。在人生价值教育方面，强调"以德育人"，在立身处世教育方面，强调"以德立人"，在与人合作共事方面，强调"以德

第八章 高职本科：高等职业教育发展的新趋势

待人"。高职本科定位必须全面把握"立德"价值逻辑的内涵要求，着力引导学生选对路，走好路，着力培养学生全面发展的品质和潜能，着力营造高职本科育人为本的"德性文化"，真正让学生在大学生活中，体验德性的价值，感悟德性的境界，以此激扬生命的正能量。

2. 立能是高职本科定位之基

立能价值的核心体现在培养目标的达成上，落脚点定位在做事。高职本科培养的是技术型人才，因此，应把技术贯穿于人才培养的全过程，着力培养学生先进的技术理念，稳定的技术心态，娴熟的技术能力，优良的技术品质。高职本科与普通本科的区别在于价值取向的不同，高职本科强调技术价值观，旨在解决"做什么"和"怎么做"的问题，培养学生对世界的改造能力；普通本科强调学术价值观，主要解决"是什么"和"为什么"的问题，培养学生对世界的认识能力。[1] 这就要求高职本科必须树立"大技术"的教学观，系统规划以技术知识为重点的课程内容体系，充分彰显"教"要服从"学"，先学后教，以学定教的教学组织架构。技术知识反映的是人的实践活动，包括技术理论知识和技术实践知识，高职本科应依据技术知识的特性，合理安排课程，有效组织教学，创新教学方法，使学生对现代技术的特点、内涵、发展趋势和规律有清晰的认识，[2] 着力训练学生分析技术问题的方法，培养学生解决技术难题的本事，为学生的可持续发展立能，积累扎实的技术能量。

3. 立地是高职本科定位之根

立地价值的核心体现在教学过程的创新上，落脚点定位在服务地方。高职本科和普通本科同属一个层次，但由于学校类型的不同，培养目标、课程设置、教学过程是完全不同的，因此，高职本科教学过程创新是以校地（企）合作为本位的价值逻辑，人才培养不追求以学术见长，而追求以技术立身；科学研究不追求解决"顶天"问题，而追求解决"立地"问题，重在技术研发、服务地方上培育办学优势。这就决定了高职本科的教

---

[1] 夏建国.技术本科：在跨界中生长的教育力量 [N].中国教育报，2013-10-05.
[2] 徐宏伟.论职业教育的内在价值 [J].中国职业技术教育，2014（9）：37-38.

学过程不能盲从普通本科的教学传统，而是要遵循高等职业教育内在的办学规律，找准高职本科发展与行业企业发展相对接的切入点，瞄准服务地方产业发展的突破口，在校地（企）两个主体上实现教学过程的实质性突破：突破校地（企）合作育人过程中学校和企业之间的两张皮问题，从制度上切实解决好企业合作育人的主体动力；突破专业教学过程和企业生产过程的脱节问题，从源头上建立合作的利益共赢链，让企业"有利可图"，进而把"立地"这篇高职本科发展的大文章，写实、做精、做出品质，实现校地（企）合作一加一大于二的育人功能和服务效益。

（二）高职本科定位的战略要素

高职本科是我国高等教育、职业教育类型中刚刚出现的"新生事物"。任何新生事物的发展，首先要解决好定位问题。高职本科也是如此，这样，才不至于走岔路、走错路，进而选对、走好高职本科自己应该走的路。由此可见，定位就成了当下我国高职本科发展的战略要素。

1. 培养目标定位：技术型人才（技术师）

在发展高职本科之时，非常有必要下功夫弄清楚高职本科究竟培养什么人，即培养目标。培养目标反映的是学校全部工作的指向及最后所达成的结果，是学校全部工作的核心要素，决定学校的办学方向。培养目标定位精准了，高职本科的人才培养工作就会沿着特色化、个性化的方向前行，学校的办学特色才会在日积月累中彰显出来。

2014年年初，笔者带着高职本科培养目标的定位问题，调研了几家高科技企业的人力资源开发部门。用人单位普遍认为，企业最需要在一线能解决实际问题的人才，这种人才的重要特征是：能吃苦、会动手动脑、会研发、会管理、有持续的发展能力，等等。实际上，这是用人单位对高职本科人才规格的框架描述，或者说，用人单位对高职本科人才需求规格提出的几个关键词。笔者认为，这几个关键词是高职本科人才培养目标定位的核心要素，为我们定位高职本科培养目标提供了重要依据。[1]

基于用人单位对高职本科人才培养目标与规格的建议，笔者认为，高

---

[1] 王明伦. 三个关键词勾勒高职本科真容［N］. 中国教育报，2014-01-07.

第八章 高职本科：高等职业教育发展的新趋势

职本科人才培养目标定位的完整表达是："高职本科是建立在高中阶段教育基础之上实施的具有高等教育属性的职业教育，面向基层，服务地方，培养会动手、会研发、会管理、会发展的技术型人才（技术师）。"

从高职本科人才培养目标定位的内涵要素看，在教育类型上，直接而又重点强调了"具有高等教育属性的职业教育"，充分反映了高职本科所具有的类型特征；在生源对象上，明确了"高中阶段教育"的生源质量要求，无论是普高还是职高生源，都必须达到高中阶段教育的文化、技能要求；在人才规格上，明确提出了"培养会动手、会研发、会管理、会发展的技术型人才"，它既不同于一般普通本科的人才培养目标——应用型人才，也有别于高职院校（专科）的人才培养目标——高技能人才；在服务面向上，体现了直面基层，服务地方，服务生产一线的培养要求，致力于培养学生服务基层的工作态度、管理智慧、解决技术问题的方法能力。

再从高职本科人才培养目标定位的内在关系要素看，厘清了高职本科、普通本科、高职专科之间人才培养的内在逻辑关系，高职本科与普通本科属"同层"而"不同类"；高职本科与高职院校（专科）属"同类"而"不同层"。

2. 专业定位：服务地方需求

高职本科培养目标的定位，决定了其专业的定位。专业是高职本科服务地方经济社会发展的重要载体，是实现高职本科人才培养目标，解决学生就业问题的有效抓手。专业具有两个鲜明的边界特征：一个是学术边界，它是从学科维度来考虑，研究型高校都是按照这样的学术逻辑设置专业的。专业是为学科发展服务的，学科先于专业、高于专业；一个是技术边界，它是从职业维度来考虑，高职本科应按照技术逻辑设置专业，将一定的技术原理与理论知识转化为现场的生产体系，兼有理论与应用的双重特性。[1] 基于专业的技术性边界特征，高职本科的专业定位应体现在如下两点：

一是专业的边界定位：突出技术性，淡化学科性，强化专业。高职本

---

[1] 叶华光，等. 高等职业教育本科与专科主要边界研究 [J]. 南方高职教育论坛，2010（1）：12.

科按照行业需求和职业需要设置专业，而不是按学科的发展要求设置专业。也就是说，高职本科的专业设置是需求驱动、实践导向，既要适应行业高新技术的发展，也要满足职业岗位的宽口径要求，源于职业，但必须高于职业，着力凸显技术与职业的复合，体现专业的技术含量。

二是专业的服务定位：突出地方性，适应产业需求，服务地方经济。高职本科的专业设置一定要关注实践的落地，为服务地方经济发展"立根"，为学生就好业"立根"。这就要求高职本科的专业设置必须扭住地方的产业发展重点、文化传统优势，在提高专业设置与地方产业需求、文化发展对接的吻合度上下功夫，在服务地方产业发展上创特色，在服务地方百姓致富上做品牌，真正彰显高职本科在服务地方发展中的社会价值和存在意义。

3. 课程定位：工作过程知识主导

课程是实现高职本科人才培养目标的核心要素，是高职本科服务地方经济发展的质量保证。高职本科的课程观、课程内容、课程模式、教学组织、教学实施与普通本科的课程要求是有本质区别的。因此，高职本科的课程应依据人才培养目标的内在要素进行定位，具体可概括为：遵循职业性和跨界性原则，秉持"课程内容是工作过程知识"的课程观，坚持工作过程知识主导；淡化学科本位，按照技术领域和专业岗位群的任职要求，依据相关的职业资格标准，从职业的认证逻辑和工作过程知识的跨界属性出发，构建有利于学生就业、有利于学生转岗发展、能够满足培养目标要求的高职本科的课程体系。

高职本科的课程体系构建需要有跨界的视野和方法，实现课程内容与工作过程知识的整合。具体来说，就是回归技术教育本源，体现学工（学习与工作）贯通本真；加强课程教学的复合度，把"做、学、教、研"融为一体，"做"彰显职业技术性，"学"彰显主体性，"教"彰显主导性，"研"彰显高等性，形成符合高职本科发展逻辑的课程教学价值链；加强企业的主体地位，明确企业的育人责任，把校企合作育人作为课程定位的根本出发点，从源头上推进课程教学过程与企业生产过程的实质性融合。

第八章 高职本科：高等职业教育发展的新趋势

4. 科学研究定位：技术研发"立根"

高职本科的科研应以服务学生成长和服务地方发展为战略定位，技术问题导向，教学和科研并重，教学研究与技术研发并重，在技术成果的转化上下功夫、显个性、创品牌。

高职本科的教学研究定位：高职本科培养技术型人才，这就决定了它的科学研究定位，重在教学研究和技术性开发研究，较少关注基础性的理论研究，其主要目的，很大程度上是为提高教育教学质量服务的。❶ 有鉴于此，高职本科必须把技术型人才培养质量作为教学研究的重中之重，挖掘存量资源，加大对教学研究的人力和财力投入，拆除教学与科研之间的围墙，让教学研究成果走向实践、指导教学实践，充分发挥教学研究对人才培养质量提升的引领作用，有效推进教学、教学研究、技术研发协调发展。

高职本科的技术研发定位：其核心价值是要处理好服务和引领的关系。所谓"服务"，就是要拿出真本事，为行业、企业发展培养合格的技术型人才，解决企业的技术难题；所谓"引领"，就是要拿出具有前沿性的技术成果（专利），引领行业、企业技术改造、产品升级、管理创新。因此，高职本科要充分挖掘自身的潜在优势，创建校地合作技术研发中心，在"立地"上发力，切实做到"论文写在产品上、研究做在技术中、成果转化在企业里、价值体现在效益上"❷，让高职本科真正成为引领地方产业发展的创新高地，让企业真正成为高职本科技术研发成果转化的实验场。

5. 教师能力定位：三能型教师

高职本科发展的成败与否，关键看教师能力结构是否合理。没有符合高职本科要求的好教师，就不可能培养出满足地方需要的好学生，更不可能办出个性鲜明的高职本科高校。教师能力如何定位？笔者看来，就是守正出新。既要守正，更要出新。所谓"守正"，就是要坚守本科层次职业

---

❶ 潘懋元，车如山. 略论应用型本科院校的定位［J］. 高等教育研究，2009（5）：38.
❷ 夏锋. 高校应积极构建自身"新常态"［N］. 光明日报，2014－12－01.

教育的本质特征和功能定位，按照高等职业教育教师特有的能力要求，真正把办学的原点回归到高职本科教师发展上。所谓"出新"，就是要探寻高职本科教师的能力特质，绝不能走普通本科高校教师培养"过分追求高学历"的老路，而是要突破"非（211高校）博士不进"的藩篱，坚守"不唯学历凭能力"的高职本科教师发展观；更不是要转回高职院校教师"双师型结构"的原点，而是要突破高职院校"双师型"教师能力结构边界，创建高职本科"三能型教师结构模型"。何谓"三能型教师结构模型"？具体来说，第一个"能"，指知识教学能力。这是大学教师必须具备的通用能力。对高职本科教师来说，不仅要有扎实的知识基础、心智技能，而且要掌握传道、传技、传知的育人方法，把深奥的专业技术理论知识用通俗易懂的语言传递给学生，让学生乐学。第二个"能"，指实践（技术）教学能力。这是高职本科教师能力结构的重中之重。教学生掌握技术技能，教师必须要有过硬的技术技能、实践智慧，会操作传技，能示范传道，成为驾驭高职本科高校实践教学过程的行家里手。第三个"能"，指技术研发能力。这是高职本科教师不可或缺的能力，也是与普通本科高校老师的根本区别。主要包括：了解企业的生产过程、工艺流程，具有解决企业技术难题的能力；学习掌握企业技术发展的前沿动态，具有合作承担企业新技术、新产品、新工艺的研发能力。❶ 高职本科"三能型教师结构模型"可以用三句话概括：走进教室是称职的专业老师，真本事在于让学生乐学；走进车间是称职的技术师傅，真本事在于培养学生解决实际问题的能力；走进企业是称职的技术师（技术研发师或技术维修师），真本事在于解决企业急需解决的技术难题。

三、高职本科的发展路径

高职本科发展路径实质上就是发展道路的选择问题。在路径战略选择上，我们既要理性总结各地的实践探索经验，也不能完全效仿各省的具体做法，而是要客观把握实践探索的本真，把实践探索成果按"类"进行分

---

❶ 王明伦. 普通本科高校转型的三个着力点［J］. 中国职业技术教育，2014（33）：43.

析，以此作为高职本科发展路径选择的参考。

(一) 高职本科发展路径的背景分析

1. 发展路径的政策背景

2010年颁布的《国家中长期教育改革和发展纲要（2010—2020）》提出，"到2020年要形成适应经济发展方式转变和产业结构调整要求、体现终身教育理念、中等和高等职业教育协调发展的现代职业教育体系"。构建中高职协调发展的现代职业教育体系，不可缺少本科层次的职业教育。《国务院关于加快发展现代职业教育的决定》中进一步明确，"采取试点推动、示范引领等方式，引导一批普通本科高等学校向应用技术类型高等学校转型，重点举办本科职业教育"。"独立学院转设为独立设置高等学校时，鼓励其定位为应用技术类型高等学校"。2015年，《中共中央关于制定国民经济和社会发展第十三个五年规划的建议》和教育部、国家发改委、财政部联合下发《关于引导部分地方本科高校向应用型转变的指导意见》中都对普通本科高校向应用技术型高校转型做出了明确要求。《教育部高等职业教育创新发展行动计（2015—2018）》明确提出，"探索本科层次职业教育实现形式"。这些重大政策的陆续出台，推动了我国地方本科高校由"重学轻术"向"强技重能"的理性回归，丰富了现代职业教育体系的内涵，深化了高等职业教育的类型结构，为高职本科发展的路径选择指明了基本方向。

2. 发展路径的专业升本实践

近年来，全国部分省（市、自治区）为满足经济转型、产业升级、技术改造对高端技术技能型人才的需求，已经开始探索本科层次技术型人才的培养途径。《江苏省教育厅关于公布2013年现代职教体系建设试点项目的通知》中要求，南京工业职业技术学院和南京工程学院、无锡职业技术学院和江苏大学试点"高职与普通本科联合培养"项目。学生四年分别在南京工业职业技术学院和无锡职业技术学院完成学业，专业人才培养方案由双方合作制定，毕业分别颁发南京工程学院和江苏大学的本科文凭。

2013年，山东省在潍坊、青岛、德州3市8所中职学校的10个专业进行"3+4"培养试点，对应4所省属普通本科高校。在11所高职院校的12个专业进行"3+2"培养试点，与10所省属普通本科高校衔接。试点明确规定，人才培养方案由试点院校合作研究制定，实行分段联合培养，对接职业资格标准、行业技术规范和社会需求，系统设计新型课程体系，加强实践教学环节，强化动手能力和实操技术的理论基础能力。

早在2011年，河北省就启动本科工程教育人才培养改革项目，邢台职业技术学院等4所国家示范（骨干）高职院校与河北科技大学等3所普通本科院校进行专业升本，按二本招生，办学地点在高职院校，学业合格，由合作的本科院校颁发普通本科高校毕业证书。

江苏、山东、河北三省的专业升本实践，突破了"层次"的政策"梗阻"，为中职、高职院校学生圆本科梦开辟了一条发展通道，这是值得肯定的。但培养的究竟是工程型人才，还是技术技能型人才，企业是否认可这种人才类型，就业前景如何，仍有待实践的检验。

3. 发展路径的地方本科高校转型试点

据不完全统计，湖北、陕西、江西、河南等省为深入贯彻落实《决定》和教育部等六部门印发的《现代职业教育体系建设规划（2014—2020）》精神，大力推动地方本科高校向应用技术类型高校转型发展试点工作，积极引导试点高校把培养高层次应用型人才作为转型的主要任务，主动构建产教融合、校企合作的办学模式，满足区域发展、产业振兴和技术进步的要求；着力支持建设一批办学水平高、应用技术特色鲜明的省属普通本科高校，构建普通教育与职业教育有效融通、本科教育与高职教育有机衔接的人才培养立交桥。

2015年，浙江公布了首批41所加强应用型建设试点本科院校名单并明确要求，试点高校的应用型专业占所在院校专业数的70%以上，在应用型专业中就读的学生将占所在学校在校生的80%以上。

地方本科高校向应用技术类型高校转变，既是我国高等教育领域的一场深刻革命，也是地方本科高校的一次自我"洗牌"，谁转型转得彻底干净，谁就掌握了高职本科发展的话语权、主动权。从试点的具体要素分析，地方本科高校转型为我国高职本科路径选择拓宽了空间，将成为高职

第八章 高职本科：高等职业教育发展的新趋势

本科路径选择的主体。

（二）高职本科发展路径的原则

原则是我国高职本科发展路径选择的基本遵循。那么，高职本科发展路径应当遵循哪些原则？路径原则确定依据是什么？一是根据"类型"的本质要求；二是根据高职本科的本质和功能；三是根据高等教育资源的有效开发与利用。如果路径原则满足路径选择的要求，就应该老老实实地按照原则实现路径选择。

1. 类型发展原则

高职本科发展的路径选择，其核心是秉持类型发展原则，始终坚守走高等职业教育类型发展道路。20世纪80年代中期，笔者曾在德国留学学习"双元制"职业教育，对德国大学的类型结构进行观察。依笔者看来，德国大学的类型构成比较简单，就是学术性大学和应用性大学（应用性大学包括新建的综合性大学、工业大学、应用科技大学）两个类型。我国著名高等教育家潘懋元教授认为，中国高校分为三种基本类型：学术型大学、应用型本科高校（包括一部分211工程大学、一般部委属大学、地方高校、民办本科、独立学院）、职业技术型高校。高职本科属于职业技术型高校。教育类型的划分是由人才培养目标主导决定的。高职本科的培养目标定位在技术型人才（技术师），培养目标指向技术属性，融职业性的社会需求与教育性的个性发展于一体。校企合作是实现高职本科培养目标的根本途径。衡量培养目标达成的价值逻辑是高职本科的课程内涵，是工作过程系统化的"立地"课程体系，其核心要义是突出知识、技术的应用，而不是基于学科知识系统化的"顶天"课程结构。如果高职本科的培养目标与普通本科高校的培养目标没有区别，那就失去了类型原则的价值取向，意味着普通本科可以替代高职本科。再换句话说，如果普通本科可以取而代之，则高职本科就没有发展的必要。因此，在高职本科发展路径选择上，要理性把握自己的类型定位，坚守类型发展的原则，使高等职业教育成为无法替代的教育类型。只有这样，高职本科才能办出自己的特色，形成自己的文化基因，创出一条完全不同于普通本科高校的可持续发展之路。

2. 校企合作育人原则

校企合作育人是高职本科发展路径选择的逻辑起点，也是高职本科发展的本色之所在。校企合作育人的基础是合作伙伴之间的资源依赖，它包括人力资源、物力资源、财力资源、信息资源，等等。在资源依赖、责任共担、利益共享的基础之上，培育"你离不开我，我离不开你"的校企合作发展共同体。校企合作发展共同体的根本宗旨是合作育人，培养符合高职本科教育规律的、符合企业发展需要的技术型人才。校企合作育人离不开跨界文化的引领，因此，构建具有跨界文化元素的育人体系，就显得格外重要。以跨界文化元素为核心合作开发人才培养方案，合作开发课程，把职业素养、职业态度、企业文化融入教学内容之中，共同为高职本科人才培养用心发力；合作建立具有跨界文化基因的教学团队和技术研发团队，聚集不同学科的教授和研发力量，形成集体攻关的战略优势，出精品"立地"成果，促教学质量提升，育企业需要之才，解企业发展之困。

3. 存量资源与增量资源最大化原则

存量资源（指地方本科高校）与增量资源最大化发展，实质上是两种资源的优化配置，是高职本科发展路径选择的效益最大化。效益之概念是高职本科发展价值的进一步体现，是高职本科发展所追求的主要目标。高职本科发展路径选择的效益最大化有两层含义：一是存量资源的转型增效，转型投入效益（人力、财力、物力）要最大化，转型产出效益（主要指学生）要最优化，要体现高职本科人才类型的特质；二是增量资源的有效开发提质，生产的"产品"符合高职本科的类型要求，要有质量，且"适销对路"。西方经济学理论认为，效益最大化体现在，生产者以最少的投入获得最大产出，消费者以最小花费获得最大满足。❶ 用西方经济学理论分析高职本科发展路径的最大化，我们可以从两个维度深化：一是政府决策维度，要充分考虑学校存量资源与增量资源的有效利用，以最小的投入获得最大的产出——培养更多合格的技术型人才；二是学校办学维度，

---

❶ 刘春生，张存群．论中、高等职教衔接的理论依据［J］．职业技术教育，2000（19）：6．

第八章 高职本科：高等职业教育发展的新趋势

要充分考虑学生发展与学校资源的有效利用，以适当的投资（学费），让学生学到做人和做事的本领，满足学生能就业、就好业的需要。这就是高职本科发展路径选择的最大化原则。

（三）高职本科发展路径的国（境）外经验

在我国高职本科是个全新的本土概念，发展路径如何选择？在国内，既没有现成的模式可参照，也没有成熟的经验可借鉴。这就需要我们在立足国情的背景下，研究国（境）外的做法，学习国（境）外的经验，借鉴国（境）外的模式，但绝不能照搬国（境）外的模式。

1. 德国应用科技大学的发展经验

20世纪60年代中期，"德国制造"发展提速，产品技术升级越来越快，职业对从业者、就业者的技术要求越来越高，传统大学培养的学科型人才已明显不能满足德国制造、技术发展的需求。在这种发展背景下，德国政府及时对高等教育类型结构进行调整。1968年，联邦德国政府召开全国11个州总理会议，通过了《联邦各州高等专科学校发展协定》，目的是建立一种新型的、以培养技术应用性人才为目标的高等教育机构——高等专科学校（Fachhochschule，FH）。[1] 高等专科学校不是新建，而是利用原有教育资源升格发展。基于这种发展思路，德国高等专科学校大都是在高级专科学校（Die hoheren Fachhochschulen）基础上改建的，学制为3年。[2] 20世纪90年代开始，高等专科学校陆续升格为应用科技大学（学制为四年），其人才培养规格指向职业岗位、技术和综合技能，专业设置强调实践性和应用性，[3] 课程设置强调针对性，办学形式强调与企业合作，教师素质要求强调行业企业工作经验，把学生的实践能力培养始终贯穿于教学的全过程。[4] 从德国应用科技大学的发展路径看，它走的既不是转型发展之路，也不是新建学校之路，而是升格发展之路。值得肯定的是，它升格不变"道"，培养工程师是其始终秉持的培养目标。

---

[1] 王明伦. 德国高等职业教育发展综述［J］. 外国教育研究, 1995（6）：38.
[2] 瞿葆奎. 联邦德国教育改革［M］. 北京：人民教育出版社, 1991：620.
[3] 马陆亭. 应用技术大学建设的若干思考［J］. 中国高等教育, 2014（10）：11.
[4] 王明伦. 德国高等职业教育发展综述［J］. 外国教育研究, 1995（6）：37.

2. 我国台湾科技大学的发展经验

我国台湾的技术及职业教育比较发达，从高级技术职业学校到专科学校，再从技术学院到科技大学，形成了包括中技、专科、本科、硕士、博士在内的完整的技术及职业教育体系，与普通教育体系并行，纵向衔接，交叉互通。1996年，台湾教育行政部门分别颁布了"专科学校改制技术学院""技术学院改名科技大学"的实施办法，进一步实现"畅通技职教育升学管道"的目标。❶ 我国台湾教育政策的调整，使一大批专科学校陆续升格为技术学院，一批办学实力雄厚的技术学院升格为科技大学。以台北科技大学为例，其前身为建于1948年的台湾省立台北工业专科学校，1994年改制为台北技术学院，1997年由台北技术学院改制为台北科技大学。❷ 从台湾技术及职业教育发展的历程看，它走的也是一条升格发展的成功之路。成功之处就在于它不变"型"，始终沿着技术及职业教育的"跑道"前行。

（四）高职本科发展路径选择的建议

根据高职本科发展路径应秉承的原则，借鉴德国发展应用科技大学和我国台湾科技大学的成功经验，从中国教育国情出发，笔者认为，我国高职本科发展路径不可能照搬德国和我国台湾的做法，也不可能是一个发展模式，一种发展形态，而是多形态的有效组合，或称"一转两升"组合，即部分地方本科高校转型发展，少数国家示范（骨干）高职院校升格发展，极少数高职院校品牌专业升本发展。

1. 部分地方本科高校转型发展

《教育部、国家发改委、财政部关于引导部分地方普通本科高校向应用型转变的指导意见》明确指出，"推动转型发展高校把办学思路真正转到服务地方经济社会发展上来，转到产教融合校企合作上来，转到培养应用型技术技能人才上来，转到增强学生就业创业能力上来"。其中，"转到

---

❶ 夏建国. 高等技术教育学 [M]. 上海：上海交通大学出版社，2011：32.
❷ 张莉. 台湾技术职业教育发展特色与两岸合作展望 [J]. 中国职业技术教育，2013 (11)：88.

第八章 高职本科：高等职业教育发展的新趋势

培养应用型技术技能人才上来"这句话，与其说是办学思路，倒不如说是地方本科高校转型中对人才培养目标的战略定位。教育部高等教育司原司长张大良认为："部分地方本科高校转型发展是已有办学思想、办学模式的调整，不是挂牌，不是更名，不是升格，也不是争资源、要资金。"[1] 本质上看，办学思想、办学模式的调整是转型的核心要素，它比挂牌、更名更难，可以说，是地方本科高校面临的一场天翻地覆的转型革命，为此必须聚焦转型的重点、难点，寻求转型发展的突破口。

办学观应从学术型本科高校转型为应用技术型本科高校。办学观念决定办学行动。要让地方本科高校转到应用技术型本科高校这条"跑道"上，首要的问题是破除转型"啃老本"主张，读懂"高职本科的本质"，认可"高等职业教育类型"。就转型的基本问题而言，一要弄清楚应用技术型本科高校应该是什么样子；二要弄清楚应用技术型本科高校应该培养什么样的人；三要弄清楚应用技术型本科高校应该承担什么样的办学职能。如果这三个办学的基本问题都没有想清楚、没有理明白，转型就缺乏价值引领，就可能纸上谈兵。

人才培养目标应从学术型人才转型为技术型人才（技术师）。地方本科高校转型须放弃"学术"思维，坚守高职本科"技术"本根，体现实践逻辑之道。其核心要素主要包括：会动脑动手、会技术研发、会一线管理、会多岗发展。这是技术型人才的特质，也是与学术型人才的本质区别。要实现人才培养目标的转型，教学过程必须转向学中做、做中学，学、教、做、研合一，强调"学"为主体，把企业主动参与、校企合作育人作为培养目标达成的根本出发点，实现教学过程与企业生产过程的实质性融合。

2. 少数国家示范高职院校升格为高职本科

部分国家示范（骨干）高职院校升格发展是高职本科路径选择的基本方向。从国家政策层面看，高职院校升格发展，目前还是严格控制，升格

---

[1] 张大良. 把握"学校主体、地方主责"工作定位 积极引导部分地方本科高校转型发展 [J]. 中国高等教育，2015（10）：26.

的门虽然开了，但开得很小，仅有天津中德职业技术学院升格为天津中德应用技术大学（本科），开了高职院校升格之先河；从升格条件要素看，现有国家示范（骨干）高职院校总体开展高等职业教育年限较长，办学定位较为准确、校企合作紧密、敢闯敢创意识明显，升高职本科的态度积极。在招生分数、学生发展和社会服务等方面的实力和社会影响力绝不亚于一般的二本院校。因此，精选优质高职院校升格为高职本科，既有其内在需求，也有一定的办学实力，更有多年的职教办学积淀，❶取得了令人瞩目的办学成绩，且办高等职业教育的决心是坚定的。

优化国家示范（骨干）高职院校升格发展的条件要素。高职院校升格，首先是有条件要求的，绝对不是所有高职院校集体升格，未来经济社会发展所需要的人才层次主体仍然是高技能人才（专科层次的人才）。❷所谓条件要求，必须是在国家示范（骨干）高职院校中，选择办学基础比较扎实，教学质量持续提升，实践教学资源丰厚，学生就业前景良好的学校升格。升格学校的比例应控制在20%～25%，也就说，在国家示范（骨干）高职院校中，有40～50所高职院校可以升格为高职本科，办本科层次职业教育。

国家教育主管部门要制定高职院校升格的国家标准。教育主管部门要根据经济社会发展趋势、产业转型升级、新兴产业发展对技术型人才的急需，顶层设计升格的国家标准。与普通本科学校设置暂行规定的不同点是，严格规定升格发展的路向要求，即高等职业教育，严格掌控好发展的数量比例，防止发展过程中一哄而上、盲目升格现象，确保高职院校升格的质量。

高度重视教师队伍建设。美国著名教育家柯南特认为："大学的荣誉，不在它的校舍和人数，而在于它一代又一代人的质量。"提升高职院校一代又一代人的质量，最核心的要素是提高教师的质量。从政府层面，要整合优质资源，做好顶层规划，系统设计高职本科教师的素质与能力标准，

---

❶ 郑永进. 职业教育高移势在必然［N］. 中国教育报, 2015-11-12.
❷ 王明伦. 高等职业教育发展论［M］. 北京：教育科学出版社, 2004：58.

第八章　高职本科：高等职业教育发展的新趋势

安排好教师质量提升的"政策路径图"。从学校和企业角度看，要坚持合作培养、问题思维，在教师教学团队及其带头人、技术研发团队及其带头人培养上实现重点突破，着力培养一批能从事专业教学、能从事实践教学、能从事技术研发的"三能型"教师队伍。著名科学家钱伟长说过，"教学没有科研做底蕴，就是一种没有观点的教育，没有灵魂的教育"，"你不教课，就不是教师；你不搞科研，就不是好教师"。可见，教师教学与科研水平的高低、能力结构的优劣直接决定高职本科发展质量的好坏。

3. 极少数高职院校品牌专业升本

高职院校品牌专业升本（3+2）全国各省（市、自治区）都在进行试点。试图通过试点，逐步积累升本经验，探索升本规律，完善升本制度。但从试点的专业看，目的并没有完全达到，专业层次虽然升本了，但专业发展类型却"变道"了，跑到了普通高校学科型专业的"道"上，因此，品牌专业升本（3+2）必须坚守类型，理性回归，严防"变道"。

选择好专业升本的地方本科高校。高职院校品牌专业升本，关键在选对地方本科高校。地方本科高校必须是已被纳入转型试点的高校，且是认同高等职业教育类型的高校。专业升本本质上是一种类型升本，不是层次升本。因此，专业升本既不要跟风，也不能迁就，更不能好高骛远，而是要理性回归，立足两个学校的共同志向、专业优势、课程资源，找准两个学校专业培养目标的吻合度，专业口径的宽窄度，实现专业精准升本。这样既不浪费教学资源，也能延续学生的学分积累，又能确保高职本科人才的培养质量。

按照地方发展需求掌控专业升本规模。根据区域经济社会发展对高职本科人才的需求，瞄准"中国制造2025""互联网+""大众创业万众创新"等国家战略重点和战略性新兴产业发展急需，选择办学基础比较扎实的国家示范（骨干）高职院校的品牌专业（群）进行专业升本试点，在高职院校办四年一贯制专业。专业升本不是高职本科发展的主体，因此，需要掌控好专业升本的规模，更需要掌控好专业升本的质量，着力培养合格的高职本科人才（技术型人才）。

人才培养方案要契合高职本科的培养目标。培养目标主导人才培养方案，人才培养方案决定人才培养质量。专业升本的四年制本科人才培养方案必须以高职院校为主导制定；学生的四年学业必须在高职院校完成；四年制的实践教学安排必须满足人才培养目标的要求，并按照工学交替的实践教学模式进行。否则，培养的人才只能说是学科型本科生，而不是用人单位所需要的技术型本科生。

"雄关漫道真如铁，而今迈步从头越"，高职本科从概念的提出到政策的出台，经历了长达十余年的艰辛探索，今天它已站到了发展的风口，迎来了前所未有的发展机遇。面对机遇，需要我们用创新的理念，智慧的眼光，实打实的行动，克服前行中可能遇到的各种路障，科学把握高职本科的内涵，精准高职本科发展定位，创新高职本科发展路径，踏踏实实地办好具有中国特色、技术特征、地方特点的高职本科高校。

第九章

高等职业教育非货币收益：
需要关注的新领域

一、关于教育的经济收益与非货币收益

（一）教育经济收益的产生与发展

所谓教育的经济收益是指受教育者因接受教育带来知识、技能、素养的提升，入职后所获得以工资、福利等为主的货币收益，通常也被称为显性收益或投资性收益。它具有直接性、外显性等特点，同时也对个体接受教育这一活动产生直接、显著的影响。由于经济收益可直接通过货币进行量化，决定了人们能直观体验和深刻感受到教育经济收益的存在。正如亚当·斯密所说："学习的时候，固然要花一笔费用，但这种费用，可以得到偿还，赚取利润。"❶

教育经济收益的研究产生于20世纪30年代的人力资本理论。1935年2月，美国经济学家沃尔什（J. R. Walsh）在《人力资本观》一文中最早提出了人力资本的概念。1960年，以美国芝加哥大学教授舒尔茨（Theodore W. Schultz）为代表的一些西方经济学发展和完善了沃尔什的思想，创

---

❶ 亚当·斯密. 国民财富的性质和原因的研究（上卷）[M]. 北京：商务印书馆，1972：258.

立了人力资本理论。人力资本理论认为，教育也是一种投资，其支出形成的教育资本是人力资本的主要部分。"教育资本可以增加受教育者未来预期收入，缩小人们收入的差距，合理安排支出，增强劳动者职业选择和流动的适应能力。同时，劳动力质量的提高，是国民生产总值或国民收入增长的重要因素"。❶人力资本理论通过分析教育与劳动生产率及工资间的关系，证实了教育的经济价值。

对教育经济收益的研究于20世纪60年代达到一个高潮。随着研究的深入，以研究教育与经济相互关系及教育领域内经济现象及其规律的教育经济学学科产生。这一时期，美国芝加哥大学经济学教授舒尔茨先后发表了《人力资本投资》《教育和经济增长》和《教育的经济价值》等论著，美国芝加哥大学经济学教授F.丹尼森（Denison）出版了《美国经济增长的因素和我们的选择》《为什么增长率不同——战后九个西方国家的经济分析》等著作，他们分别从计算教育投资的收益效率和分析国民经济增长因素入手，揭示了教育对经济的影响，同时对教育的经济收益进行了量化。此后，欧美、苏联、日本等一些国家政府、学者、研究机构和国际组织也都发表了有关教育经济学方面的著作和文章，教育经济学得以形成，教育经济收益的概念、影响及量化等都得到了充分有效的研究。

我国对教育经济收益的研究始于20世纪80年代初，如王显润、费贵麟以吉林省全民所有制工业企业为例，计算出1952～1978年的劳动生产率总增长中依靠职工教育水平提高而获得的收益；中央教育科学研究所研究人员曲祯森，以总课时数作为劳动简化尺度计算了我国1952年和1978年的劳动简化率；我国著名教育经济学家王善迈教授分别在1989年、1996年出版了《教育经济学概论》和《教育投入与产出研究》；我国教育经济学家王玉昆等都对教育经济收益展开了深入研究。总体上，我国有关教育经济收益的研究是在西方学者已有的研究成果基础上展开的，既立足于人力资本理论，也彰显了我国社会经济的独特性。

---

❶ 杭永宝.职业教育的经济发展贡献和成本收益问题研究［D］.南京：南京农业大学，2006：6.

（二）教育非货币收益的产生与发展

所谓教育的非货币收益，是指个体因接受教育所产生的无法用经济加以衡量和量化的收益。具体而言，这些无法用经济加以衡量而又真实存在的收益主要体现在，对受教育者个体的知识与能力、心理与行为等方面的影响，对受教育者家庭的成员关系、生活质量、子女教育等的影响，对社会经济发展、技术改革、民主推进、文化进步、国家凝聚力等的影响。与教育经济收益不同的是，它具有间接性、潜在性等特点。因此，学术界对教育非货币收益的研究总体滞后于教育的经济收益研究，经历了从教育经济收益到非货币收益的过渡阶段、再到非货币收益深入细化的发展阶段。

人力资本理论主要从经济和货币的视角，阐述了教育的投入与产出，研究的是教育经济收益。随着研究的深入和学科的交融，学术界不断有学者提出了教育的非货币化收益功能。例如，索尔门（Lewis Solmon）提出了"对教育投入的收益包括从货币到非货币、范围宽泛的收益，这是对教育投资的个人而言，也是对整个社会而言，因为这将使那些不直接投入教育的个人也受益"[1]的观点，此观点得到了学术界的普遍认可。随后，麦克马洪（Walter McMahon）将教育的消费收益视为非货币收益，并指出受教育会使人拥有更好的健康和消费行为。伍尔夫（David Wolfe）提出教育在改善人的健康状况的同时，也能提升家长的教育素养，降低犯罪率。与此同时，麦克马洪、伍尔夫等学者还对教育非货币收益的作用、价值进行了阐述，他们认为"教育的非货币收益和外部收益从长远来看会很大，甚至是超过经济收益的"[2]。

由于教育非货币收益的作用越来越明显，国际上大量学者开始专注于该领域的研究和论证，使教育非货币收益的研究得以深入和细化，进入发展阶段。这一阶段，学者们从"卫生和健康、教育程度的代际转移、行为规范、个人价值和能力"等维度论述了教育的个人非货币收益，又从"人口结构、

---

[1] 费文会. 教育非货币化收益研究的起源及发展 [J]. 教育学术月刊，2016（3）：18.
[2] Wolf. B. L. 教育的外部收益. Carnoy M. 教育经济学国际百科全书（第二版）. 闵维芳，等，译. 北京：高等教育出版社，2000.

社会氛围及风气、社会技术革新、社会政治民主"等维度论述了教育的社会非货币收益。由此，教育非货币收益的概念日益清晰和细化。

近年来，我国学者也逐渐关注到教育非货币收益，并进行了相关的调查和综述研究，比如张秋山、付鸿彦、费文会等对教育非货币收益研究的历史沿革进行了综述，尹志超、甘犁、张秋山、张宁宁、李锋亮、李兰兰等学者对高等教育、中等职业教育的非货币收益分别开展了一些实证研究。

就我国目前有关教育非货币收益的情况来看，有关非货币收益的概念、特点等基础理论研究尚不深入。比如在非货币收益的概念界定存在以下几种情况：一是无明确的概念界定，仅列举了非货币收益的内容，如李锋亮认为："教育的收益至少可以分为四大类：其一，给受教育者自身带来的巨大的、货币化经济收益；其二，对于受教育者起到的大量心理、行为、认知和情感等方面的作用；其三，教育给其家庭、甚至整个家族带来巨大的影响；其四，为整个社会带来巨大的社会溢出效益，这些溢出的社会收益包括（但并不仅限于）创造力、计划生育、婴儿保育、学校质量、艺术欣赏、文化和学习、公共医疗、参与政治、对社会热点的理解、接受社会变迁、公共文化和社会团结，等等。"❶ 二是仅从外延角度进行概念阐述，如"职业教育的非货币收益是职业教育在为社会培养所需知识、技能、道德的实践性技术技能型人才的过程中，对受教育者本人、直系亲属产生大量心理、精神方面的认知、情感、意志、行为的作用，也给社会带来提升社会凝聚力、社会福利、社会文明等方面的外溢收益。"❷ 三是非货币收益的具体内容分类不够明晰，如赵恒平认为："高等教育投资的非货币收益主要体现在提高个人的道德素质、思想水平和社会活动能力；提高个人的社会地位和家庭生活质量；改善个体身体健康水平、闲暇质量及消费能力；改善个体的心理健康水平；为个体提供精神收益。"❸

综上所述，20世纪30年代人力资本理论的诞生激发了人们对教育经

---

❶ 李锋亮，李拉. 高等教育非货币化收益与溢出效益的实证分析［J］. 清华大学教育研究，2011（2）：66.

❷ 周芳. 职业教育非货币收益的理论研究［J］. 江苏开放大学学报，2015（3）：93.

❸ 赵恒平，闵剑. 高等教育个人投资成本、收益确认与计量［J］. 理论月刊 2006（4）：150.

第九章　高等职业教育非货币收益：需要关注的新领域

济收益问题的研究兴趣，20世纪60年代人们对教育经济收益的研究逐渐深入，并取得了不少研究成果。与此同时，教育的非货币收益功能开始得到学术界的关注和研究。

二、高等职业教育非货币收益内涵、特点及其转化

（一）高等职业教育非货币收益的内涵

所谓高等职业教育的非货币收益是指个体因接受高等职业教育所产生的无法用经济加以衡量和量化的收益。具体而言，这些无法用经济加以衡量而又真实存在的收益主要体现在，对受教育者个体的知识与能力、心理与行为等方面的影响，对受教育者家庭的成员关系、生活质量、子女教育等的影响，对社会经济发展、技术改革、民主推进、文化进步、国家凝聚力等的影响。个体组成家庭，家庭构成社会。个体的素质决定了家庭的层次，家庭又反作用于个体，对个体产生影响；家庭是社会管理的基石，只有"小家"的稳定才能推动"大家"的发展，反之，只有"大家"的稳固才能保障"小家"的利益。因此，个体与家庭、家庭与社会是相互依存，相互制约的关系；个体与社会通过家庭这个桥梁互相影响。对受教育者而言，在其接受教育的过程中直接受益的是自身，间接受益的是家庭与社会。基于此，我们认为高等职业教育的非货币收益应包括微观的个体、中观的家庭、宏观的社会三个维度的内容。

1. 个体非货币收益

（1）知识与能力。个体在接受高等职业教育的过程中最直接、最显性的非货币收益就是知识的获取和能力的培养。通过学习，个体不仅获得了语文、数学、外语、历史、地理等文化知识，还习得了丰富的相关职业的专业知识。通过课堂学习、岗位实习，个体的学习能力、合作能力、沟通与表达能力、实践能力以及专业能力均会得到快速提升。（2）心理与行为。青少年期是个体心理迅速走向成熟而又尚未成熟的过渡时期，此阶段，个体的心理在理想与现实、情感与理智之间的矛盾中徘徊发展。几年的高职教育势必对其心理产生重要的影响。比如，通过教育，个体的感知

觉、思维、判断等认知水平会得到提升；个体的道德感和价值感等情感水平将更加理性；个体的自制、勤奋、耐挫力等意志品质也会得到磨炼。与此同时，个体的个性心理也会在教育过程中日益成熟。个体的行为受心理的支配，随着个体心理的不断发展，个体行为也将更加理性，比如，在生活中，必然会减少酗酒、抽烟、赌博等威胁个体健康的行为，参与文体活动……更愿意参与慈善捐助、社区服务等活动。

此外，高等职业教育的教育内容和教学方式决定了其还可提高受教育者个体的健康水平和消费、储蓄、投资行为等理财能力。

2. 家庭非货币收益

（1）优化成员关系，家庭氛围好。国外研究者通过实证研究证实：受教育的年限与"找到合适配偶"间存在显著正相关性。因此，接受高等职业教育的个体在配偶的选择上具有一定的吸引力和选择度，找到与自身程度相同配偶的可能性大。夫妻双方因接受的教育层次较高，会拥有良好的经济状况、相同的知识层次、接近的价值观，这为家庭中形成良好的夫妻关系提供了根本性保障。融洽的夫妻关系也为建立良好婆媳关系、父子关系等提供了基础，或者说，夫妻关系融洽，有利于家庭其他关系的和睦。由此可见，家庭成员关系因受教育而受益，是高等职业教育家庭非货币收益的具体展现。(2) 提高生活质量，幸福指数高。在接受高等职业教育过程中，个体的知识与能力、心理与行为都得到有力培养。个体将自身所获取的知识与能力、心理与行为等非货币收益融入家庭，帮助其形成健康的生活观念，掌握更多的生活科学常识，培养丰富深刻的生活审美情趣，从而提高家庭的生活质量，生活其中的家庭成员拥有较高的幸福指数。(3) 重视家庭教育，子女学业优。舒尔茨认为受过更多教育者更注意孩子婴儿时期的养育，因此接受过高等教育的父母特别重视孩子的家庭教育，他们会学习有关家庭教育的理论，注重家庭教育的艺术性和科学性。究其原因，一方面，在工作和生活中，个体能感受到高等职业教育所带来的除货币收益以外的好处，促使其重视家庭教育的重要作用；另一方面，个体在不断的学习中，更容易接纳新鲜的、合理的家庭教育观点，并有能力对孩子实施良好的家庭教育。

第九章 高等职业教育非货币收益：需要关注的新领域

3. 社会非货币收益

（1）促进民主和社会进步。"教育可以增进对国家的认识，提高政治参与度。一个人接受的教育越多，会对政治越感兴趣，越能成为政治过程的积极参与者"，"职业教育可以唤醒受教育者的公民意识，促进民主政治和社会和谐"。高等职业教育在提升个体文化素养的同时，也唤醒了个体对社会政治民主的追求，激发了个体更强烈的参政议政等民主行为，从而在日积月累中推进社会政治民主向前发展。（2）推动文化进步。教育的结构是复杂的，其功能也是多种多样的。但不论哪种类型的教育都具有社会功能和个体功能，而文化功能是教育社会功能中的一项重要内容。得益于教育的文化功能，其使我们五千年悠久历史的中华文化能在继承的基础上不断发展和进步。高等职业教育同样也具有传递文化、发展文化的作用。（3）促进科技创新。注重技术技能的培养是职业教育和普通教育的一大区别。作为高等职业教育，它不仅关注受教育者的技能技术，更注重受教育者对技术改良和创新意识、思维及能力的培养，从而使受教育者在走上工作岗位后具备科技改革素养，使其科技创新行动成为可能。与此同时，高等职业教育除了教育培养一大批高级技术技能型人才，自身还具有科技研发的任务和使命。通过高职院校自身长期的研究与实践，势必能在某一科技领域出成果，带来社会科技创新。

（二）高等职业教育非货币收益的特点

1. 潜在性

与易于测量的、显性的经济收益相比，非货币收益无物化的表现形式，不易觉察，也难以计量。从个体和家庭视角看，虽然其对个体及其家庭产生了较为深远的影响，但却往往是一种事后分析的结果，更多表现为心理体验或主观推测。从社会角度看，尽管非货币收益对社会经济、科技和文化的发展起着不可忽略的作用，但由于社会发展同时受其他因素的影响，很难断言非货币收益之功，往往却因其隐蔽性、潜在性而被忽略或弱化。

2. 异质性

研究表明，人们在接受同等教育的过程中所获得的非货币收益会因人而异。因为每个人对教育的理解力和接受能力都不尽相同,那么,他们所获得教育收益(包括货币收益和非货币收益)就会存在个体差异。具体到非货币收益上,有研究者提出,在受教育年限相同的前提下,能力较低、家庭背景较差的个体获得的非货币收益会更高。❶

3. 长期性

教育非货币收益虽不容易察觉和量化,但是它对个体和社会的发展和影响却更持久、深远,"教育外溢效应一般有 5 年、10 年甚至 20 年的滞后期,并将发挥长期动态的影响",高等职业教育非货币收益应该也是如此。

4. 差异性

差异性是比较后的结果反映。高等职业教育与同类型的中等职业教育相比,高职教育培养的是更高层次的技术技能人才。对这样的人才培养,其课程内容会更广更深,学习要求、能力标准也会更高。高职教育除了关注某项专业技术的学习和掌握,还特别关注该专业的文化、历史和思想的表达。在教学方式上,高职教育更注重学生的主动思考和积极作为。这样的结果自然会给个体带来更多的非货币收益,对个体所产生的非货币收益也会更久远一些,有的甚至成为学生改变命运的重要一课。高等职业教育与不同类型的学术型高等教育相比,两者在培养目标、教育内容和教学方式上都存在较大的差异,因而两者的非货币收益也应该有所不同。

(三) 高等职业教育非货币收益和货币收益的联系与转化

高等职业教育的非货币收益和货币收益是高等职业教育收益的两个方面,虽然概念不同,但两者之间存在密切的联系。

1. 货币收益是显性的、基础性的收益,非货币收益是隐性的、持久性的收益,两者共同对主体产生影响

货币收益作为教育直接、显性的收益,影响人们对是否接受教育、愿不愿意接受更高教育的态度。个体在接受教育的过程中投入金钱、时间等

---

❶ 张秋山,张宁宁. 教育非货币收益异质性:基于个体能力与家庭背景的分析 [J]. 黑龙江高教研究,2012 (8):26.

第九章　高等职业教育非货币收益：需要关注的新领域

资本，根据经济学理论，任何投资都要有回报和收益，而货币收益是个体接受连续不断教育的最直接回报。没有了货币收益这一基础，或者说人们接受教育看不到教育所带来的经济价值，势必会影响人们接受教育的积极性。因此，非货币收益必须以货币收益为基础和前提。

在货币收益的基础上，个体产生接受教育的主观意愿，而在接受教育的过程中，伴随个体对非货币收益的逐步感知和体验，促使个体产生追求更高级更优质教育的强烈意愿，由此形成了"接受教育—获得收益—接受更多教育—获得更多收益"的螺旋式上升模式。

2. 高等职业教育非货币收益与货币收益之间可以相互作用并转化

（1）从微观看，个体在完成高等职业教育走上工作岗位之初，会获得一定的货币收益。随着工作时间的推移，个体自身所潜在的知识储备、能力水平、心理素质等非货币收益，会不同程度地影响个体的工作能力、人际关系等，综合制约其职位的升迁和薪酬的增长。因此，非货币收益在一定的时间和合适的机会中必然会转化为货币收益。与此同时，货币收益也会不断地转化为非货币收益。首先，货币收益的获取为个体接受再教育、生活质量提升等提供了经济基础；其次，货币收益在提高经济水平的同时为个体搭建了一定的发展平台，这一平台和环境会使个体自身的心理与行为等得到改善，从而实现两者之间的转化。

（2）从中观看，家庭整体的受教育水平影响经济情况、成员关系、幸福指数和子女教育。"个体能力与家庭背景是影响个体货币收益与非货币收益的一个重要因素"，家庭受教育水平高，其货币收益和成员关系、幸福指数和子女教育等非货币收益会更好。在家庭内部，教育的货币收益和非货币收益也存在相互转化关系。"在受教育年限相同的前提下，能力较强、家庭背景较好的个体货币收益较高；能力较低、家庭背景较差的个体非货币收益较低。"[1] 拥有良好的家庭氛围、较高的幸福指数和较优秀的子女，会更有利于家庭中的每个成员去积极面对工作和学习，从而才有可能

---

[1] 张秋山，张宁宁. 教育非货币收益异质性：基于个体能力与家庭背景的分析 [J]. 黑龙江高教研究，2012（8）：26.

获得更多的货币收益。

（3）从宏观看，民众接受教育，促进社会经济、文化、政治、科技等整体发展，获得教育的非货币收益。而社会经济发展的红利也会促进个体货币收益的普遍提高，从而实现非货币收益向货币收益的转化。个体的货币收益越高，经济水平越好，也为其接受更多更好的教育提供可能，继而在接受教育的过程中继续获得非货币收益，最终形成货币收益与非货币收益的相互转化和螺旋上升。

三、高等职业教育非货币收益实证研究

通过对教育非货币收益的梳理总结发现，目前教育的非货币收益、溢出效应研究成果比较有限，定量研究极为匮乏，特别是有关高职教育非货币收益的实证研究仍是空白。本研究通过对样本区域的毕业生开展深度调研，从高职受教育者个体工作、家庭生活、社会溢出三个层面开展非货币收益的实证研究，分析比较高职与中职、本科、硕士教育的非货币收益异质性，以便精准把握高职教育的非货币收益情况。

（一）研究概况

1. 确立关键指标

基于已有职业教育非货币收益理论研究与实证分析成果，借助人力资本理论、麦克马洪、卢卡斯新古典经济学的动态模型，将高职教育非货币收益分为就业者个体工作的非货币收益、家庭生活的非货币收益、社会的溢出效益。其中，个体工作的非货币收益包括个体对工作环境的满意度、对工作现状的满意度、对工作发展前景的认知度；家庭生活的非货币收益包括个体对保健养生的关注度、与配偶学历的匹配度、与亲朋好友的交往情况；社会溢出效益主要包括是否关注国计民生、是否更愿意做慈善等。

2. 建立研究假设

为分析高职教育与中职、本科、硕士及其他教育层次在就业者工作、生活、社会的非货币收益差异性，基于职业教育非货币收益的关键指标，

建立相应的研究假设,如表 9-1 所示。

表 9-1 高等职业教育非货币收益的研究假设

假设代码	具体条目
H1	接受不同层次教育的就业者对工作环境的满意度不具有显著性差异
H2	接受不同层次教育的就业者对工作现状的满意度不具有显著性差异
H3	接受不同层次教育的就业者对工作发展前景的认知度不具有显著性差异
H4	接受不同层次教育的就业者对保健养生关注度不具有显著性差异
H5	接受不同层次教育的就业者与配偶学历匹配度不具有显著性差异
H6	接受不同层次教育的就业者与亲朋好友的交往情况不具有显著性差异
H7	接受不同层次教育的就业者对国计民生关注度不具有显著性差异
H8	接受不同层次教育的就业者愿意做慈善情况不具有显著性差异

3. 数据采集

采用问卷调查的方式采集本研究所需要的数据,我们设计了"职业教育非货币收益调查问卷",包括 10 个基本信息题和 16 个正式调查题,总计 26 道题。其中最重要的自变量是受测者的学历,控制变量是受测者的性别、年龄和居住地等,而因变量分别是个体非货币收益、家庭非货币收益和社会非货币收益。调查时间从 2017 年 5 月 15 日~7 月 15 日,历时 2 个月,采用分层抽样的方式调查了江苏省苏南地区的常州市、苏中地区的扬州市和苏北地区的徐州市的中职和普通高中 2003 届毕业生,每个抽样城市各调查中职 2 个班和普通高中 2 个班,共计 12 个学校 769 人,收回问卷 398 份,剔除年龄不在合理范围内的问卷后,实际有效问卷 394 份,问卷的有效回收率为 51.24%。

本次调研样本的受教育程度中,高职毕业人数、本科毕业人数、中职毕业人数基本相同;年龄集中于 31~35 周岁,90% 以上的样本已婚,身体健康程度良好。样本具体的性别、年龄、来源、受教育程度、婚姻状况、子女状况、健康状况等描述性统计结果如表 9-2 所示。

表9-2 样本的描述性统计结果

统计变量	频次	比重（%）	统计变量	频次	比重（%）
性别（394人）			就业情况及单位属性（394人）		
男性	184	46.70	机关、事业单位、国企	134	34.01
女性	210	53.30	民营企业、外资企业	168	42.64
年龄（394人）			自由职业者	76	19.29
26~30岁	19	4.82	无业	3	0.76
31~35岁	359	91.12	其他	12	3.81
36~40岁	16	4.06	婚姻状况（394人）		
来源（394人）			已婚	373	94.67
苏南	115	29.19			
苏中	140	35.53	单身	21	5.33
苏北	139	35.28	子女情况（394人）		
受教育程度（394人）			1个儿子/女儿	264	67.01
本科毕业	114	28.93	2个子女	105	26.65
高职毕业（含大专）	119	30.20	3个子女及以上	4	1.01
普通高中毕业	5	1.27	无子女	21	5.33
硕士及以上	39	09.90	健康状况（394人）		
中职毕业	117	29.70	非常健康	131	33.25
生源（394人）			比较健康	223	56.60
农村	185	46.95	一般	38	09.64
城镇	209	53.05	不太健康	2	0.51

（二）研究结果

为了检验高职教育与其他层次教育非货币收益的差异性，本研究运用单因素方差分析法，分析受教育者在接受不同层次教育后，在个体工作、家庭生活、社会溢出等非货币收益中的差异性，从而揭示高职教育非货币收益的情况。具体从如下8个方面开展差异性检验，各个评价指标进一步开展交叉比较。

1. 个体工作非货币收益比较

（1）对工作环境的满意度

以调研样本对当下就业单位工作环境满意度作为观测变量，以接受不同层次教育为控制变量，采用单因素方差分析法，解析接受不同层次教育的就业者对所在单位工作环境的满意度。表9-3为接受不同层次教育的样本对现有工作环境满意度的单因素方差分析结果，F统计量为4.781176，对应的相伴概率值为0.003，小于显著性水平，拒绝零假设H_1，说明接受不同程度教育的就业者对自己单位工作环境的满意度存在显著性差异。

表9-3 接受不同层次教育的样本对工作环境满意度的单因素方差分析

差异源	SS	df	MS	F	P-value	F crit
组间	8.583147	3	2.861049	4.781176	0.002771	2.628088
组内	230.3834	385	0.598399			
总计	238.9666	388				

将调查对象对自己所在单位工作环境的满意度利用李克特五级量表分为十分满意、比较满意、一般、不满意、十分不满意五个级别，分别赋值5、4、3、2、1。为进一步分析高职教育对就业者工作环境满意度差异化分析，通过高职教育与中职教育、本科教育、硕士及以上教育样本的交叉比较发现（见表9-4），在0.05显著性水平上，高职教育对个体工作环境满意度均值高于同类的中职教育0.243769，存在显著性差异；高职教育对就业者个体工作环境满意度均值虽低于本科、硕士及以上就业者，但不存在显著差异。

表9-4 接受不同层次教育样本对工作环境满意度的交叉比较

(I)	(J)	均值差（I-J）	标准误	显著性
高职就业者	中职就业者	0.243769	0.221	0.021102
高职就业者	本科就业者	-0.10099	0.119	0.29119
高职就业者	硕士及以上就业者	-0.13675	0.116	0.294779

注：*均值差的显著性水平为0.05。

(2) 对工作现状的满意度

以调研样本对自己工作现状的满意度作为观测变量，以接受不同层次的教育为控制变量，采用单因素方差分析法，分析接受不同层次教育的就业者对自身工作现状满意度的差异性。表9-5为接受不同层次教育的就业者对自己工作现状满意度的单因素方差分析结果，F 统计量为 7.368997，对应的相伴概率值为 0.000，小于显著性水平，拒绝零假设 H_2，表明接受不同层次教育的就业者对个体现有工作的满意度存在显著性差异。

表 9-5　接受不同层次教育的就业者对自己工作现状满意度的单因素方差分析

差异源	SS	df	MS	F	P-value	F crit
组间	13.38391	3	4.461304	7.368997	8.20151E-05	2.628149
组内	232.4795	385	0.605415			
总计	245.8634	388				

将样本对自己工作现状满意度采用李克特五级量表分为非常满意、比较满意、一般、不满意、十分不满意五个等级，分别赋值 5、4、3、2、1。为进一步分析高职教育对就业者工作现状满意度差异化分析，通过高职教育、中职教育、本科教育、硕士及以上教育样本的交叉比较发现（见表 9-6），接受高职教育的就业者对工作现状的满意度得分显著高于接受中职教育的就业者；但接受高职教育就业者对工作现状的满意度虽低于本科就业者与硕士及以上学历就业者，但统计结果并未凸显显著性差异。

表 9-6　接受不同层次教育样本对工作现状满意度的交叉比较

(I)	(J)	均值差（I-J）	标准误	显著性
高职就业者	中职就业者	0.351876	0.102	0.000537
高职就业者	本科就业者	-0.0839	0.183	0.376299
高职就业者	硕士及以上就业者	-0.06838	0.215	0.605536

注：*均值差的显著性水平为 0.05。

(3) 对工作前景的认知度

以调研样本对自己工作前景的认知度作为观测变量，以接受不同层次的教育为控制变量，采用单因素方差分析法，分析接受不同教育层次的就业者对自身工作发展前景认知度的差异性。表 9-7 为接受不同层次教育的就业者对自己工作发展前景认知度的单因素方差分析结果，F 统计量为 5.148912，对应的相伴概率值为 0.000，小于显著性水平，拒绝零假设 H_3，说明在控制变量不变的情况下，接受不同层次教育的就业者对现有工作前

第九章 高等职业教育非货币收益：需要关注的新领域

景的认知度存在显著性差异。

表9-7 接受不同层次教育的就业者对工作前景认知度的单因素方差分析

差异源	SS	df	MS	F	P-value	F crit
组间	10.68424	3	3.561413	5.148912	0.001681	2.628088
组内	266.2978	385	0.691683			
总计	276.982	388				

将样本对自己工作前景的认知度采用李克特五级量表分为很有前景、比较有前景、一般、前景不大、无前景五个等级，分别赋值5、4、3、2、1。为进一步分析高职教育对就业者工作前景认知度差异化分析，通过高职教育与中职教育、本科教育、硕士及以上教育样本的交叉比较发现（见表9-8），接受高职教育的就业者对工作前景的认知度均值显著高于中职毕业生；高职教育就业者对工作前景的认知度均值略高于本科、硕士及以上就业者，但差异不够显著。

表9-8 接受不同层次教育样本对工作前景认知度的交叉比较

(I)	(J)	均值差（I-J）	标准误	显著性
高职就业者	中职就业者	0.402859	0.119	0.000197
高职就业者	本科就业者	0.110436	0.175	0.283252
高职就业者	硕士及以上就业者	0.059829	0.140	0.695119

注：*均值差的显著性水平为0.05。

2. 家庭生活非货币收益比较

（1）对保健养生的关注度

以调研样本对自身保健养生的关注度作为观测变量，以接受不同层次的教育为控制变量，采用单因素方差分析法，分析接受不同教育层次的就业者对自身保健养生关注度的差异性。表9-9为接受不同层次教育的就业者对健康养生关注度的单因素方差分析结果，F统计量为5.421801，对应的相伴概率值为0.001，小于显著性水平，拒绝零假设H_4，表明在控制变量不变的情况下，接受不同层次教育的就业者对保健养生的关注度存在显著性差异。

表9-9 接受不同层次教育的就业者对保健养身的单因素方差分析

差异源	SS	df	MS	F	P-value	F crit
组间	12.54426	3	4.18142	5.421801	0.00116	2.628088
组内	296.921	385	0.771223			
总计	309.4653	388				

将样本对保健养生关注度采用李克特五级量表分为十分关注、比较关注、一般、不怎么关注、完全不关注五个等级，分别赋值5、4、3、2、1。为进一步分析高职教育对就业者保健养生关注度的差异化分析，通过高职教育与中职教育、本科教育、硕士及以上教育样本的交叉比较发现（见表9-10），高职就业者与中职就业者在健康养生关注度方面存在显著差异，高职得分高于中职得分0.305107；然而，高职毕业生对身体健康的关注度虽然整体低于本科、硕士及以上学历毕业生，但并未显示出显著性差异。

表9-10 接受不同层次教育样本对健康养生关注度的交叉比较

(I)	(J)	均值差（I-J）	标准误	显著性
高职就业者	中职就业者	0.305107	0.204	0.009993
高职就业者	本科就业者	-0.10931	0.177	0.329327
高职就业者	硕士及以上就业者	-0.15385	0.143	0.311817

注：*均值差的显著性水平为0.05。

(2) 与配偶学历的匹配度

以调研样本与配偶学历的匹配度作为观测变量，以接受不同层次的教育为控制变量，采用单因素方差分析法，分析接受不同教育层次的就业者与配偶学历匹配度的差异性。表9-11为接受不同层次教育的就业者与配偶学历匹配度的单因素方差分析结果，F统计量为4.566189，对应的相伴概率值为0.004，小于显著性水平，拒绝零假设H_5，表明接受不同层次教育的就业者与配偶学历的匹配度存在显著差异。

表9-11 接受不同层次教育的就业者与配偶学历匹配度的单因素方差分析

差异源	SS	df	MS	F	P-value	F crit
组间	15.46826	3	5.156087	4.566189	0.003709	2.628088
组内	434.7374	385	1.129188			
总计	450.2057	388				

第九章 高等职业教育非货币收益：需要关注的新领域

将样本与配偶学历的匹配度采用李克特五级量表分为十分匹配、比较匹配、一般、不怎么匹配、完全不匹配五个等级，分别赋值5、4、3、2、1。为进一步分析高职教育对就业者与配偶学历匹配度的差异化分析，通过高职教育与中职教育、本科教育、硕士及以上教育样本的交叉比较发现（见表9-12），高职就业者与中职就业者与配偶学历匹配度方面存在显著差异，高职得分高于中职0.374416；然而，高职毕业生与配偶学历匹配度虽然整体低于本科就业者、硕士及以上就业者，但都并未表现出显著差异。

表9-12 接受不同层次教育样本与配偶学历匹配度的交叉比较

（I）	（J）	均值差（I-J）	标准误	显著性
高职就业者	中职就业者	0.374416	0.152	0.011857
高职就业者	本科就业者	-0.10819	0.137	0.408534
高职就业者	硕士及以上就业者	-0.01709	0.208	0.929704

注：*均值差的显著性水平为0.05。

（3）与亲朋好友的交往情况

以调研样本与亲朋好友的交往情况作为观测变量，以接受不同层次的教育为控制变量，采用单因素方差分析法，分析接受不同教育层次的就业者与亲朋好友相处交往情况的差异性。表9-13为接受不同层次教育的就业者与亲朋好友交往情况的单因素方差分析结果，F统计量为6.278721，对应的相伴概率值为0.000，小于显著性水平，拒绝零假设H_6，表明接受不同层次教育的就业者与亲朋好友交往情况存在显著性差异。

表9-13 不同受教育者与亲朋好友交往情况的单因素方差分析

差异源	SS	df	MS	F	P-value	F crit
组间	14.79989	3	4.933296	6.278721	0.000361	2.628088
组内	302.5009	385	0.785717			
总计	317.3008	388				

将样本与亲朋好友相处时的交往情况采用李克特五级量表分为非常融洽、比较融洽、一般、不怎么融洽、完全不融洽五个等级，分别赋值5、

4、3、2、1。为进一步分析高职教育对就业者与亲朋好友相处情况的差异化分析,通过高职教育与中职教育、本科教育、硕士及以上教育样本的交叉比较发现(见表9-14),接受高职教育的就业者与亲朋好友相处时融洽度得分均值高于中职就业者0.308339,具有显著性差异;而高职毕业生与亲朋好友相处时的融洽度虽整体低于本科与硕士及以上毕业生,但并未显现出显著性差异。

表9-14 接受不同层次教育样本与亲朋好友交往情况的交叉比较

(I)	(J)	均值差（I-J）	标准误	显著性
高职就业者	中职就业者	0.308339	0.188	0.01328
高职就业者	本科就业者	-0.12753	0.206	0.235725
高职就业者	硕士及以上就业者	-0.23077	0.194	0.119742

注：*均值差的显著性水平为0.05。

3. 社会溢出非货币收益比较

(1) 对国计民生的关注度

以调研样本对社会时事热点的关注度作为观测变量,以接受不同层次的教育为控制变量,采用单因素方差分析法,分析接受不同教育层次的就业者对时事热点关注度的差异性。表9-15为接受不同层次教育的就业者对时事热点关注度的单因素方差分析结果,F统计量为4.67278,对应的相伴概率值为0.003,小于显著性水平,拒绝零假设H_7,表明接受不同层次教育的就业者关于社会时事热点的关注度存在显著性差异。

表9-15 不同受教育者对时事热点关注度的单因素方差分析

差异源	SS	df	MS	F	P-value	F crit
组间	16.41771	3	5.472571	4.67278	0.003195	2.628088
组内	450.5592	385	1.170284			
总计	466.9769	388				

将样本对时事热点的关注度采用李克特五级量表分为十分关注、比较关注、一般、不怎么关注、完全不关注五个等级,分别赋值5、4、3、2、1。为进一步分析高职教育对就业者关于社会时事热点关注度的差异化分

析。通过高职教育与中职教育、本科教育、硕士及以上教育样本的交叉比较发现（见表9-16），接受高职教育的就业者对社会时事热点关注度得分显著高于中职就业者（均值差为0.277455），显著低于硕士及以上学历就业者（均之差为0.40171）；但接受高职教育就业者对时事热点的关注度得分虽低于本科就业者，但差异还不够显著。

表9-16 接受不同层次教育样本对时事热点关注度的交叉比较

(I)	(J)	均值差（I-J）	标准误	显著性
高职就业者	中职就业者	0.277455	0.209	0.049417
高职就业者	本科就业者	-0.09672	0.188	0.482387
高职就业者	硕士及以上就业者	-0.40171	0.143	0.038272

注：*均值差的显著性水平为0.05。

（2）是否更愿意做慈善

以调研样本是否更愿意做慈善作为观测变量，以接受不同层次的教育为控制变量，采用单因素方差分析法，分析接受不同教育层次的就业者在这方面的差异性。表9-17为接受不同层次教育的就业者做慈善情况的单因素方差分析结果，F统计量为21.97824，对应的相伴概率值为0.000，低于显著性水平，拒绝零假设H_8，说明在控制变量不变的情况下，接受不同层次教育的就业者做慈善情况存在显著性差异。

表9-17 接受不同层次教育的就业者做慈善情况的单因素方差分析

差异源	SS	df	MS	F	P-value	F crit
组间	74.67261	3	24.89087	21.97824	3.7E-13	2.628088
组内	436.0215	385	1.132523			
总计	510.6941	388				

将样本是否更愿意做慈善情况采用李克特五级量表分为贡献十分愿意、比较愿意、一般、不太愿意、很不愿意五个等级，分别赋值5、4、3、2、1。为进一步分析高职教育就业者在这方面的差异，通过高职教育与中职教育、本科教育、硕士及以上教育样本的交叉比较发现（见表9-18），高职教育就业者做慈善情况显著高于中职就业者（均值差0.339582），显

著低于本科、硕士及以上就业者（均值差分别为 -0.68961、-0.66667）。

表9-18　接受不同层次教育样本做慈善情况的交叉比较

(I)	(J)	均值差（I-J）	标准误	显著性
高职就业者	中职就业者	0.339582	0.198	3.26E-06
高职就业者	本科就业者	-0.68961	0.114	2.14E-06
高职就业者	硕士及以上就业者	-0.66667	0.173	0.001187

注：* 均值差的显著性水平为0.05。

（三）结论及建议

通过深度调研，运用单因素方差分析法比较高职教育就业者与中职、本科、硕士及其他教育非货币收益的异质性（见表9-19），在0.05显著性水平上，教育非货币收益的各条目中，高职教育就业者与本科教育就业者除了工作环境满意度、工作前景认知度、做慈善情况外，其他未表现出显著差异；与硕士及以上教育就业者相比，除了国计民生关注度、做慈善情况外，其他指标未表现出显著差异；然而，高职教育与中职教育就业者的所有非货币收益指标均表现出显著差异，且分值前者均高于后者。

表9-19　高职教育非货币收益实证比较结果

教育 \ 指标	工作环境满意度	工作现状满意度	工作前景认知度	健康养生关注度	配偶学历匹配度	亲朋好友社交	国计民生关注	愿意做慈善情况
中职	显著	显著	显著	显著	显著	显著	显著	显著
本科	不显著	不显著	不显著	不显著	不显著	不显著	不显著	显著
硕士及以上	不显著	不显著	不显著	不显著	不显著	不显著	显著	显著

以上结论表明，高等职业教育的总体非货币收益与本科、硕士及以上教育相比差异并不显著，且显著优于中等职业教育，这个实证结果凸显了高职教育的重要性。一方面，高职的举办和发展适应广大民众及其适龄学生接受高等教育的愿望和需求。事实上，占据"半壁江山"的高职院校也是我国高等教育实现大众化的主要承担者，特别是对于中等职业教育层次的学生而言，本研究表明其毕业走上社会后的非货币收益并不具有优势，过早地让其涉足社会或许并不可取，因而很有必要提供让其接受更高层次

第九章　高等职业教育非货币收益：需要关注的新领域

教育的机会。另一方面，与本科及以上层次教育相比，高职以较短的学习年限（一般三年）和较少的经费投入，却获得了与后者几可比肩的非货币收益，从这个角度来说，投资高职可谓是一件非常划算的"买卖"。尽管本研究的调研数据具有一定局限性，调研对象仅针对一个省份的部分地区（江苏的苏南、苏中、苏北）的毕业生，问卷有效回收率也不算高，但本研究在为高等职业教育今后有关成本补偿政策、教育投资政策、管理体制改革等政策制定方面，可谓提供了比较可靠的论据支撑。因而今后在教育事业的发展规划中，应该高举大力发展高等职业教育的旗帜，坚定不移地加大对高职教育的投入，有必要通过加大转移支付等方式改善高职目前经费投入不足以及地区差异对高职发展的影响，促进并保障我国高等职业教育事业的可持续发展。

参考文献

[1] [澳] 张宁. 从世界职业教育发展历程看中国职业教育发展 [J]. 复印报刊资料（职业技术教育），2009（6）.

[2] [加] 史蒂文 L. 麦克沙恩，[美] 玛丽·安·冯·格里诺. 组织行为学 [M]. 吴培冠，张璐斐，等，译. 北京：机械工业出版社，2014.

[3] [美] 伯顿·克拉克. 高等教育系统——学术组织的跨国研究 [M]. 杭州：杭州大学出版社，1994.

[4] [美] 克拉克·克尔. 大学之用 [M]. 北京：北京大学出版社，2008.

[5] [美] 克拉克·克尔. 高等教育不能回避历史——21 世纪的问题 [M]. 王承绪，译. 杭州：浙江教育出版社，2001.

[6] [美] 罗伯特·西奥迪尼. 影响力 [M]. 闾佳，译. 北京：北方联合出版传媒（集团）股份有限公司，2010.

[7] [美] 亚伯拉罕·弗莱克斯纳. 现代大学论——美英德大学研究 [M]. 徐辉，陈晓菲，译. 杭州：浙江教育出版社，2001.

[8] [美] 约翰·S. 布鲁贝克. S.J. 高等教育哲学 [M]. 郑继伟，等，译. 杭州：浙江教育出版社，2001.

[9] [美] 约翰·奥伯利·道格拉斯. 加利福尼亚思想与美国高等教育——1850—1960 年的总体规划 [M]. 北京：教育科学出版社，2008.

[10] [日] 天野郁夫. 试论日本的大学分类 [EB/OL]. http://www.docin.com/p-177427593.html.

[11] [英] 迈克尔·夏托克. 高等教育的结构与管理 [M]. 王义端，译. 上海：华

东师范大学出版社，1987.

[12] "数字中国"改变了什么？人民日报（海外版），2017-12-04.

[13] Li-Kai Chen. 中国需要把握高技能人才需求［J］. 企业改革与管理，2013（8）.

[14] Wolf. B. L. 教育的外部收益. Carnoy M. 教育经济学国际百科全书（第二版）. 闵维芳，等，译. 北京：高等教育出版社，2000.

[15] 陈厚丰. 中国高等学校分类与定位问题研究［M］. 长沙：湖南大学出版社，2004.

[16] 陈珊珊. 美国加州高等教育总体规划研究［D］. 上海：华东师范大学，2007.

[17] 陈述性知识与程序性知识比较概述［EB/OL］. http：//www.zhixing123.cn/lilun/630.html.

[18] 陈兴德. 守望与超越：中国大学文化建设反思［J］. 现代大学教育，2010（2）.

[19] 戴本博. 外国教育史（上）［M］. 北京：人民教育出版社，1989.

[20] 方福前. 寻找供给侧结构性改革的理论源头［J］. 中国社会科学，2017（7）.

[21] 费文会. 教育非货币化收益研究的起源及发展［J］. 教育学术月刊，2016（3）.

[22] 冯明，尹明鑫. 胜任力模型构建方法综述［J］. 科技管理研究，2007（9）.

[23] 龚刚. 论新常态下的供给侧改革［J］. 南开学报，2016（2）.

[24] 顾小清，王春丽，王飞. 信息技术的作用发生了吗：教育信息化影响力研究［J］. 电化教育研究，2016，37（10）.

[25] 广东省教育厅. 关于印发《广东省教育信息化发展"十三五"规划》的通知［EB/OL］.［2017-05-25］. http：//www.edu.cn/xxh/focus/df/201705/t20170525_1519294.shtml.

[26] 国家计委高技术产业发展司编. 国民经济和社会发展第十个五年计划信息化重点专项规划汇编［M］. 北京：中国物价出版社，2003.

[27] 国家中长期教育改革和发展规划纲要（2010—2020年）［EB/OL］. http：//www.gov.cn/jrzg/2010.

[28] 行为性问题［EB/OL］. http：//topic.yingjiesheng.com/mianshi/wenti/042041K932012.

[29] 杭永宝. 职业教育的经济发展贡献和成本收益问题研究［D］. 南京：南京农业大学，2006.

[30] 胡蓓，张文辉. 职业胜任力测评［M］. 武汉：华中科技大学出版社，2012.

[31] 聚焦"中国职业教育30年的回顾、思考与展望"［EB/OL］. http：//learning.

sohu. com/20081104/n260435899. shtml.

[32] 柯武刚，史漫飞. 制度经济学———社会秩序和公共政策［M］. 北京：商务印书馆，2001.

[33] 蓝劲松. 中西大学起源线索考. 大学文化研究与发展中心. 世界多元文化激荡交融中的大学文化——"海峡两岸大学文化高层论坛"论文集. 北京：高等教育出版社，2008.

[34] 蓝庆新，姜峰. 新常态下供给侧结构性改革理论解析［J］. 上海经济研究，2017（2）.

[35] 雷军乐、樊延华. 发挥薪酬激励的作用［J］. 经营与管理，2006（12）.

[36] 李德方，秦安平，夏菁. 基于产业面向的高职院校分类研究［J］. 职业技术教育，2012（3）.

[37] 李德方. 高等职业教育发展质量标准初探［J］. 教育与职业，2006（23）.

[38] 李德方. 高职毕业生岗位胜任力实证研究［J］. 职业教育研究，2012（12）.

[39] 李德方. 高职毕业生技能与薪酬相关性实证研究［J］. 教育发展研究，2012（11）.

[40] 李德方. 高职院校校长胜任力研究［D］. 南京：南京大学，2014.8.

[41] 李德方. 如何领导学校——高职院校校长影响方式研究［J］. 职教论坛，2016（31）.

[42] 李德方. 我国高职院校与普通高校分类的必要性与可行性浅析［J］. 职教论坛，2012（8）.

[43] 李锋亮，李拉. 高等教育非货币化收益与溢出效益的实证分析［J］. 清华大学教育研究，2011（2）.

[44] 李克东. 教育信息化与基础教育改革［J］. 广西教育，2004（6B）.

[45] 李宁. 社会学概论［M］. 合肥：安徽人民出版社，2007.

[46] 李正伟. 基于人才素质测评与胜任力模型在企业后备干部选拔中的应用研究［J］. 现代商贸工业，2008（12）.

[47] 梁家峰，张洁. 供给侧改革背景下高职教育新视角［J］. 中国高等教育，2016（10）.

[48] 刘春生，张存群. 论中、高等职教衔接的理论依据［J］. 职业技术教育，2000（19）.

[49] 刘红艳. 基于胜任力模型的企业招聘流程构建研究［D］. 上海：华东师范大

学，2009.

[50] 刘柳. 本科层次高等职业教育人才培养目标定位研究［D］. 长沙：湖南师范大学，2016.

[51] 刘智勇，等. 对高职教育"高等性"和"职业性"的再认识［J］. 高教探索，2011(4).

[52] 吕新奎. 中国信息化［M］. 北京：电子工业出版社，2002.

[53] 马陆亭. 应用技术大学建设的若干思考［J］. 中国高等教育，2014（10）.

[54] 麦可思. 2010年中国大学生就业报告［EB/OL］. http：//edu.163.com/special/0029314H/mycosjiuye.html.

[55] 毛永祺，张迪梅. 试论高校本科工科专业目录的调整［J］. 中国电力教育，1989（10）.

[56] 孟庆国. 应用技术大学办学现实性与特色分析［J］. 职业技术教育，2014（10）.

[57] 南国农. 教育信息化建设的几个理论和实际问题（上）［J］. 电化教育研究，2002（11）.

[58] 潘懋元，车如山. 略论应用型本科院校的定位［J］. 高等教育研究，2009(5).

[59] 皮尔斯. 领导者与领导过程［M］. 北京华译网翻译公司，译. 北京：中国人民大学出版社，2003.

[60] 戚业国. 我国高校分类标准及多元质量评价体系研究总报告［EB/OL］. http：//wenku.baidu.com/view/7dce962f0066f5335a812113.html.

[61] 瞿葆奎. 联邦德国教育改革［M］. 北京：人民教育出版社，1991.

[62] 人才学［EB/OL］. http：//www.zzwzzz.net/news/shownews.asp?newsid=1128.

[63] 任君庆. 高职院校校长的基本特质探析［J］. 中国高教研究，2011（12）.

[64] 时勘. 结构化面试［EB/OL］. http：//ke.baidu.com/view/c40745337cd184254b353548.htm.

[65] ［日］天野郁夫. 高等教育的日本模式［M］. 陈武元，译. 北京：教育科学出版社，2006.

[66] 汪基德，朱书慧，张琼. 学前教育信息化的内涵解读［J］. 电化教育研究，2013，34（7）.

[67] 汪正贵. 关于高等职业教育的反思和追问［J］. 复印报刊资料（职业技术教育），2009（8）.

[68] 王继承. 谁能胜任：胜任力模型及使用 [M]. 北京：中国财政经济出版社，2004.

[69] 王明伦. 德国高等职业教育发展综述 [J]. 外国教育研究，1995 (6).

[70] 王明伦. 高等职业教育发展论 [M]. 北京：教育科学出版社，2004.

[71] 王明伦. 三个关键词勾勒高职本科真容 [N]. 中国教育报，2014-01-07.

[72] 王铁军. 科学定位：校长走向职业化的关键 [J]. 扬州大学学报（高教研究版），2002 (9).

[73] 吴小玲. 行为面试和情景面试的比较 [J]. 考试周刊，2011 (13).

[74] 夏锋. 高校应积极构建自身"新常态" [N]. 光明日报，2014-12-01.

[75] 夏建国. 技术本科：在跨界中生长的教育力量 [N]. 中国教育报，2013-10-05.

[76] 夏建国编著. 高等技术教育学 [M]. 上海：上海交通大学出版社，2011.

[77] 夏征农，陈至立. 辞海（缩印本）[M]. 上海：上海辞书出版社，2010.

[78] 谢晓菲，陈文锋. 管理者个人影响力的测量与分析 [J]. 北京大学学报（自然科学版），2002 (1).

[79] 新华网. 月薪八千元难求一名技工 [EB/OL]. http：//www.zgjrw.com/News/20091019/GZ%20Finance%20Net/477045378300.html.

[80] 徐国庆. 职业教育原理 [M]. 上海：上海教育出版社，2007.

[81] 徐宏伟. 论职业教育的内在价值 [J]. 中国职业技术教育，2014(9).

[82] 许红菊，韩冰. 以供给侧改革思路提高高职教育吸引力 [J]. 职教论坛，2016 (16).

[83] [英] 亚当·斯密. 国民财富的性质和原因的研究（上卷）[M]. 郭大力，王亚南，译. 北京：商务印书馆，1972.

[84] 叶华光，等. 高等职业教育本科与专科主要边界研究 [J]. 南方高职教育论坛，2010(1).

[85] 翟轰. 高等职业技术教育概述 [M]. 西安：西安电子科技大学出版社，2002.

[86] 张大良. 把握"学校主体、地方主责"工作定位 积极引导部分地方本科高校转型发展 [J]. 中国高等教育，2015 (10).

[87] 张红霞. 教育科学研究方法 [M]. 北京：教育科学出版社，2009.

[88] 张军. 如何评估与发展员工的岗位胜任力 [J]. 中国人力资源开发，2009 (5).

[89] 张力. 岗位胜任力模型在人才管理中的运用 [J]. 企业导报，2011 (5).

[90] 张莉. 台湾技术职业教育发展特色与两岸合作展望 [J]. 中国职业技术教育，

2013（11）.

［91］张秋山，张宁宁. 教育非货币收益异质性：基于个体能力与家庭背景的分析［J］. 黑龙江高教研究，2012（8）.

［92］张笑夷. 文化视野下的大学与现代大学文化观［J］. 黑龙江高教研究，2007（2）.

［93］张旭刚. 高职教育供给侧结构性改革四维透视：逻辑、内涵、路径及保障［J］. 职业技术教育，2016，37（19）.

［94］赵恒平，闵剑. 高等教育个人投资成本、收益确认与计量［J］. 理论月刊，2006（4）.

［95］赵婷婷，汪乐乐. 高等学校为什么分类以及怎样分类［J］. 北京大学教育评论，2008年10月第6卷第4期.

［96］浙江大学课题组. 中国高等学校的分类问题［M］. 北京：高等教育出版社，2009.

［97］郑永进. 职业教育高移势在必然［N］. 中国教育报，2015-11-12.

［98］职业教育的吸引力不够［EB/OL］.［2009-05-04］. http://www.28.com/jy/jy/n-492459.html.

［99］中共中央、国务院关于进一步加强人才工作的决定［EB/OL］.［2006-09-22］. http://www.cnca.gov.cn/rjwbgs/ztxx/rzrkrc/4545.shtml.

［100］中国共产党第十八次全国代表大会. 中国共产党章程［EB/OL］.［2016-10-24］. http://www.cnrencai.com/zhongguomeng/61587.html.

［101］周芳. 职业教育非货币收益的理论研究［J］. 江苏开放大学学报，2015（3）.

［102］朱玉成. 政府职能转变视角下的高等教育供给侧改革［J］. 高等教育研究，2016（8）.

［103］祝智庭. 教育信息化：教育技术的新高地［J］. 中国电化教育，2001（2）.

［104］Lyle MS, Singne MS. Competence at work［M］. New york：John wiley&Sons, lnc., 1993：454.

［105］Simon, KennethA, Grant, W. Vance. NCES. Digest of Educational Stadistics［M］. Washington, D. C：Superintendent of Documents, U. S. Government Printing Office, 1972.

［106］T. W. Schultz. The Economic Value of Education［M］. New York：Columbia University, 1964.

后　记

唯物辩证法认为，一切物质都是运动的，运动是物质的根本属性，而向前的、上升的、进步的运动即是发展。即发展是事物由小到大、由简到繁、由低级到高级、由旧质到新质的运动变化过程。事物之所以能够发展，是由于内外因作用的结果。外因指某一事物和其他事物的互相联系和互相影响，而内因是事物内部的矛盾性。其中外因是事物发展的条件，内因才是事物发展的根本原因，并且外因只有通过内因才能起作用。哲学的这一理论清晰地告诉我们，对于任何事物，运动是必然的，而发展是有条件的。只有当事物内外部的条件满足特定的要求时，事物才能朝着我们期盼的正向变化、发展，高等职业教育无疑也是如此。

众所周知，改革开放以来，我国的职业教育事业获得了巨大的发展：我们在较短的时期内已经建成了世界上规模最大的职业教育体系，逐步形成了技术技能型人才培养的中国特色，高等职业教育也牢牢占据了高等教育的"半壁江山"。对这一发展结果的形成条件与原因的研究也就自然成为学术界关注的重点。有学者从计量学角度统计了从1980年后近30年来的研究情况，结果发现研究成果论文数量逐年攀升，以高职发展为主题的文献总数在整个高职教育研究中占到了1/3强。这一定量的数据无疑表明了学者们对高职发展问题的高度关注，其中最具典型的是本书作者之一的王明伦研究员2004年出版的《高等职业教育发展论》。该著作以现状分析为出发点，以发展为主体脉络，系统研究了高等职业教育发展问题，重点

后 记

阐述了高等职业教育的发展指向、发展规模、发展质量、发展结构、发展评价、发展体制和发展前沿等核心问题,"比较清楚地回答了制定什么样的高等职业教育发展目标,选择什么样的人才培养模式,选择什么样的发展道路等重大问题",在助推我国高等职业教育发展实践的同时,该著作2005年成功入选由中宣部、文化部、教育部等九部委共同组织的"知识工程:中华全民读书推荐书目"。

自那以后的十多年时间一晃而过,所谓"形势的发展往往快过观察家的手笔",进入21世纪后,特别是2010年以来,我国高等职业教育的内外部发展环境发生了巨大的变化。就内部而言,在解决了高职发展规模和数量问题后,对发展质量的追求成为主旋律;从外部来看,中国经济进入了新常态,即增长速度正从高速增长转向中高速增长,经济发展方式正从规模速度型粗放增长转向质量效率型集约增长,经济结构正从增量扩能为主转向调整存量、做优增量并存的深度调整,经济发展动力正从传统增长点转向新的增长点。这些变化正在深刻地影响并将持续地影响我国高等职业教育的发展。在这一新的发展形势下,进一步分析探讨我国高等职业教育的发展问题,研究新的因素对我国高等职业教育发展的影响,揭示高职发展显现的新要素、新动力、新机制,同时结合我国高等职业教育的发展实际,提出高等职业教育的发展新战略和新政策,无论是解决人民日益增长的教育新需求和高职教育发展不平衡不充分的矛盾,还是促进高等职业教育可持续发展、实现从职业教育大国向职业教育强国转变的伟大目标,都具有十分重要的意义。

本书取名《高等职业教育发展新论》,一方面旨在表明我们在书中努力追求的一个取向,即在"新"字上着力,主要研究高等职业教育发展研究领域的新理论和新动向,也探讨近年我国高等职业教育实践领域的新发展和新举措;另一方面也有接续《高等职业教育发展论》之意。本书按照"发展新环境—发展新动力—发展新要素—发展新实践—发展新结果—发展新趋势—高职研究新领域"的逻辑线路,重点围绕现代职教体系建设给高职发展提出的新要求和新任务,供给侧改革对高职发展带来的新动力和新变化,助力发展的高职信息化的内涵、特征和方式,高职院校"双场合一"新实践，高职院校校长、高职院校分类和高职院校毕业生，高职本科的内涵属性、发展定位和发展路径，最后对需要关注的新领域——高等职业教育非货币收益的内涵、特征及形态等进行了探索。

  本书是集体智慧的结晶。各章的分工如下：第一章（臧志军博士），第二章（许红菊博士），第三章（杨满福教授），第四章（姜汉荣正高级讲师），第五章（李德方研究员），第六章（李德方研究员），第七章（李德方研究员），第八章（王明伦研究员），第九章（李德方研究员、周芳副教授、马华副教授）。序言和后记分别由王明伦研究员和李德方研究员撰写。

  作为本书的提议者和统稿人，最后由衷想说的是感谢。首先要感谢的是本书的所有著作者。王明伦研究员是我敬重的老领导，两年前随着他的荣休，由他领衔的"高等职业教育发展研究所"的接力棒也传递到我的手上。自此，在科研之余如何使这一拥有较为悠久历史的研究机构焕发新春就成了我时常琢磨的主题之一，构思出版本书也可以说是其中的内容之一。有一次和他当面交流时，我顺便提到成书的设想和初步的提纲，他当即表态支持，不仅亲自承担了一个章节的撰写任务，而且慨然允诺主笔"序言"，使本书有了一个好的开头和最稳固的支撑。其他的几位著作者，有的是与我一同共事的同事，有的是我这些年工作学习和研究过程中结识的故交和新友。尽管他们工作岗位不一样、性别有异、禀赋不同，但无一例外都是"术业有专攻"的青年才俊，当他们接到我的邀约时，都不约而同地首肯支持，使我有了把这件事做下去的信心和勇气，也使本书能够按照预先的出版计划得以面世。其次要感谢"江苏理工学院教育学学科新进展"丛书的主编、江苏理工学院副校长崔景贵教授和校长曹雨平教授，他们的邀约和支持不仅使本书有了尽快出版的机会，而且也省却了本需要我去做的出版联系等诸多杂务。最后要感谢知识产权出版社的冯彤女士，作为本书的责任编辑，她不失时机地善意提醒、专业认真地通篇润色，最好地诠释了"责任"二字的深刻内涵，也使本书增色几多。

  俗话说"文章自古无凭据"，我们不敢奢望"朱衣一点头"，若能通过

后记

本书给大家提供一点新信息、拓展一点新思路抑或引发一点新感悟,则幸莫大焉。

李德方

2017 年 12 月于龙城